省部级示范性高等职业院校重点专业建设规划教材

构造地质

主　编　赵正宝　杨绍平
副主编　邹　渝　严　容　王庆波
主　审　胡　明

黄河水利出版社
·郑州·

内 容 提 要

本书是省部级示范性高等职业院校重点专业建设规划教材，是为适应现代高职教育培养应用型、技能型人才的需求，结合示范建设对专业改革发展的要求，按照校企合作共同制定的构造地质课程标准编写完成的。全书主要分为6个项目，内容包括：沉积岩的原生构造及产状、地层的接触关系、褶皱的认识与分析、节理的认识与分析、断层的认识与分析、构造图件的分析与编制。

本书为高职高专地质类专业的通用教材，也可作为其他需要地质构造知识的专业及现场地质工程技术人员进修、学习、工作的参考用书。

图书在版编目（CIP）数据

构造地质/赵正宝，杨绍平主编. —郑州：黄河水利出版社，2014.9

省部级示范性高等职业院校重点专业建设规划教材

ISBN 978-7-5509-0946-5

Ⅰ.①构… Ⅱ.①赵… ②杨… Ⅲ.①构造地质学-高等职业教育-教材 Ⅳ.①P54

中国版本图书馆CIP数据核字（2014）第231965号

组稿编辑：王路平 电话：0371-66022212 E-mail：hhslwlp@163.com

出 版 社：黄河水利出版社

地址：河南省郑州市顺河路黄委会综合楼14层 邮政编码：450003

发行单位：黄河水利出版社

发行部电话：0371-66026940、66020550、66028024、66022620（传真）

E-mail：hhslcbs@126.com

承印单位：郑州文华印务有限公司

开本：787 mm×1 092 mm 1/16

印张：11.75

字数：270千字 印数：1—2 000

版次：2014年9月第1版 印次：2014年9月第1次印刷

定价：26.00元

前　言

本书是根据国家“十二五”教育发展规划纲要及《中共中央、国务院关于加快水利改革发展的决定》(2011 年中央 1 号文件)、《国家中长期教育改革和发展规划纲要》(2010 ~ 2020 年)、《教育部关于全面提高高等职业教育教学质量的若干意见》(教高〔2006〕16 号)、《教育部关于推进高等职业教育改革创新引领职业教育科学发展的若干意见》(教职成〔2011〕12 号)等文件精神,按照现代职业教育要求,在总结高等职业教育多年教学改革经验的基础上,在全国水利水电高职教研会指导下,结合示范建设对专业改革发展的要求编写的教材。

本套教材以学生能力培养为主线,融“教、学、练、做”为一体,“项目导向、任务驱动”,适合开展项目化教学,体现实用性、实践性和创新性的特色,是一套紧密联系生产实际的高职高专教育精品规划教材。

本书以职业能力培养为主进行教材建设。通过理论讲解结合课内实训、岗位要求和职业标准,组织编写教材内容。在编写中,突出实践性教学环节,在教材中尽可能使用图片,更好地培养学生识图能力、制图能力,培养学生学习兴趣,体现了现代职业教育教学改革一体化,培养高素质、技能型人才的要求。本书以任务为核心,围绕任务展开介绍了褶皱、节理和断层等知识,使学生边做边学,达到做中学、学中做的目的。

本书由四川水利职业技术学院、中石化南方勘探研究院联合编写,编写人员及编写分工如下:四川水利职业技术学院赵正宝编写绪论、项目 4、项目 5,邹渝编写项目 1,严容编写项目 2,杨绍平编写项目 3、项目 6;中石化南方勘探研究院王庆波对本书编写工作进行了指导。本书由赵正宝、杨绍平担任主编,赵正宝负责全书统稿;由邹渝、严容、王庆波担任副主编;闫宗平、智晶子、邹立参加了本书编写工作;由西南石油大学胡明教授担任主审。

本书在编写过程中,学习和借鉴了很多参考书,在此,对相关文献的作者表示衷心的感谢!西南石油大学胡明教授给予了大力支持,并提出宝贵意见,相关兄弟院校也为本书的编写提供了大力支持,在这里表示衷心的感谢!

由于编写时间仓促,书中难免存在不足之处,恳请读者批评指正,提出宝贵意见。

编　者

2014 年 5 月

目录

前　言
绪　论 …………………………………………………………………………… (1)
项目 1　沉积岩的原生构造及产状 ……………………………………………… (4)
任务 1　沉积岩层的原生构造识别 ……………………………………………… (4)
任务 2　岩层的产状、厚度及出露特征 ………………………………………… (10)
项目训练 ………………………………………………………………………… (24)
项目 2　地层的接触关系 ………………………………………………………… (26)
任务 1　地层的接触关系概念 …………………………………………………… (26)
任务 2　不整合接触的类型 ……………………………………………………… (27)
任务 3　不整合接触的观察及分析 ……………………………………………… (29)
项目训练 ………………………………………………………………………… (32)
项目 3　褶皱的认识与分析 ……………………………………………………… (33)
任务 1　褶皱的要素 ……………………………………………………………… (33)
任务 2　褶皱的形态描述 ………………………………………………………… (36)
任务 3　褶皱的产状类型及其组合形式 ………………………………………… (38)
任务 4　褶皱的形成 ……………………………………………………………… (43)
任务 5　褶皱的观察和分析 ……………………………………………………… (48)
项目训练 ………………………………………………………………………… (50)
项目 4　节理的认识与分析 ……………………………………………………… (51)
任务 1　节理的概念 ……………………………………………………………… (51)
任务 2　识别节理的类别 ………………………………………………………… (51)
任务 3　节理发育的不同地质背景分析 ………………………………………… (59)
任务 4　节理的分期与分类 ……………………………………………………… (64)
任务 5　节理的野外观测及室内资料整理 ……………………………………… (67)
项目训练 ………………………………………………………………………… (72)
项目 5　断层的认识与分析 ……………………………………………………… (73)
任务 1　断层的几何要素 ………………………………………………………… (73)
任务 2　识别断层的类别 ………………………………………………………… (75)
任务 3　断层的观察和研究 ……………………………………………………… (86)
项目训练 ………………………………………………………………………… (102)
项目 6　构造图件的分析与编制 ………………………………………………… (103)
任务 1　地质图的基本知识及读水平岩层地质图 ……………………………… (103)
任务 2　用间接方法确定岩层产状要素 ………………………………………… (112)

任务3 读倾斜岩层和不整合接触地质图并作剖面图 …… (114)
任务4 读褶皱区地质图 …… (118)
任务5 编制和分析构造等高线图 …… (122)
任务6 编制节理极点图和等密图 …… (126)
任务7 分析断层地区地质图 …… (129)
任务8 构造地质综合作业 …… (132)
附录Ⅰ 极射赤平投影 …… (147)
任务1 赤平投影的基本原理 …… (147)
任务2 赤平投影网的使用方法 …… (152)
任务3 赤平投影在地质构造中的应用 …… (158)
思考与练习题 …… (168)
附录Ⅱ 常用符号 …… (171)
附录Ⅲ 地层代号和色谱 …… (178)
参考文献 …… (179)

绪 论

1 构造地质的研究对象与内容

构造地质是地质学的一门分支学科，主要研究由内动力地质作用所形成的各种地质构造的形态、产状、规模、形成条件、形成机制、分布和组合规律及其演化历史，进而探讨产生地质构造的地壳运动的方式、规律和动力来源。同时，构造地质还要研究沉积岩在沉积和成岩作用过程中所形成的原生构造以及沉积岩岩层的产状和地层的接触关系等。

所谓地质构造，指组成地壳的岩层和岩体在内、外动力地质作用下发生变形，从而形成的诸如褶皱、节理、断层、劈理以及其他各种面状和线状构造等。它是地壳中岩石的变形所形成的构造。

构造地质从研究范围来看，大至几百、上千千米乃至全球规模，即整个地球的结构以及地壳的巨大单元，如大陆和大洋、山脉和盆地等的形成与发展；小到组成岩石圈内各种变形地质体的空间组合、分布规律及构造特征，即一定范围的露头上或手标本上；更小则到岩石或矿物的内部组成及构造等，需要借助显微镜才能观察；在深度上，则涉及从地壳表层至地幔深部的不同层次的构造现象。因此，对地质构造的观察研究，可以按规模大小划分为许多级别，称为构造尺度。构造尺度的划分是相对的，一般把构造尺度划分为巨、大、中、小、微以及超显微等级别。不同尺度的地质构造各有其不同的研究任务和研究方法。例如，小尺度或中尺度的地质构造观察研究通常是以野外地质调查方法入手。

构造地质的主要任务就是要对各种变形地质体，即褶皱、断裂、面理和线理等构造现象进行识别、描述和成因解释。

构造地质研究的基本内容是阐述有关中、小尺度的地质构造的基本特征（形态、产状、分布和组合关系）及对各种构造的认识方法和分析方法。本课程的主要内容包括四大部分：沉积岩层的产状特点及有关力学分析基础，褶皱构造的特征及研究方法，节理的基本类型及特点，断层的基本类型及特点。

2 构造地质的研究意义及发展

研究构造地质的理论意义：阐明地壳构造在空间上的相互关系和时间上的发育顺序，探讨地壳构造的演化和地壳运动规律及其动力来源。构造地质的学科发展对整个地球科学的理论建设具有重大作用。

研究构造地质的实际意义：应用地质构造的客观规律指导生产实践，解决水文地质、工程地质、矿产分布、地震地质、环境地质等方面有关的问题。

地下水的活动和富集，与地质构造有密切关系，只有认识了地质构造特征，才能更有效地寻找地下水。许多工程建设，首先要查明工程地区地质构造情况，对地基稳定性做出评价，为工程设计和施工提供地质依据。例如，我国的三峡水利工程、青藏铁路工程以及各高速公路的建设等都要对其地基和周边的地质构造进行系统研究。

地壳中矿产的分布是受一定的地质构造控制的，成矿物质的形成和运移等成矿作用，都直接或间接地受地壳运动的影响，矿产的形成需要有成矿物质运移的通道和沉淀、储集的场所，这些通道和场所与地质构造有极其密切的关系。比如石油、天然气常常分布在背斜的顶部或具有圈闭条件的断裂构造中。另外，许多已形成的矿产还会受到后来的地壳运动的影响而变形。

对于环境地质，如重大自然灾害（地震、火山、山崩、滑坡、泥石流等）的预防和治理，同样需要构造研究的支持。由此可见，学习和掌握构造地质的理论和方法是地质工作者从事各项地质研究和生产任务的必备条件与基础。

随着现代科技日新月异，航空航天、地球物理、地球化学、电子技术和超微技术等，使构造地质的发展进入了一个崭新的阶段，许多新思想、新概念和新方法不断涌现，研究内容涉及多尺度、多层次、多体制、多因素或多成因、多类型的构造的全方位动态研究的广阔领域。

马杏垣（1983），根据世界构造地质的发展，对新的构造观进行了简单的概括：

（1）地球是一个高度活动体，其内部热驱动着对流，带动着板块的活动，从而建立的活动论是人们认识、分析构造的根本思想。

（2）岩石圈或地壳是层圈式的，具有层圈结构。这种不同构造层次之间的界面在构造变动中起着重要的作用。同时，岩石圈在构造上、组成上和物理状态上的非均质性造成了岩石圈的层圈横向上极不均匀，垂向上极不协调。这种特性可以成为构造的一种驱动力。

（3）构造变形是多种成因、多种级别、多期次形成的。多种成因是指动力来源是多样化的，如地幔对流、地球旋转、天体因素等；多种级别是构造存在不同的尺度；多期次是指地壳形成的构造是长期的，构造发展是多幕的，其构造形成则由多种样式叠加在一起。

（4）受地球动力学背景的控制，伸展构造、收缩构造、走滑构造、垂直构造共同组成了沉积盆地内多种构造样式的基本类型。

3 构造地质的特征及研究方法

构造地质的研究对象是地壳或岩石圈的地质构造，而绝大多数地质构造又是漫长的地质历史过程中，历次地壳运动的产物。所以，人们既不可能直接看到当初它们变形的环境和过程，也不可能在实验室中以同样的规模和时间过程来再造它们。所以，对它们的研究只能通过观察，研究它们的变形遗迹——各种地质构造的形态、产状及它们之间的相互关系，并结合其他资料加以综合分析，推测它们的受力变形的情况，进而探讨其区域应力状况及其所反映的地壳运动的性质和特点，这种研究方法称为“反序法”，它是研究构造的一种最基本方法。该方法的主要任务有：

（1）对地质构造进行几何分析和空间分析，即进行观察、测量、描述。

（2）对地质构造进行历史分析，即阐明各类地质构造的形成时代及其发育顺序。

（3）对地质构造进行力学分析和成因分析，即鉴定构造的力学性质。

尽管研究地质构造有许多特殊的方法，但在当前对地质构造的研究主要有下列几种方法：填图法，模拟试验法（物理模拟和数学模拟），地球物理方法（物探和测井），航空、航天遥感技术方法，钻井法等其他方法。

4　构造地质与其他后续课程的关系

构造地质是水文与工程地质专业的专业基础课，也是其他地矿类、环境类、水文类、土建类等专业的专业基础课。它是继地质基础、工程测量、工程力学基础之后进行教学的。学习本课程的主要目的是为各有关专业课程的学习奠定基础，培养在水文地质、工程地质等工作中解决地质构造问题的能力。通过本课程学习，要求掌握观察、认识、描述各种地质构造及收集、整理、分析有关地质构造方面资料的知识和方法；掌握地质图的阅读分析及编制地质图件的一般知识和方法。同时，在教学过程中，培养学生在地质构造观察、资料整理和分析研究中的地质思维方式，用实事求是、严谨认真、重视第一手资料的科学态度，把学生培养成勇于开拓进取、敢于创新、与时俱进，在社会经济可持续发展中能做贡献的高素质专业人才。

构造地质要求具有三维、甚至四维时空概念，它不仅要求一般性地理解其主要术语、名词，而且要求学生在理解的基础上建立空间模型，甚至需要像三维动画那样进行反演，需要平面与空间图形的转换。要求学生具有扎实的几何学及空间想象能力，具备基本的素描绘画、逻辑推理以及其他如地史、区地等基本知识作为基础。

本书作为专业基础课的教材，基本内容是阐述有关中小型地质构造的基本特征及其识别分析方法，为后续专业课程，如水文地质、工程地质、勘察等课程打下基础。

5　本书编写及教学重点和对学生的基本要求

本书的中心内容以“三基”为主：以几何学为主，以中小型构造为主，以构造的实际观测与研究及表示与绘制方法为主。

要求学生初步学会和逐步掌握对构造观察、分辨、分析和处理的基本能力，通过观察、分辨、分析、处理构造能力培养，为实际构造的观测和研究奠定基础。

要求能建立明确的立体空间概念，能对构造的三维形象进行观测和描述，初步从运动和发展的观念动态地描述一个地区的各种构造的相互关系和演化过程；初步、系统地掌握各类构造的基本特点和识别标志，以便能正确识别所观察构造的类型；初步掌握认识构造的形成、演化及其变形条件，能由已知到未知，追本溯源，通过反演、类比、求证等方法去探索构造的发生和发展的规律性；具有对所收集的各种构造数据进行统计处理和分析的能力，对所研究的构造采用各种图表予以正确表示或填绘，具有正确读图、用图、制图的熟练技能。

项目1 沉积岩的原生构造及产状

【项目提要】 沉积岩层的原生构造，岩层的产状、厚度及出露特征。学习本项目时要求掌握利用沉积岩的原生构造确定岩层顶、底面的方法；掌握倾斜岩层的产状要素及测量、表示方法；学会利用岩层露头分布"V"字形法则判断岩层产状；了解岩层露头宽度的变化特点及其影响因素。本项目的学习重点是层理及岩层的概念；岩层顶、底面的识别；岩层产状、厚度及出露特征。学习难点是倾斜岩层的出露特征。

沉积岩是地壳表层分布最广泛的岩石，其分布面积约占地球大陆面积的75%。大陆地壳表层的地质构造很多都是由沉积岩形成的。观测分析沉积岩层的原生构造、岩层产状和接触关系是研究地质构造的一项基础工作，也是本课程的基本内容之一。

任务1 沉积岩层的原生构造识别

1 岩层的概念

由两个平行或近于平行的界面所限制的、岩性基本一致的层状岩体叫作岩层。由沉积作用形成的岩层叫沉积岩层。岩层的上、下界面叫层面，上层面又称顶面，下层面又称底面。两个岩层的接触面，既是上覆岩层的底面，又是下伏岩层的顶面。

同一岩层的成分、结构和颜色大体上是一致的，并由两个相当清楚的界面将其与上覆岩层和下伏岩层分隔开。但在同一岩层内，沿垂直层面方向的剖面仔细观察，还会发现有颗粒粗细、颜色深浅甚至含有其他物质的变化。根据这些变化，岩层内还可以细分为若干更小的层。所以，层又是岩层的基本组成单位。一个岩层可以由一个或几个层组成（见图1-1）。

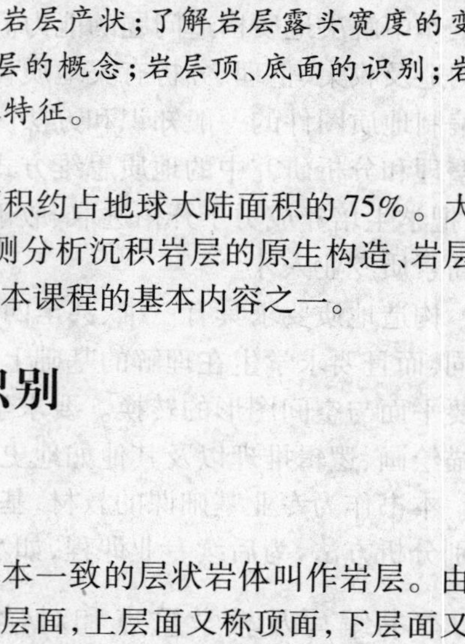

图1-1 岩层和层之间的关系示意

岩层的形成过程是内力地质作用和外力地质作用相互影响、相互制约的过程。如处于地壳不断下降过程中的一个接受沉积的坳陷盆地，在其边缘沉积了砾石，向盆地内部逐渐过渡为砂、细砂、黏土等物质，在离岸更远的地方为较稳定的化学沉积。成岩以后就形成了砾岩、砂岩、页岩、泥灰岩或石灰岩等（见图1-2(a)）。如果地壳继续下降，沉积区不断扩大，沉积区段发生变化，在原来砾石层上面又沉积了砂层，原砂层上面又沉积了细砂或黏土等，使水平方向和垂直方向均呈现出由粗到细逐渐过渡的关系(见图1-2(b))。有时沉积下降速度明显变化,造成沉积环境的明显变化,使上、下两套沉积物在物质成分、结构和颜色等方面均有明显的差异(见图1-2(c))。这种相互重叠并有明显差异的地质体,成岩以后在构造上的明显特征是具有层状构造。

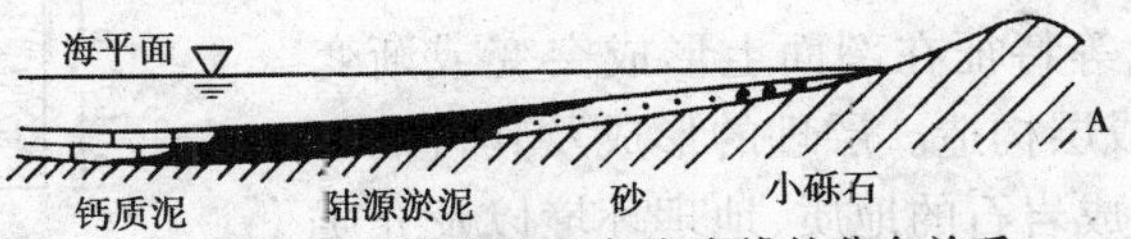

(a) 沉积盆地中陆源沉积物与海岸线的分布关系

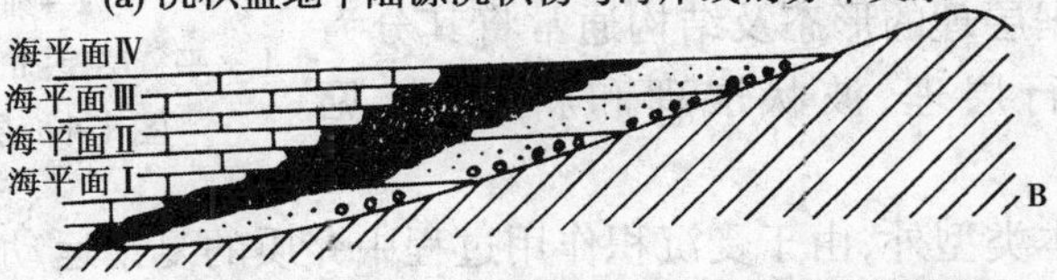

(b) 当沉积盆地缓慢下降时，各岩层间物质成分的渐变关系

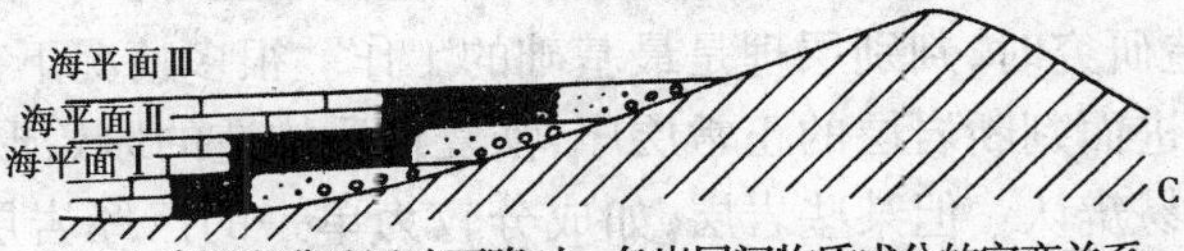

(c) 当沉积盆地迅速下降时，各岩层间物质成分的突变关系

图1-2　岩层及层理的形成

同一岩层在形成过程中,由于气候条件、水流大小、物源供应等外力地质因素发生变化而显示出层理和层。因此,任何一个岩层都是一次地壳升降运动所造成的沉积单位。其岩层的性质受一定的时间、空间和自然地理环境所控制。

同一岩层顶、底面之间的最短距离,就是岩层的厚度(真厚度)。由于沉积环境和条件的不同,岩层的厚度区域分布有变化,有的岩层在较大范围内厚度不变或基本一致,形成厚度稳定的板状岩层;有的岩层在较小范围内明显地向一个方向增厚,而向另一个方向变薄甚至尖灭,称作岩层的尖灭现象;有的岩层中间厚向两侧尖灭,形成透镜状岩层(见图1-3)。

岩层厚度的这些变化,受当时堆积形成时地壳运动的升降速度和幅度以及古地理环境的影响。因此,我们常采用测定各个地点同一时代岩层厚度数据,制作该时代岩层的等厚图(即岩层厚度等值线图),来分析地壳升降运动的变化规律,确定出隆起区和坳陷区。

a—顶面;b—底面;h—岩层厚度;
Ⅰ—板状岩层;Ⅱ—岩层厚度变薄;
Ⅲ—岩层尖灭,呈楔形;Ⅳ—岩层呈透镜状

图1-3　岩层的厚度和形态

沉积岩在沉积过程中和成岩作用过程中产生的非构造变动的构造特征称为沉积岩层的原生构造,如层理、层面构造、结核、叠锥以及生物遗迹、叠层石等。沉积岩的原生构造是沉积岩石学研究的主要内容。但是,它对地质构造的研究也有重要意义。沉积岩原生构造不仅为研究和判断岩层形成时的古地理和地壳运动特征提供重要资料,而且有些原生构造,诸如层理、层面构造等,还是鉴别岩层顶、底面和确定岩层相对层序的重要依据,了解这些构造特征对观察、分析构造形态,确定岩层产状和岩石变形特征具有一定的指导意义,在某些情况下具有特殊的作用。

2 层理及其识别

2.1 层理及其分类

层理是沉积岩中最普遍的原生构造。它是通过岩石成分、结构和颜色等特征在剖面上形成突变或渐变而显现出来的一种成层构造。层理的形成及其特征与组成岩石的成分,形成岩石的地质、地理环境以及介质运动特征有关。依据层理的形态及结构通常将其分为三种基本类型:平行层理、波状层理和斜层理(见图1-4)。

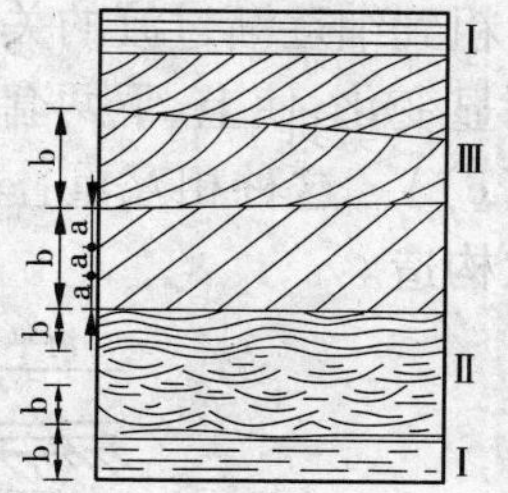

a—细层;b—层系;

Ⅰ—平行层理;Ⅱ—波状层理;Ⅲ—斜层理

图1-4 层理的基本类型

除上述三种基本类型外,由于受沉积作用过程中介质的复杂运动和其他因素的影响,层理还有许多过渡类型和特殊类型,如斜波状层理、递变层理等。

在进行地质构造研究时,判别层理是最基础的工作。很多情况下只有找出层理,才能确定岩层面的位置,进而判断岩层的正常层序,恢复地质构造的原始形态。大多数沉积岩的层理较为明显,容易辨认。但某些岩层,如成分较为单一的巨厚岩层,它们的层理常常不明显;有的岩层中发育密集定向的节理或劈理,掩盖了层理或与层理混淆不清。特别是某些变质岩区,次生面理特别发育,甚至层理被置换,致使原生层理极难辨认。这就要求我们在野外工作中必须仔细观察,尽力发现能鉴别层理的各种标志以及寻找岩层的其他原生构造去识别层理。

2.2 层理的识别

在野外可根据如下标志来识别层理。

2.2.1 岩石的成分变化

岩石成分的变化是显示层理的重要标志,特别是在岩性比较均一的巨厚岩层中,要注意寻找成分特殊的薄夹层。如石灰岩中夹有页岩、砂岩中夹有砾岩、泥岩中夹有粉砂岩等,借助于这类夹层可以识别巨厚岩层的层理。

2.2.2 岩石结构的变化

根据沉积原理,不同粒度或不同形状的颗粒总是分层堆积的,从而显示出层理。如砾岩中大小不同的砾石分层堆积呈带状;砂岩中云母呈面状分布,各种原生结核或扁平状砾石在沉积岩中呈面状排列等,可以作为确定层理的标志。

2.2.3 岩石的颜色变化

在层理隐蔽、成分均一、颗粒较细的岩层中,如有颜色不同的夹层或条带,也可以指示层理。但要注意区分由某些次生变化造成的岩石颜色差异。例如氢氧化铁胶体溶液,常沿节理或岩石孔隙扩散并沉淀,从而在岩石中形成不同色调的褐红色条带或晕圈,当其规模很大时,在个别露头上观察,就容易被误认为层理。此外,在有些深色泥岩或白云岩中,常因风化而引起褪色作用,也会沿节理或裂缝发生颜色变化,如不注意也会误当作岩层的层理。

2.2.4 岩层的原生层面构造

这些构造包括波痕、泥裂、雨痕、生物遗迹及其印膜,也可以作为确定和识别层理的标志。

在野外观察中,如果在一个露头上层理不易看清,或者分不清是层理还是其他次生构造(如节理、劈理)时,应多观察一些附近的露头,仔细比较分析,并根据层理面一般都延展较远、连续性较好等特点加以区别。当沉积岩中发育有大型斜层理时,应注意把斜层理的细层与层系的主层理区别开来。

3 利用沉积岩层原生构造确定岩层的顶、底面

确定岩层的新老层序是野外观察研究地质构造的一个重要问题。因为岩层形成并经受构造变动作用,虽然有的还保持其正常层序,即岩层的顶面在上,底面在下,沿着岩层的倾向,按由老到新的层序排列,但是也有些岩层在强烈的构造变动后,产状变为直立甚至发生倒转,造成岩层底面在上,顶面反而在下,使岩层沿着倾斜方向,出现由新到老的层序倒置的现象。确定岩层的地质时代和层序,主要是依据化石。但是在某些情况下,尤其在缺乏化石的"哑地层"中,也可以根据岩层的原生构造或某些次生构造,通过判别岩层的顶、底面去确定其相对新老层序。这里重点介绍利用沉积岩的原生构造来确定层序的一些标志,对于次生构造(如层间小褶皱、劈理等)确定岩层层序的方法,将在后面的有关内容中再讨论。

3.1 斜层理

斜层理由一组或多组与主层面斜交的细层组成。不同类型的斜层理细层的倾斜方向也不同,可以向同一方向倾斜,也可向不同方向倾斜。斜层理能用来确定岩层顶、底面的方向。

斜层理的判别特征是:每组细层理与层系顶部主层面成截交的关系,而与层系底部主层面呈收敛变缓而相切的关系,弧形层理凹向顶面。根据这个特点就可以确定岩层顶、底面(见图1-5)。

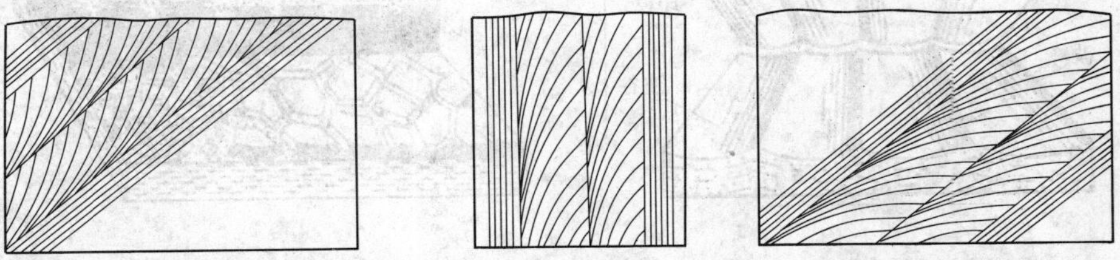

(a)岩层是正常层序,顶面在左边　(b)岩层直立,顶面在右边　(c)岩层倒转,顶面在右边

图1-5　根据斜层理确定岩层顶、底面

(据 M. P. Bilings,1947)

3.2 粒级层理

粒级层理又叫递变层理。它是由岩石颗粒的粒度大小变化显示出来的。正常情况下,颗粒分布为下粗上细,其特点是在单层中,从底到顶由砾岩或粗砂岩开始,向上递变为细砂岩、粉砂岩以至泥岩。有的由砾至泥粒级递变完整,有的不完整,只有砾—砂,或砂—泥;有的重复呈条带状出现,似间互层或韵律层。粒级层理在海相、湖相碎屑岩中很普遍,它可以是水流机械搬运、分级沉积的结果,也可以由浊流搬运形成粒级浊积层。在相邻两粒级层之间,下层顶面常受过冲刷,因而两层在粒度上或成分上不是递变的而是突变的。根据粒级层理这种下粗上细粒度递变的特征,可以确定岩层的顶、底面(见图1-6)。

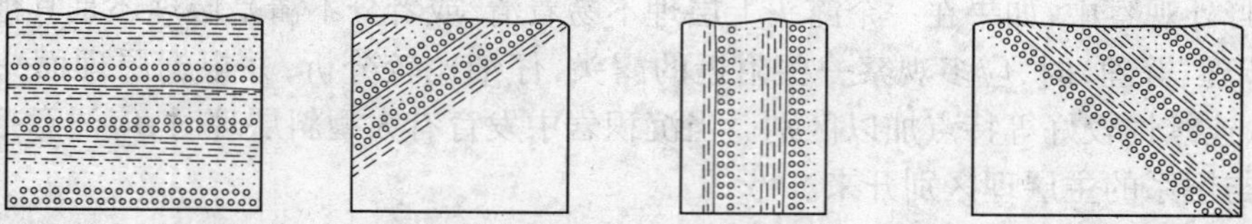

图 1-6　根据粒级层理确定岩层顶、底面

（据 M. P. Bilings, 1947）

3.3　波痕

波痕的成因和类型很多,能够用来指示岩层顶、底面的主要是对称型浪成波痕(见图 1-7)。它的波峰呈尖棱形,波谷呈圆弧形。这种波痕无论是原型还是印模,都是波峰尖端指向岩层的顶面,圆弧形波谷凸向底面。对称型浪成波痕主要发育在粉砂岩、砂岩及碳酸盐岩的表面,在细砾岩中也可见到。

3.4　泥裂

泥裂也称干裂,是未固结的沉积物露出水面后,经暴晒干涸时,因收缩而形成的与层面大致垂直的楔状裂缝。泥裂常使层面构成网状、放射状或不规则分叉状的裂缝,剖面上则呈"V"形或"U"形裂口。这些裂缝被上覆沉积物填充时,使填充层的底面成脊形印模。无论是楔形裂缝或脊形印模,其尖端均指向岩层的底面,即指向较老岩层(见图 1-8)。泥裂常见于黏土岩、粉砂岩及细砂岩层面上,偶尔也见于碳酸盐岩层面上。

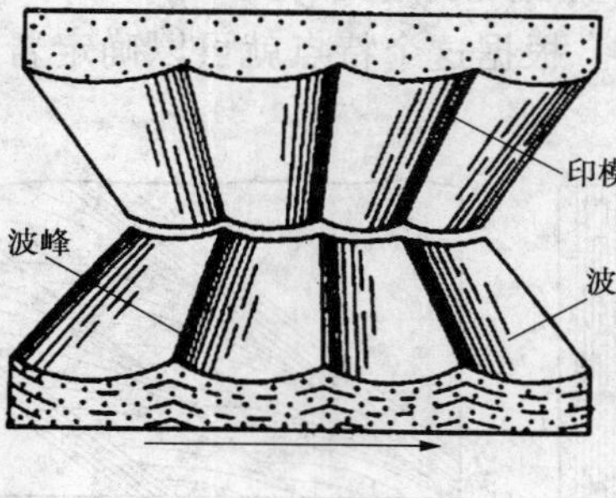

图 1-7　对称型浪成波痕及其印模

（据 R. R. Shrock, 1948）

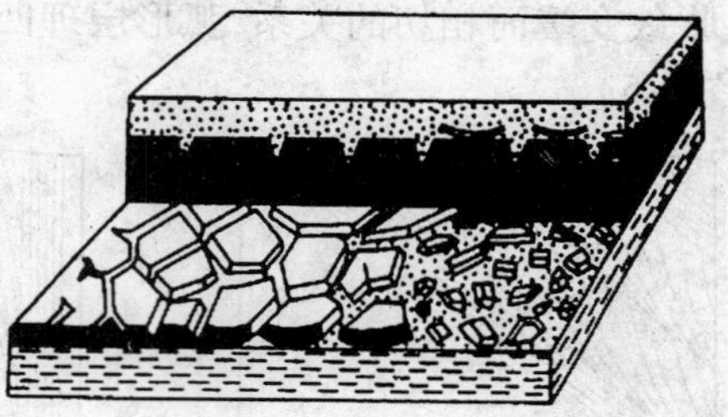

图 1-8　泥裂的立体示意

（据 R. R. Shrock, 1948）

3.5　雨痕、雹痕及其印模

雨痕和雹痕是雨点或冰雹落在湿润而柔软的泥质或粉砂质沉积物表面上,击打出边缘略高于沉积物表面的圆形或椭圆形凹坑。雹痕较雨痕大而深,形状不规则,其边缘亦较高。两种凹坑形成后又被上覆沉积物填充掩埋,成岩后使上覆岩层的底面形成圆形或椭圆形的瘤状突起印模。因此,凹坑总是分布在岩层的顶面,瘤状突起的印模则位于岩层的底面。或者说,凹坑和瘤状突起印模的圆弧形面均凸向岩层的底面(见图 1-9 和图 1-10)。

3.6　冲刷面

固结和半固结的沉积岩层,在出露水面或在水下经水流冲刷,在沉积岩层顶面造成凹

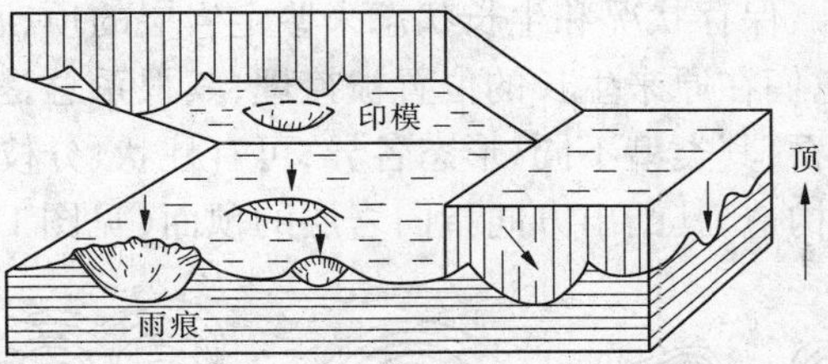

注:图中的小箭头指雨或冰雹的下落方向,旁侧的大箭头指层位的顶、底面。

图1-9 雨痕及其印模的立体示意

(据 R. R. Shrock,1948)

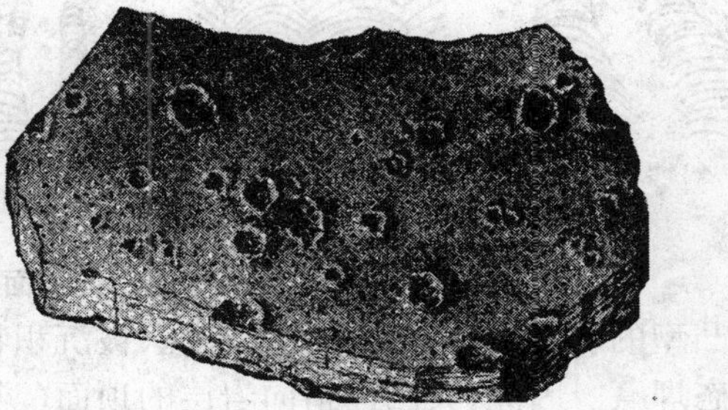

注:雨痕凹坑所在表明为上层面。

图1-10 四川广元三叠系飞仙关组紫红色砂质页岩之雨痕 (李尚宽绘)

凸不平的冲刷面。此后,这些不平整的冲刷面上又堆积物质时,被冲刷下来的下伏岩层的碎块和砾石,有可能在原冲刷沟、槽、坑处又堆积下来,形成自下而上由粗变细的充填物。这种冲刷沟、槽、坑和下粗上细的充填物特征,可以作为判别岩层的顶、底面的标志(见图1-11)。

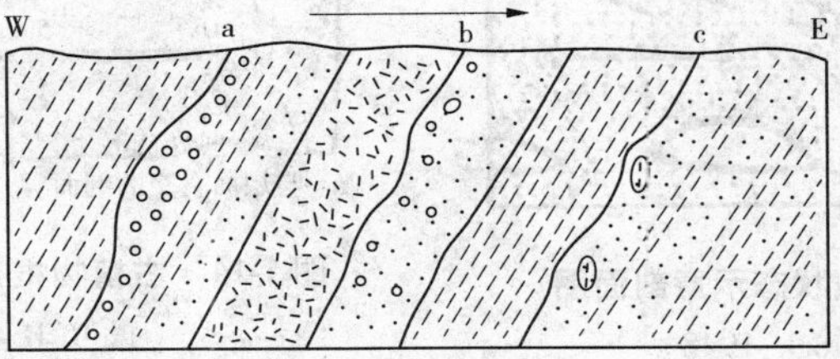

注:从a、b、c等处冲刷面形态及砾石碎块岩性等特征,说明岩层西边老,东边新,岩层又向西倾斜,所以这套岩层是倒转层位。

图1-11 根据冲刷面特征确定岩层相对层序

(据 M. P. Bilings,1947)

3.7 古生物化石的生长和埋藏状态

保存在岩层中的古动、植物化石,除根据其种属确定地层的地质时代外,还可以根据某些化石在岩层内的埋藏保存状况和生长状态来鉴定岩层的顶、底面。如珊瑚，特别是群体珊瑚等底栖生物，若它们在原来生长的位置被掩埋，其根系总是指向岩层的底面。又如由藻类生物形成的叠层石，其类型不同，形态各异，可有柱状、分枝状、锥状和瘤状，但均具有向上穹起的叠积纹层构造，其凸出方向指向岩层的顶面（见图1-12）。

图1-12　不同形态的叠层石纹层凸向顶面

一些平凸型或凹凸型的腕足类或斧足类化石介壳，被沉积物掩埋时，大多数介壳保持着凸面向上的稳定状态埋藏。因此，其凸面指向岩层的顶面（见图1-13）。

古代羊齿类、苏铁类和其他种类植物的根系，当被掩埋时，保持其生长状态，则古植物根系的生长迹象，也可以作为确定岩层顶、底面向的标志，根系分叉方向指向底面（见图1-14）。此外，生物活动造成的遗迹化石，如三叶虫的停息迹、爬行觅食迹及潜穴的蹼状构造凹面均指示岩层的顶面。

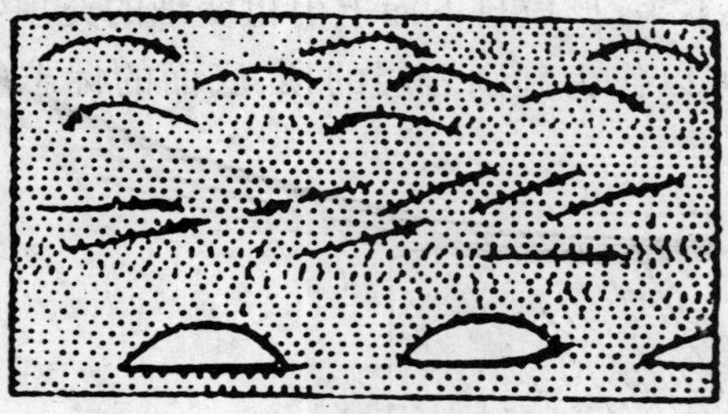

图1-13　介壳埋藏状态示意剖面图

（据R. R. Shrock，1948）

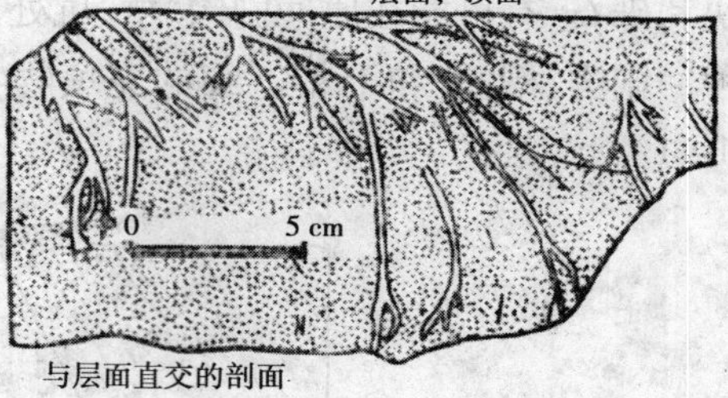

图1-14　古植物根系生长状态示意剖面图

（据R. R. Shrock，1948）

任务2　岩层的产状、厚度及出露特征

岩层的产状是指岩层在地壳中的空间方位和产出状态。

野外认识和研究构造形态，是从观察和测量岩层的产状着手。要正确认识和分析岩层经受什么样的变形而产生这些构造形态，还需要了解岩层的原始产状。

1 岩层的原始产状

在广阔而平坦的沉积盆地(如海洋和大湖泊)中所形成的沉积岩层,其原始产状大都是水平或近于水平的。只有在沉积盆地的边缘、岛屿、水下隆起和火山锥周围边坡等局部地带,岩层才会出现一定程度的倾斜,这是原始倾斜(见图1-15)。因此,将岩层的原始产状理解为水平的,以水平面作为参考面,是认识和分析地质构造的一个基本前提。

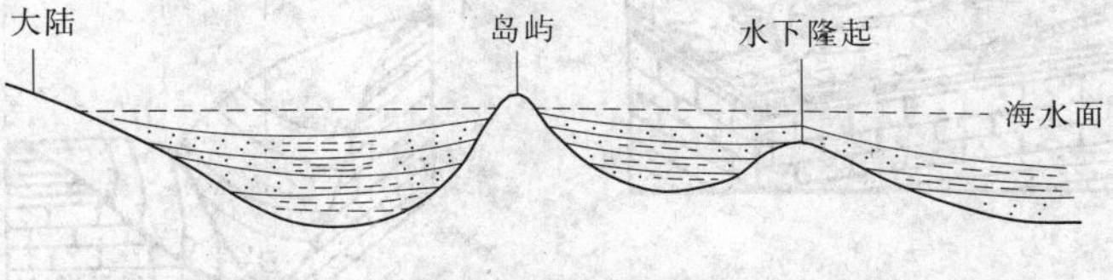

图1-15 沉积岩层原始倾斜产状形成示意剖面图

原始产状呈水平的岩层,在地壳运动影响下发生构造变形,形成倾斜岩层、直立岩层、倒转岩层和各种褶曲形态,但也有一些岩层仍保持其水平状态。在地表浅处,重力、流水、冰川、岩溶及吸水作用等外力地质作用,也会使岩层产状发生局部变动,形成各种表生构造。

2 水平岩层

岩层层面保持近水平状态,即同一层面上各点的海拔标高相同或基本相同时的岩层称为水平岩层,该岩层的倾角不超过5°。在沉积盆地的中心部位或其他比较稳定的沉积环境中形成的沉积岩层,其原始产状一般都是水平或近似水平的。岩层形成以后,受构造运动影响轻微,其产状基本保持了原始水平状态,习惯上也称为水平岩层。如四川盆地中部一些地区的中、晚侏罗世和白垩纪地层的产状基本上就是水平的(见图1-16)。

图1-16 四川苍溪观音寨中侏罗统水平岩层素描图 (据李承三)

水平岩层在正常层序情况下具有以下特征。

2.1 水平岩层的分布特征

在地层层序没有发生倒转的前提下,地质时代较新的岩层总是叠置在时代较老的岩层之上。当地形切割轻微时,地面只出露上部最新的地层,如图1-17(a)所示;在地形切割强烈的地区,方能在河谷、冲沟或地形低洼的地方见到时代较老的地层,如图1-17(b)所示。因此,水平岩层在地面的分布规律是:年轻的新岩层分布在地形高处,时代愈新,分布出露的位置愈高;时代老的岩层分布在地形的低处,时代愈老,出露位置愈低。水平岩层的厚度与岩层顶底面的高差相近。

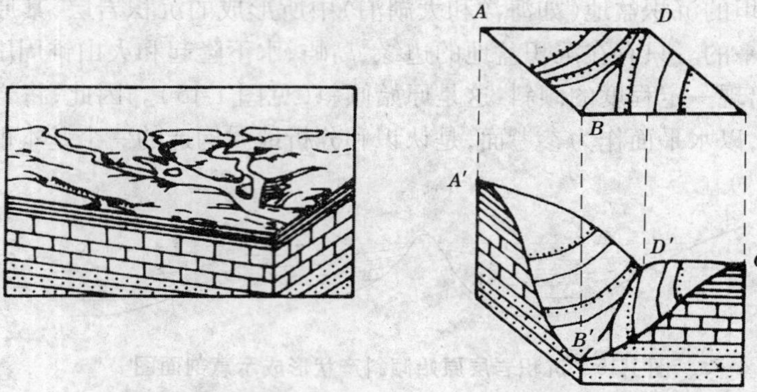

(a) 地面切割轻微时，地面只出露新岩　　(b) 地面切割强烈，地面起伏时，水平岩层的出露情况

图 1-17　水平岩层的分布特征

2.2　水平岩层的露头形态

岩层的露头形态,是指把岩层在地面实际出露的情况勾绘在平面图上所呈现的形态。水平岩层的出露和分布状态完全受地形的控制。在地形地质图上,其出露界线与地形等高线平行或重合,而不相交(见图 1-18)。在河谷、冲沟中岩层的出露界线随着地形等高线的弯曲而弯曲,延伸成"V"字形,"V"字形的尖端指向上游;在山坡和山顶上,岩层露头的分布呈孤岛状、不规则的同心状或条带状。根据这些特征,只要测定出水平岩层层面界线的位置和高程,就可以在地形图上以其出露点为起点,沿着或平行于其相应高程的等高线勾绘出该层面的界线。

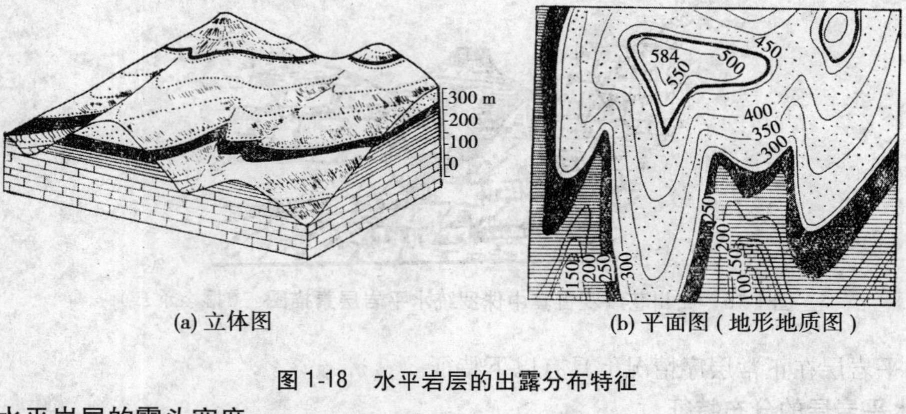

(a) 立体图　　(b) 平面图(地形地质图)

图 1-18　水平岩层的出露分布特征

2.3　水平岩层的露头宽度

水平岩层的露头宽度,是指其顶、底面在地面上的出露界线之间的水平距离。同一岩层的露头宽度在不同地段有宽窄变化,它取决于岩层的厚度和地面的坡度。当地面的坡度相同时,露头宽度取决于岩层厚度,厚度大则出露宽度大,厚度小则出露宽度小;当岩层

的厚度相等时，露头宽度取决于地面坡度，坡度大则出露宽度小，坡度小则出露宽度大；在陡崖处，由于岩层顶、底界线垂直投影后合成一条线，其露头宽度变为零，以致在地质图上呈现出岩层尖灭的假象，如图1-19所示。

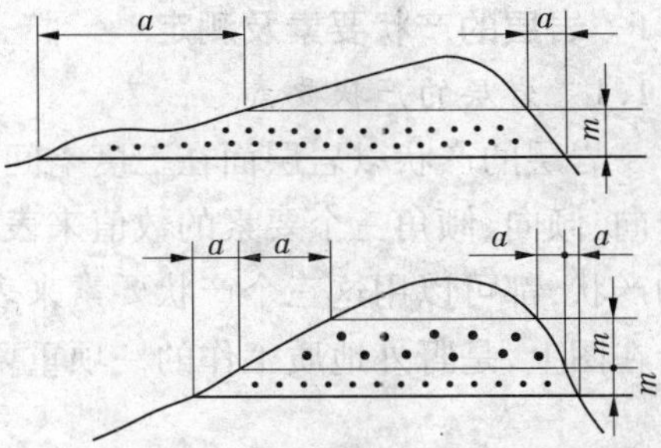

a—岩层露头宽度；m—岩层厚度

图1-19 水平岩层露头宽度的变化

在填绘和阅读水平岩层地质图时，应注意认识和分析上述特征。

2.4 水平岩层的厚度

水平岩层的厚度，就是水平岩层顶、底面之间的垂直距离，即水平岩层顶、底面的标高差(见图1-19)。

3 倾斜岩层

由于地壳运动或岩浆活动，使原始水平产状的岩层发生构造变动，形成了与水平面有一定交角的岩层，就是倾斜岩层。这种构造变动是一种最简单的构造变动，也是层状岩石最常见的一种产状形态。倾斜岩层可以是某种构造的一部分，如为褶皱的一翼或断层的一盘(见图1-20)，也可以是地壳不均匀抬升或下降所引起的区域性倾斜。如一个地区的岩层向同一方向倾斜，倾角也大致相同，则称为单斜层或单斜构造，其剖面图如图1-21所示。

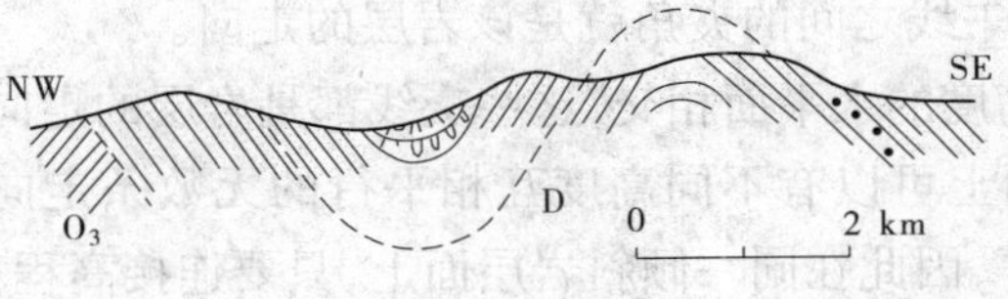

(a)褶皱的一翼

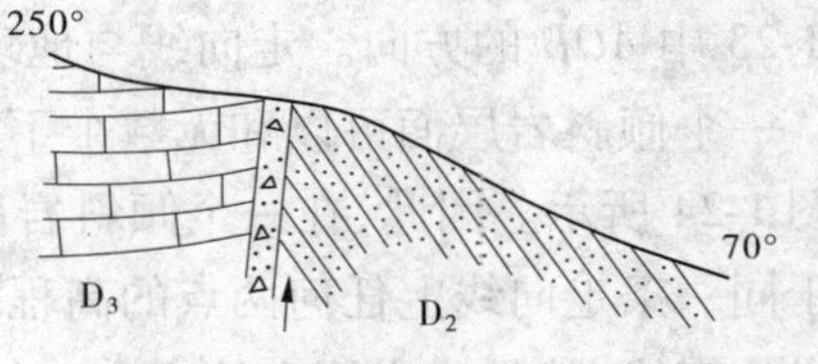

(b)断层的一盘

图1-20 倾斜岩层

倾斜岩层在正常情况下，沿倾斜方向岩层的时代是由老到新的顺序排列的(见图1-21)。在构造变动剧烈的地区，岩层可能发生倒转，使得老岩层覆盖在新岩层之上(见图1-22)。

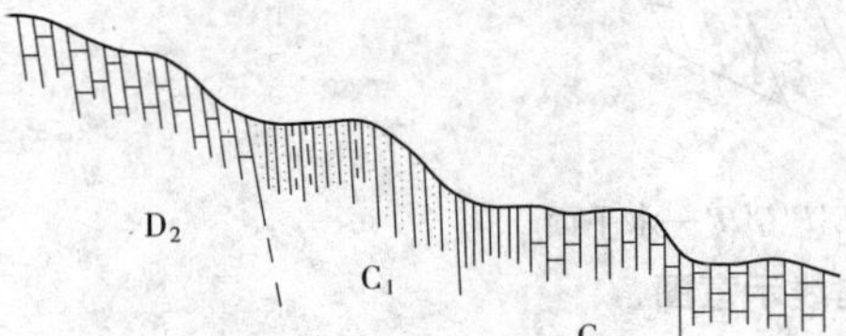

图1-21 单斜岩层剖面图

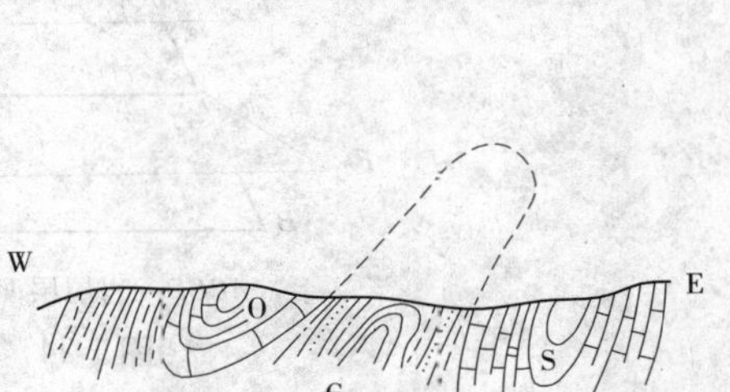

图1-22 倒转岩层，背斜(老岩层覆盖在新岩层之上)

观测岩层产状及其出露分布特征，是野外地质调查和填绘地质图、研究分析地质构造的一项经常性的基础工作。

3.1　岩层的产状要素及测定

3.1.1　岩层的产状要素

岩层的产状以岩层面在三度空间的延伸方位及其倾斜程度来确定，即采用岩层面的走向、倾向、倾角三个要素的数值来表示，如图 1-23 所示。任何面状构造或地质体界面的的产状，都可以用这三个产状要素来表示。测量岩层的产状要素，并把它们记录下来或标绘在图上，是野外地质工作的一项重要任务。

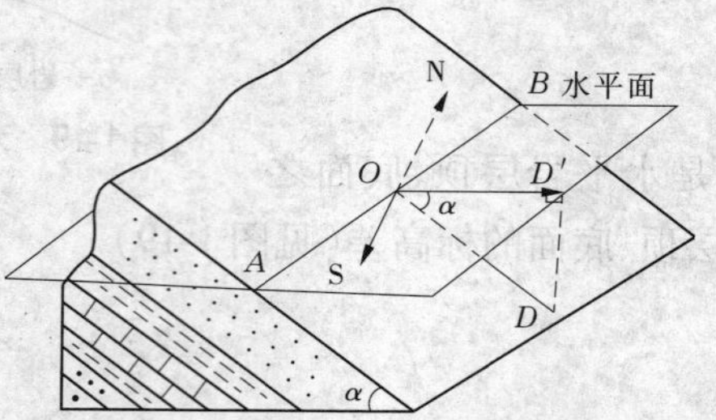

AOB—走向线；*OD*—倾斜线；*OD′*—倾斜线的水平投影，
箭头方向为倾向；α—倾角；NS—子午线

图 1-23　岩层产状要素

3.1.1.1　走向

走向表示岩层在空间的水平延伸方向。它是岩层面与水平面的交线，称作走向线，如图 1-23 中 *AOB* 的方向。走向线与地理子午线之间的夹角就是该岩层的走向。

一个倾斜岩层面可以和无数个不同高度的水平面相交，这些交线都是岩层的走向线，如图 1-24 所示。因此，在一个倾斜岩层面上可以有不同高度互相平行的无数条走向线。由于同一条走向线上任何两点的高程相等，因此在同一倾斜岩层面上，只要连接高程相同两点的直线，就是该岩层在该高度上的走向线。

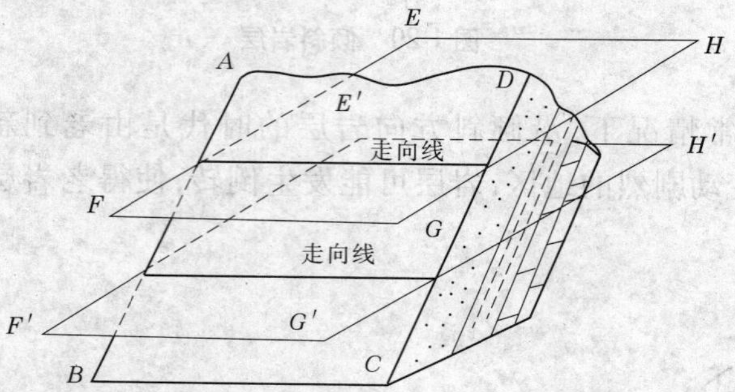

ABCD—岩层层面；*EFGH*、*E′F′G′H′*—水平面

图 1-24　岩层走向线示意图

一条走向线有两个延伸方向，它们之间相差 180°，都可以表示岩层的走向。但在实际工作中，为了使问题简化，只测量和记录一个方向。

3.1.1.2　倾向

倾向表示岩层在空间的倾斜方向，由岩层面倾斜线的水平投影线所指的方向来确定。

倾斜线的水平投影线叫倾向线,倾向线与地理子午线之间的夹角即为倾向。如图1-23所示,OD为岩层面的倾斜线,它垂直于走向线,是沿岩层面倾斜方向向下所引的直线,其在水平面的投影线OD'即为倾向线,OD'所指岩层倾斜一端的方向,为岩层的倾向。岩层的倾向只有一个出现在走向的一侧并与走向相差90°。

岩层的倾向有真倾向和视倾向之分。凡是不与走向线垂直的任何倾斜线称为视倾斜线,视倾斜线在水平面上的投影叫视倾向线,视倾向线所指岩层倾斜一端的方向叫视倾向(如图1-25中OC和OB)。在一个测点上,真倾向(倾向)只有一个,而视倾向总是成对并可以有无数对。

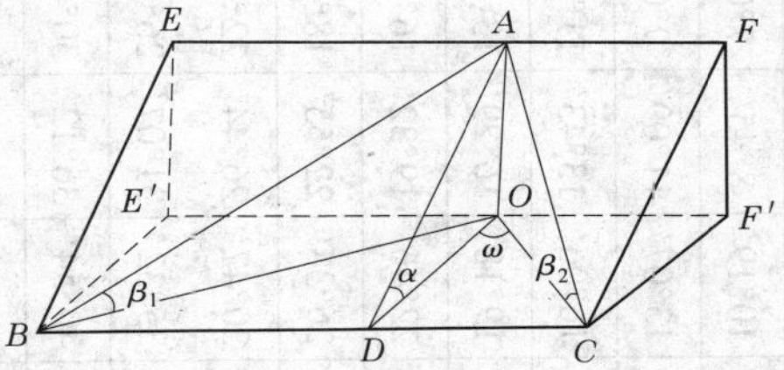

$EBCF$—岩层层面;$E'BCF'$—水平面;EF、BC—走向线;AD—倾斜线;

AB、AC—视倾斜线;OD—倾向线;OC、OB—视倾向线;

α—倾角;β_1、β_2—视倾角;ω—真倾向线与视倾向线之间的夹角

图1-25 真倾角与视倾角的关系

3.1.1.3 倾角

倾角表示岩层的倾斜程度。它是岩层的倾斜线与倾向线之间的夹角(如图1-23中的α)。由于岩层有真倾向和视倾向之分,故倾角亦然,视倾斜线和视倾向线间的夹角即为岩层的视倾角(如图1-25中的β_1、β_2)。

在一个测点上,岩层的真倾角(倾角)只有一个。而视倾角(假倾角)却有许多个,且视倾角永远小于真倾角。

岩层的真倾角与视倾角的关系可用数学式表示为

$$\tan\beta_2 = \tan\alpha\cos\omega$$

由上面的关系式可以看出:

(1)当$\omega=0°$时,$\cos\omega=1$,则$\tan\alpha=\tan\beta_2$,说明在垂直岩层走向的剖面上,所见到的岩层倾角最大,即为岩层的真倾角(倾角)。

(2)当$\omega=90°$时,$\cos\omega=0$,则$\tan\beta_2=0$,说明剖面方向与岩层走向平行,无视倾角。

(3)当$\omega\neq0°$时,$\cos\omega<1$,则$\tan\alpha>\tan\beta_2$,说明在斜交岩层走向的剖面上,所见到的倾角都是视倾角,而且视倾角总是小于真倾角。

在野外实测地质剖面或在图上切绘地质剖面时,往往不可能使剖面线方向始终保持垂直于岩层的走向,一般规定当ω角大于7°时,剖面图中的岩层应采用视倾角来绘图,这就需要把岩层的真倾角按照上述公式换算成视倾角。真倾角和视倾角的换算方法,除利用上述公式计算外,还可以利用其他方法和查表求得,见表1-1。

表 1-1　真倾角与视倾角换算表

真倾角	不同岩层走向剖面间夹角的视倾角																
	80°	75°	70°	65°	60°	55°	50°	45°	40°	35°	30°	25°	20°	15°	10°	5°	1°
10°	9°51′	9°40′	9°24′	9°05′	8°41′	8°13′	7°42′	7°06′	6°28′	5°47′	5°02′	4°16′	3°27′	2°37′	1°45′	0°53′	0°11′
15°	14°47′	14°31′	14°08′	13°39′	13°04′	12°23′	11°36′	10°44′	9°46′	8°44′	7°38′	6°28′	5°14′	3°58′	2°40′	1°20′	0°16′
20°	19°43′	19°22′	18°53′	18°15′	17°30′	16°36′	15°35′	14°26′	13°10′	11°48′	10°19′	8°45′	7°06′	5°23′	3°37′	1°49′	0°22′
25°	24°40′	24°15′	23°40′	22°55′	21°59′	20°54′	19°39′	18°15′	16°41′	14°58′	13°07′	11°09′	9°04′	6°53′	4°38′	2°20′	0°28′
30°	29°37′	29°09′	28°29′	27°37′	26°34′	25°19′	23°52′	22°12′	20°22′	18°19′	16°06′	13°43′	11°10′	8°30′	5°44′	2°53′	0°35′
35°	34°35′	34°04′	33°21′	32°24′	31°14′	29°50′	28°13′	26°20′	24°14′	21°53′	19°18′	16°29′	13°28′	10°16′	6°56′	3°30′	0°42′
40°	39°34′	39°02′	38°15′	37°15′	36°00′	34°30′	32°44′	30°41′	28°20′	25°42′	22°46′	19°32′	16°01′	12°15′	8°17′	4°11′	0°50′
45°	44°34′	44°00′	43°13′	42°11′	40°54′	39°19′	37°27′	35°16′	32°44′	29°50′	26°34′	22°55′	18°53′	14°31′	9°51′	4°59′	1°00′
50°	49°34′	49°01′	48°14′	47°12′	45°54′	44°19′	42°24′	40°07′	37°27′	34°21′	30°47′	26°44′	22°11′	17°09′	11°42′	5°56′	1°11′
55°	54°35′	54°04′	53°19′	52°19′	51°03′	49°29′	47°34′	45°17′	42°33′	39°19′	35°32′	31°07′	26°02′	20°17′	13°56′	7°06′	1°26′
60°	59°37′	59°08′	58°26′	57°30′	56°19′	54°49′	53°00′	50°46′	48°04′	44°49′	40°54′	36°12′	30°39′	24°09′	16°44′	8°35′	1°44′
65°	64°40′	64°14′	63°36′	62°46′	61°42′	60°21′	58°40′	56°36′	54°02′	50°53′	47°00′	42°11′	36°16′	29°02′	20°26′	10°35′	2°09′
70°	69°43′	69°21′	68°50′	68°07′	67°12′	66°03′	64°35′	62°46′	60°29′	57°36′	53°57′	49°16′	43°13′	35°25′	25°30′	13°28′	2°45′
75°	74°47′	74°30′	74°05′	73°32′	72°48′	71°53′	70°43′	69°15′	67°22′	64°58′	61°49′	57°37′	51°55′	44°00′	32°57′	18°01′	3°44′
80°	79°51′	79°39′	79°22′	78°50′	78°29′	71°51′	77°02′	76°00′	74°40′	72°55′	70°34′	67°21′	62°44′	55°44′	44°34′	26°18′	5°39′
85°	84°55′	84°49′	84°41′	84°29′	84°14′	83°54′	83°29′	82°57′	82°15′	81°20′	80°05′	78°18′	75°39′	71°19′	63°16′	44°53′	11°17′
89°	88°59′	88°58′	88°56′	88°54′	88°51′	88°47′	88°42′	88°35′	88°27′	88°15′	88°00′	87°38′	87°05′	86°09′	84°16′	78°40′	45°00′

3.1.2 岩层产状要素的测定与表示方法

3.1.2.1 岩层产状要素的测定

岩层的产状要素的测定,对了解岩层空间产出状态,正确分析地质构造形态有重要作用。其测定方法有两种,即直接法和间接法。

直接测定岩层产状要素,是在野外岩层露头点用地质罗盘实地测量;间接测定是在不能直接利用罗盘测量岩层产状要素时,可利用钻孔资料求产状,或从地质图上求产状,或根据视倾向求真倾向等。这时可以采用三点法、计算法或赤平投影等方法间接求得。

3.1.2.2 岩层产状要素的表示方法

岩层的产状要素可用文字和符号两种方法表示。文字表示法多用于野外记录、文字报告及剖面图和素描图中。由于地质罗盘上标记方位的刻度有90°的象限角和360°的方位角两种,使用不同的罗盘测定产状,其书写方式也不一样。

(1)象限角表示法。

如图1-26所示,将方位分为四个象限,以北和南的方向作为零度,根据测量结果记录岩层的走向、倾向和倾角。例如:N70°W/SW∠45°,即岩层走向为北偏西70°,倾向南西(20°),倾角为45°。在生产实践中,象限角记录方法目前很少采用。

(2)方位角表示法。

如图1-27所示,将方位分为360°,以正北方向为零度(或360°),一般只测量和记录岩层的倾向和倾角。例如:205°∠25°,表示岩层的倾向为205°,岩层的倾角为25°。方位角记录方法比较简便,知道了倾向,即可换算出走向。又如岩层的倾向为205°,加减90°即为岩层走向。方位角记录法是我国目前通常使用的方法。

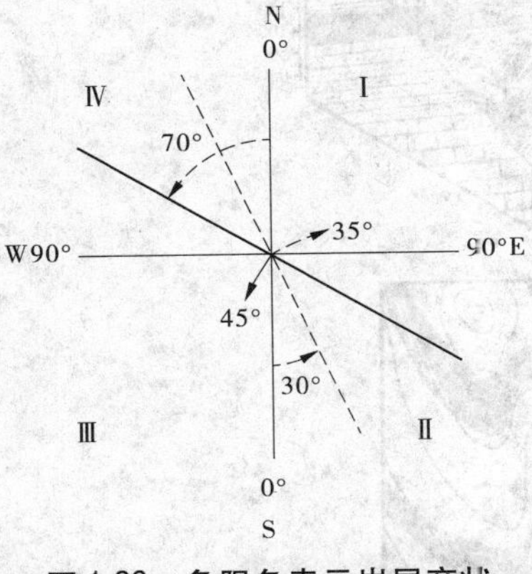

图1-26 象限角表示岩层产状

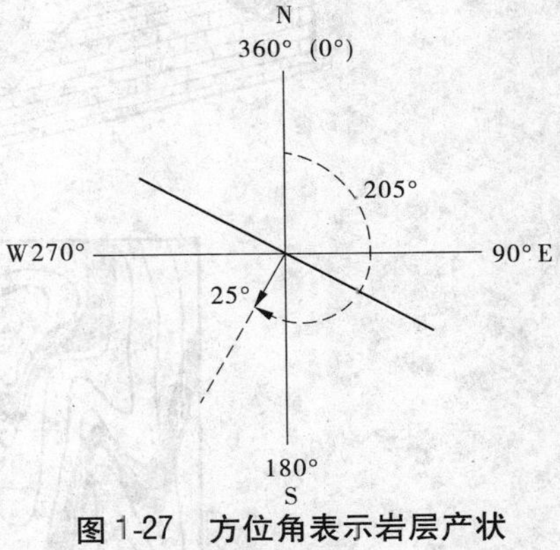

图1-27 方位角表示岩层产状

在地质图上,岩层产状要素用符号来表示,常用的符号有:

(1) ┬ 53°倾斜岩层,长线表示岩层走向,短线表示岩层倾向,度数表示倾角数值。长、短线必须按实际方位标绘在图上。

(2) ┬ 直立岩层,箭头指向较新岩层。

(3) ┼ 水平岩层(倾角0°~5°的岩层)。

（4）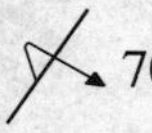70°岩层倒转，箭头指向倒转后的倾向，即指向老岩层，度数表示倾角数值。

用地质符号表示岩层的产状，要与野外岩层的产状一致，不能视为一个符号而随意绘在图上。岩层产状要素的符号和书写方式，在国内外的地质书刊和地质图上，并不完全相同，参阅文献资料时应予注意。

3.2 倾斜岩层的露头形态

倾斜岩层的露头形态取决于地形、岩层产状以及二者间的相互关系。当地面平坦时，产状稳定的倾斜岩层其界线呈直线延伸，岩层露头呈直线条带状分布，其延伸方向即岩层走向，如图1-28所示。当地面起伏时，倾斜岩层露头呈弯曲条带状分布，其界线与地形等高线交切，表现在岩层界线穿越沟谷或山脊时，均呈“V”字形展布，它们与地形等高线的弯曲保持一定的关系，称“V”字形法则。

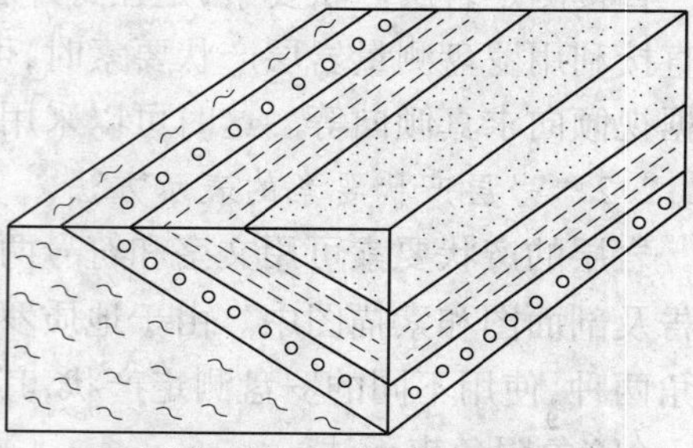

图1-28　地面平坦时，倾斜岩层露头形态呈直线条带状分布

当岩层倾向与地面坡向相反时，岩层界线与地形等高线的弯曲方向一致，即在沟谷处，岩层界线的“V”字形尖端指向沟谷的上游，而穿越山脊时，“V”字形的尖端则指向山脊的下坡；但岩层界线的弯曲度总是比地形等高线弯曲度小，如图1-29所示，这种规律称

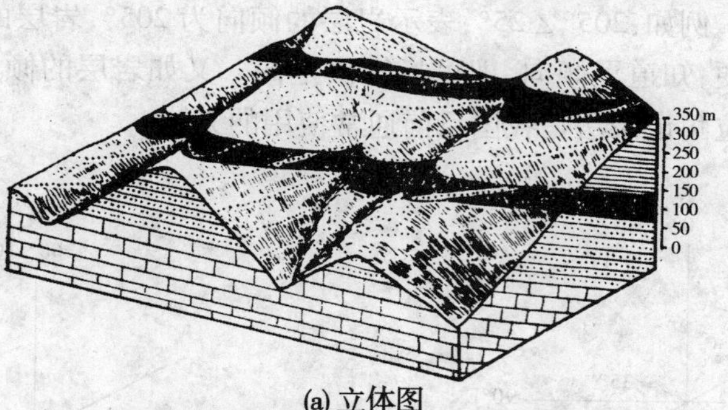

(a) 立体图

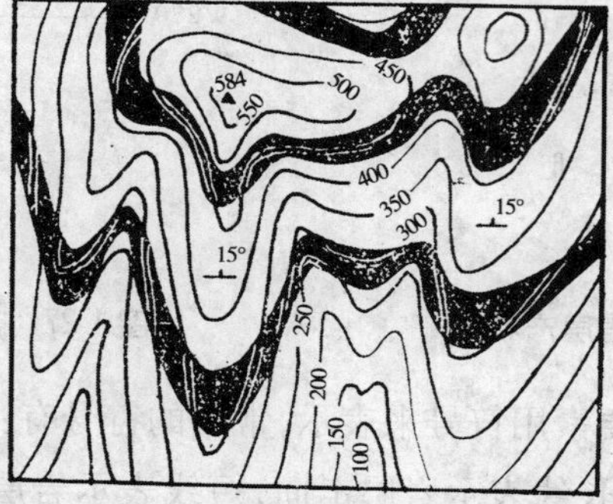

(b) 平面图（地质图）

（等高距以 m 为单位）

图1-29　倾斜岩层露头界线形态之一

为"相反相同"法则。

当岩层倾向与地面坡向相同时,有两种情况:

(1)岩层倾角 α 大于地面坡度角 β 时,岩层界线与地形等高线呈相反的方向弯曲。在沟谷处,岩层界线的"V"字形尖端指向沟谷的下游;而穿越山脊时,"V"字形的尖端则指向山脊的上坡,如图 1-30 所示,这种规律称为"相同相反"法则。

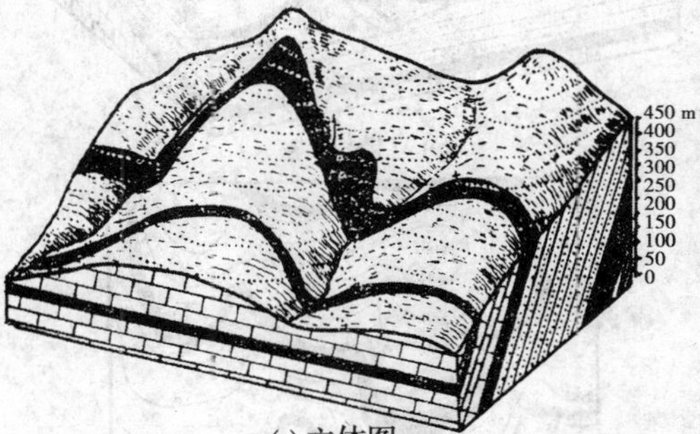

(a) 立体图

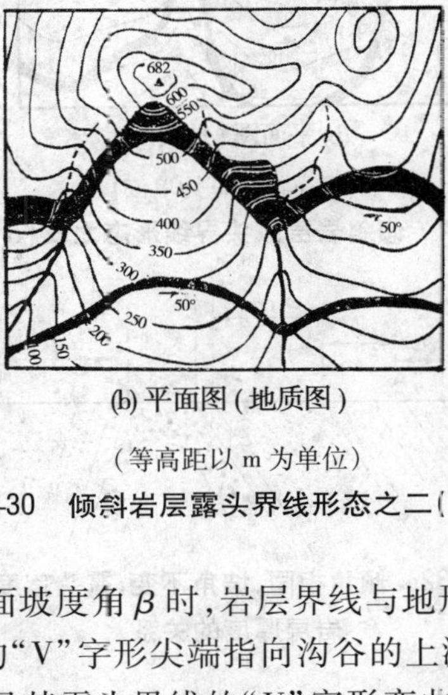

(b) 平面图(地质图)

(等高距以 m 为单位)

图 1-30　倾斜岩层露头界线形态之二($\alpha > \beta$)

(2)岩层倾角 α 小于地面坡度角 β 时,岩层界线与地形等高线的弯曲方向也是相同的。但在沟谷处,岩层界线的"V"字形尖端指向沟谷的上游;而穿越山脊时,"V"字形的尖端则指向山脊的下坡,但是其露头界线的"V"字形弯曲度大于地形等高线的弯曲度,如图 1-31 所示,这种规律称为"相同相同"法则。

3.3　倾斜岩层的露头宽度

倾斜岩层的露头宽度除受岩层的厚度及地面坡度影响外,还与岩层的产状有关,三个因素中若有一个变化,露头宽度就会发生变化。

当地面坡度和岩层倾角不变,倾向和坡向也一定时,岩层露头宽度取决于岩层的厚度。岩层厚度大,露头宽度也大;相反,岩层厚度小,露头宽度也小,如图 1-32 所示。

当岩层倾向与地形坡向相反时,地面坡度缓,岩层露头宽度大;地面坡度陡,岩层露头宽度就小(见图 1-33(a)、(b));当岩层出露在悬崖峭壁处时,岩层的顶、底界线在平面上的投影重合成一条线,造成平面图上岩层"尖灭"的假象(见图 1-33(c))。

在岩层倾向与坡向相同时,岩层倾角愈接近于地面坡度角,则岩层露头宽度愈大;相

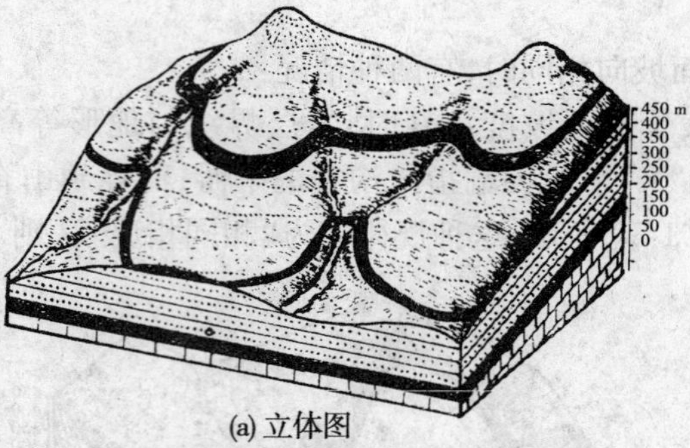

(a) 立体图

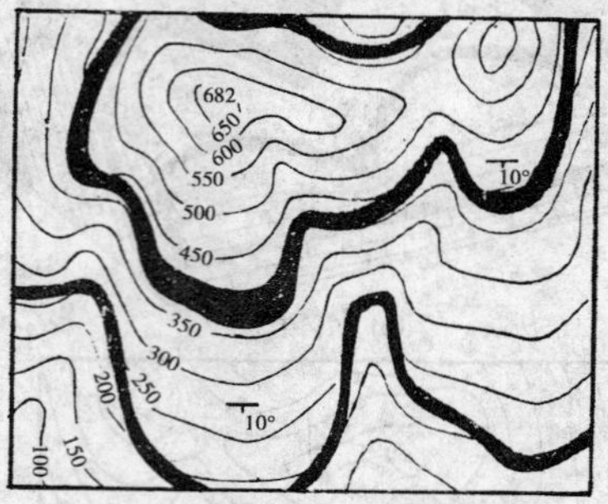

(b) 平面图（地质图）

（等高距以 m 为单位）

图 1-31　倾斜岩层露头界线形态之三（$\alpha<\beta$）

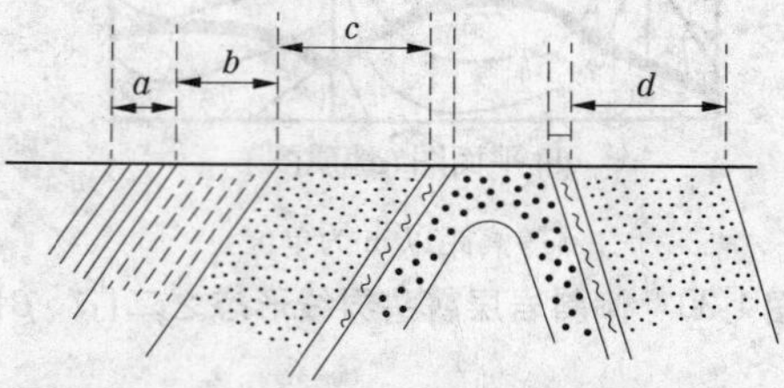

图 1-32　倾角相同，坡角不变，露头宽度与岩层厚度的关系

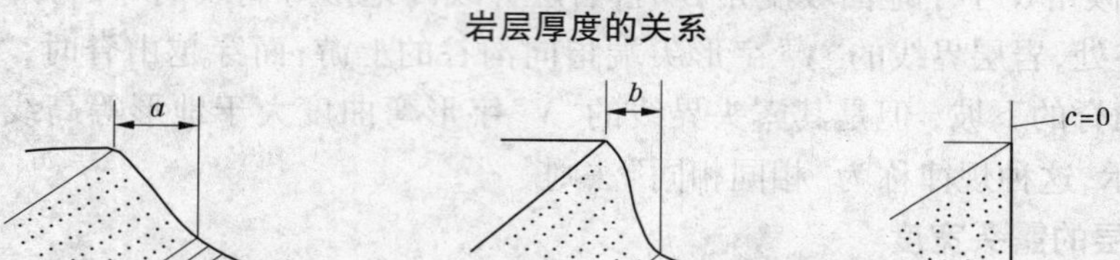

(a)　(b)　(c)

图 1-33　露头宽度与坡度的关系

反，露头宽度愈小（见图 1-34）。

当岩层厚度和地面坡度保持不变的情况下，露头宽度取决于岩层倾角的大小和岩层倾角与地面坡度角之间的关系。

一般来说，岩层倾角大，露头宽度小；相反，露头宽度大（见图 1-35）。如果岩层层面与地面斜坡成 90°交角，露头宽度最窄（露头宽度小于岩层厚度），如图 1-36 中的 a；岩层层面与地面斜坡相交的锐角愈小时，则岩层露头的宽度愈大，如图 1-36 中的 c、d；当岩层倾角达到 90°时，岩层露头宽度等于岩层厚度，且不受地形影响，如图 1-35 中的 b。

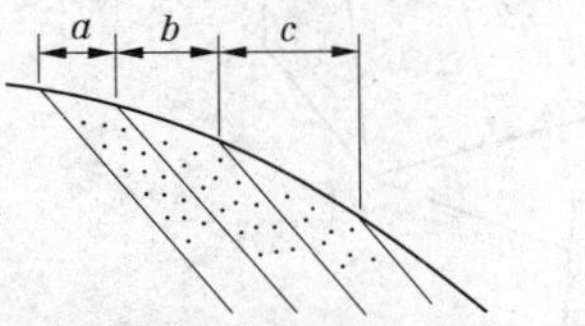

图 1-34　岩层厚度、倾角不变，倾向和坡向相同时，倾角愈接近坡角，则露头愈宽

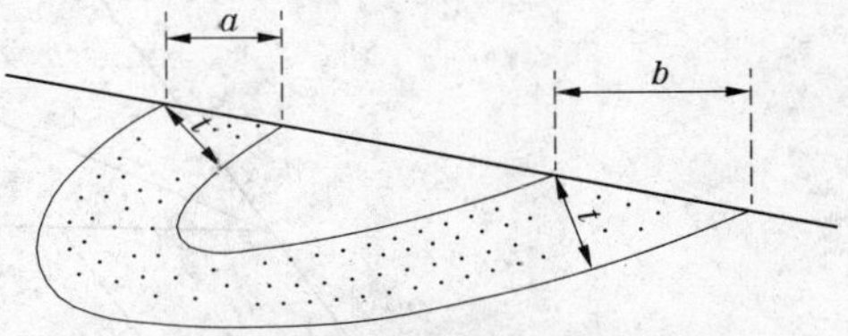

图 1-35　岩层厚度和地面坡度不变，露头宽度取决于岩层倾角

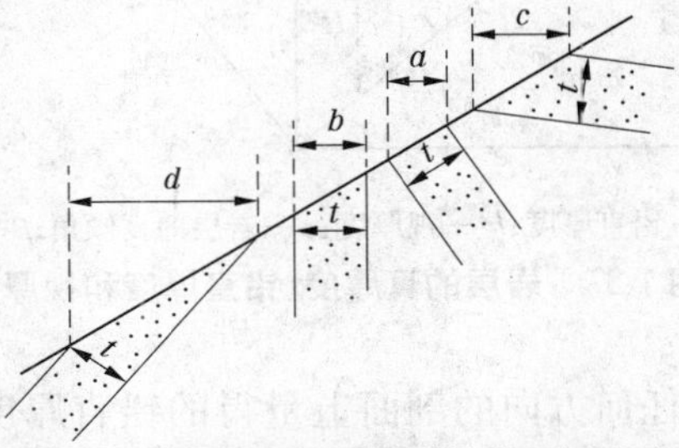

图 1-36　岩层与地面坡角相交关系对岩层露头宽度的影响

自然界的情况千变万化，影响倾斜岩层露头宽度的因素较多，在实际工作中需要视具体情况进行综合分析，才能得出正确的结论。

3.4　倾斜岩层的厚度和埋藏深度

3.4.1　倾斜岩层的厚度

在研究某区地层、地质构造特征时，需要测制一系列地层剖面，进行大量的岩层（或矿层）厚度的计算工作；在油气田勘探和开发过程中，为了计算油气储量，也需要对含油、气、水层的厚度进行测算。由于剖面位置、岩层产状及工作条件不同，岩层（或矿层）的厚度的测算方法也不相同。例如，在野外地质条件下使用剖面丈量法；在钻井地质条件下使用井斜井深法；在地震勘探条件下使用时速差距法。这里重点讨论地质剖面丈量计算法。

岩层的厚度（一般均指岩层的真厚度）是指岩层的两个平行界面之间的垂直距离，如图 1-37 中的 h）。岩层除有真厚度外，还有视厚度和铅直厚度。

在与岩层面不垂直的任何方向的非直立剖面上所测得的岩层顶面与底面之间的垂直距离，都是视厚度，如图 1-37 中的 h'。它不是岩层顶、底面间的法线距离，是野外露头上直接可见的岩层厚度，其数值一般大于岩层的真厚度。

铅直厚度是指岩层顶、底面之间沿着铅直方向的距离，如图 1-37 中的 H。它随岩层产状变化而变化，常用于井下测算岩层（或矿层）的厚度。

地质工作中，经常要测量和使用的是岩层的真厚度。铅直厚度、视厚度与真厚度有一定的三角关系，如图 1-37 所示。

$$\text{真厚度}(h) = \text{铅直厚度}(H) \times \cos\alpha \quad (\alpha\text{为岩层倾角}) \tag{1-1}$$

当 $\alpha = 0°$时，$\cos\alpha = 1$，即岩层水平时，铅直厚度 = 真厚度；

当 $\alpha > 0°$时，$\cos\alpha$ 的值总是小于 1，所以倾斜岩层的铅直厚度总是大于真厚度。

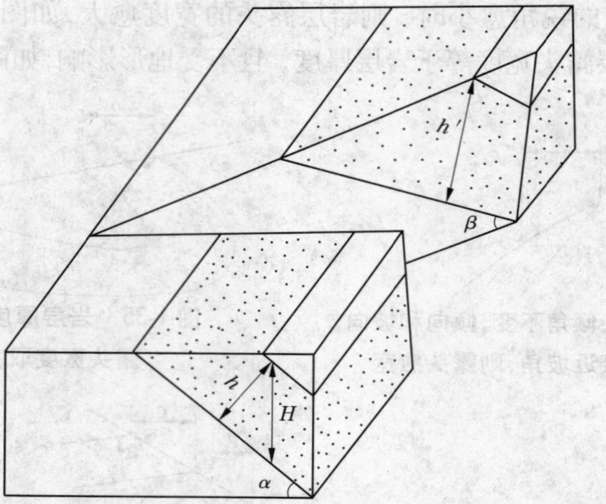

h—真厚度；H—铅直厚度；h'—视厚度；α—岩层的真倾角；β—岩层的视倾角

图 1-37　岩层的真厚度、铅直厚度和视厚度

当岩层产状不变时，在任何方向的剖面上量得的铅直厚度都相等。在任意斜交岩层走向的剖面上，岩层顶、底界线之间的垂直距离（不是与岩层顶、底面垂直）都是视厚度。

$$视厚度(h') = 铅直厚度(H) \times \cos\beta \tag{1-2}$$

式中　β——该剖面方向上岩层的视倾角。

因为视倾角 β 总是小于真倾角 α，所以 $\cos\beta$ 也总是大于 $\cos\alpha$，故视厚度也就恒大于真厚度。

对比上述三种厚度的关系，可以看出在同一露头真厚度最小，视厚度次之，而铅直厚度最大，即

$$h < h' < H$$

岩层（或矿层）的厚度，有时可以在露头上用皮尺或钢卷尺直接测量，但在许多情况下都难以量出，而是通过测量地层剖面求得。通过野外的实测剖面，可以取得的数据有：岩层露头长度（L），即在剖面线上岩层顶面到底面的实际距离；导线上地面的坡度角（β）；岩层的倾角（α）；岩层倾向与剖面方向之间的夹角（ω）或岩层走向与剖面线之间的夹角（γ）等。根据上述数据，就可按照图 1-38 的不同情况，选用相应公式计算出岩层的真厚度（h）和铅直厚度（H）。不同情况归纳起来有下面几种：

（1）剖面线的方向与岩层走向的关系，是直交或是斜交的。

（2）岩层的倾向与地面坡向是同向或是反向。

（3）岩层的倾角与地面坡度角是前者大于后者，或是前者小于后者。

图 1-38 中所列公式可归纳成：

$$h = L(\sin\alpha\cos\beta\sin\gamma \pm \sin\beta\cos\alpha) \tag{1-3}$$

$$H = L(\tan\alpha\cos\beta\sin\gamma \pm \sin\beta) \tag{1-4}$$

式中的“±”号视情况而定，当地面坡向与岩层倾向相反时用“+”号；当坡向与岩层倾向相同时用“-”号。计算结果是负值时，取其绝对值。

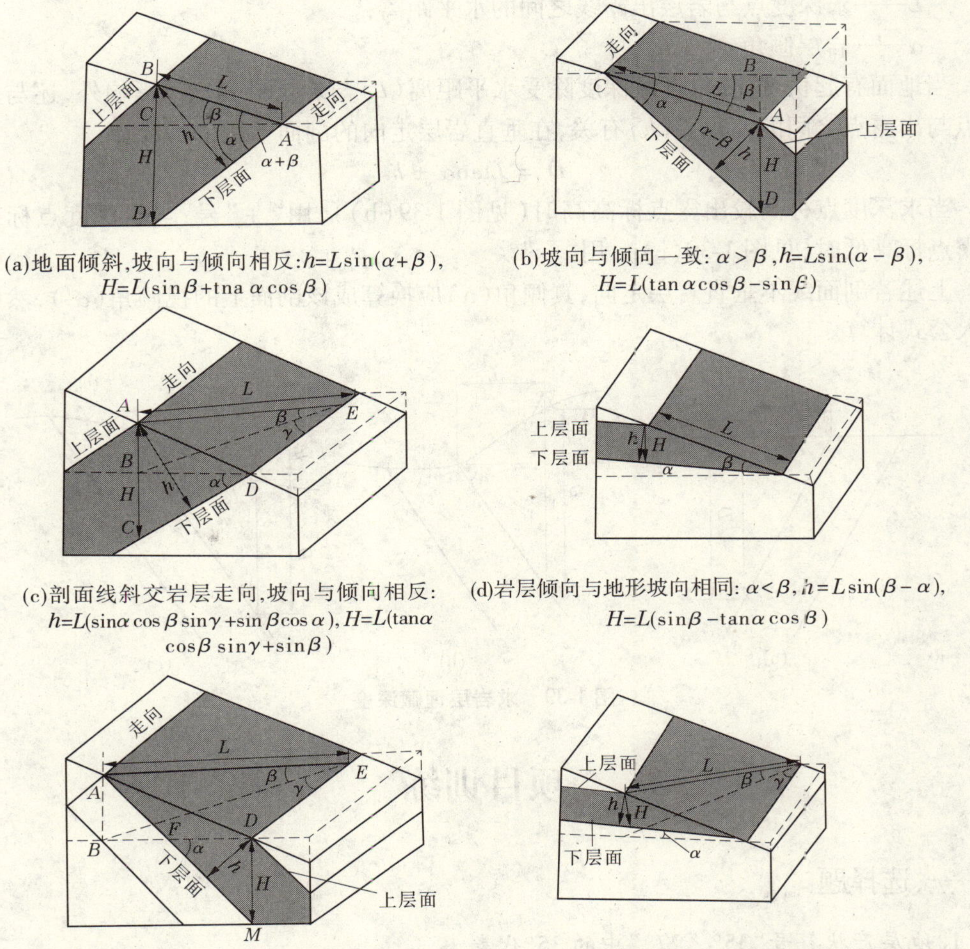

(a)地面倾斜,坡向与倾向相反:$h=L\sin(\alpha+\beta)$,
$H=L(\sin\beta+\text{tna}\,\alpha\cos\beta)$

(b)坡向与倾向一致: $\alpha>\beta$, $h=L\sin(\alpha-\beta)$,
$H=L(\tan\alpha\cos\beta-\sin\beta)$

(c)剖面线斜交岩层走向,坡向与倾向相反:
$h=L(\sin\alpha\cos\beta\sin\gamma+\sin\beta\cos\alpha)$, $H=L(\tan\alpha\cos\beta\sin\gamma+\sin\beta)$

(d)岩层倾向与地形坡向相同: $\alpha<\beta$, $h=L\sin(\beta-\alpha)$,
$H=L(\sin\beta-\tan\alpha\cos\beta)$

(e)剖面线与岩层走向斜交,坡向与倾向一致:
$\alpha>\beta$, $h=L(\sin\alpha\cos\beta\sin\gamma-\sin\beta\cos\alpha)$,
$H=L(\tan\alpha\cos\beta\sin\gamma-\sin\beta)$

(f)剖面线与走向线斜交,倾向与坡向相同: $\alpha<\beta$,
$h=L(\sin\beta\cos\alpha-\sin\alpha\cos\beta\sin\gamma)$,
$H=L(\sin\beta-\tan\alpha\cos\beta\sin\gamma)$

图1-38 倾斜岩层的厚度测算公式图解

3.4.2 倾斜岩层的埋藏深度

测算岩层(或矿层)深度,是了解岩层(或矿层)在地下的分布情况、研究地下构造和进行勘探设计不可缺少的工作。

所谓岩层的埋藏深度是指从地面某一点到所测岩层顶面(或底面)的铅直距离。一般是根据岩层的已知点到测深点的距离,两点间的高差和岩层产状要素等数据计算。由于地面有高低起伏变化,求埋藏深度的方法也不同,具体有如下几种情况:

如图1-39(a)所示,地面平坦(近于水平)时,埋藏深度取决于岩层倾角(α)与求深度点和岩层出露线(顶面或底面界线)之间的水平距离(L)。在垂直岩层走向的剖面上,采用下式计算埋藏深度:

$$D = L\tan\alpha \tag{1-5}$$

式中 D——岩层埋藏深度;

L——求深度点与岩层出露线之间的水平距离；

α——岩层倾角。

当地面有起伏变化时，埋藏深度除受水平距离（L）与岩层倾角（α）影响外，还与求深度点与出露点之间的高程差（h）有关，在垂直岩层走向的剖面上用下式计算：

$$D = L\tan\alpha \pm h \tag{1-6}$$

当求深度点标高较出露点标高高时（见图1-39（b）），用“+”号；当求深度点标高较出露点标高低时（见图1-39（c）），用“-”。

上述若剖面线不垂直岩层走向，真倾角（α）应换算成该剖面上的视倾角（α'），然后再代入公式计算。

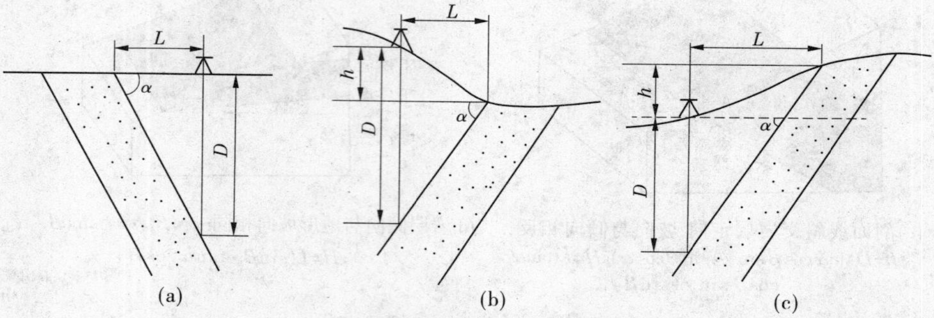

图1-39　求岩层埋藏深度

项目训练

一、选择题

1. 地层产状符号“35°∠27°”中的35°代表______。
   A. 地层的走向　　B. 地层的倾向　　C. 地层的倾角
2. 在垂直于地层走向的断面上测得的地层倾斜角度是地层的______。
   A. 视倾角　　B. 斜倾角　　C. 真倾角
3. 递变层理由底部向顶部沉积物的粒度______。
   A. 由细变粗　　B. 由粗变细　　C. 没有明显变化

二、填空题

1. 沉积岩中可以用来确定岩层顶、底面的原生构造主要有______、______、______、______、______等。

2. 岩层的产状类型包括______、______、______、______。

3. 当岩层的倾向与地面坡向相反时，岩层露头线与地形等高线呈______方向弯曲，但岩层露头线的弯曲度______等高线的弯曲度。

4. 当岩层的倾向与地面坡向相同且岩层倾角小于坡度角时，岩层露头线与地形等高线呈______方向弯曲，但岩层露头线的弯曲度______等高线的弯曲度。

5. 当岩层的倾向与地面坡向相同且岩层倾角大于坡度角时，岩层露头线与地形等高线呈______方向弯曲。

6. 岩层的露头界线形态，取决于______、______以及二者的相互关系。

三、判断题

1. 岩层的视倾角永远小于真倾角。(　)

2. 岩层厚度是指岩层顶、底面之间的垂直距离。(　)

3. 岩层的出露宽度只与岩层厚度有关。(　)

4. 岩层的出露宽度取决于岩层厚度、产状、地形产状及其之间的关系。(　)

5. 当岩层倾向与地面坡向相反时，岩层出露线的弯曲方向与地形等高线的弯曲方向相同。(　)

四、简答题

1. 沉积岩有哪些原生构造可以判别岩层的顶、底面?

2. 岩层露头形态及出露宽度受哪些因素影响? 试述"V"字形法则。

项目2 地层的接触关系

【项目提要】 地层的接触关系的概念、类型、特征、地质意义、运动过程及在地质图上的表现。

任务1 地层的接触关系概念

地层接触关系即不同地质时代形成的地层之间在纵向上的相互关系。

一个地区的地层之间的接触关系，从一个侧面记录了该地区地壳运动的演化历史。因此，通过地层接触关系的研究，可以追索地壳运动的性质、特点和演化历史，确定地质构造的形成时期和岩浆活动时期，同时对研究古地理演化、寻找某些矿床以及解决其他有关地质问题等都具有重要意义。

由于地壳运动很复杂，因而反映地壳运动的地层接触关系也多种多样，错综复杂。但是，这些地层接触关系基本上可以分为整合接触和不整合接触两种类型。

1 整合接触

地层连续分布，没有地质时代上的间断。这种上、下地层之间的接触关系，称为整合接触。整合接触主要有以下特征：

(1)上、下地层在沉积层序上没有间断，连续沉积。

(2)岩性或所含化石都是一致的或递变的。

(3)产状基本一致。

地层的整合接触反映了在形成这两套地层的地质时期该地区地壳处于持续地缓慢下降状态，或虽有短期上升，但是沉积作用不曾间断，或者地壳运动与沉积作用处于相对平衡状态，沉积物一层层地连续沉积，这样就形成了两套地层的整合接触关系。

整合接触的沉积过程所反映的地壳构造运动状态是：下降、沉积→下降、沉积，后期沉积物覆盖前期沉积物。

2 不整合接触

上、下地层间的层序如果有了间断，即先后沉积的地层之间缺失了一部分地层，这种沉积间断的时期可能代表没有沉积作用的时期，也可能代表以前沉积的岩石被侵蚀的时期，地层之间这种接触关系称为不整合接触。

在上、下地层之间有一个沉积间断面，叫作不整合面，不整合面在地面的出露线叫作不整合线，它是重要的地质界线之一。

任务2 不整合接触的类型

根据不整合面上、下地层的产状及其反映的地壳运动特征，不整合可进一步区分为两种主要类型，即平行不整合（也称假整合）接触和角度不整合（狭义的不整合）接触。

1 平行不整合接触

1.1 平行不整合接触概念

平行不整合接触的主要表现是不整合面上、下两套地层的产状彼此平行，故又称假整合接触，如图2-1所示。

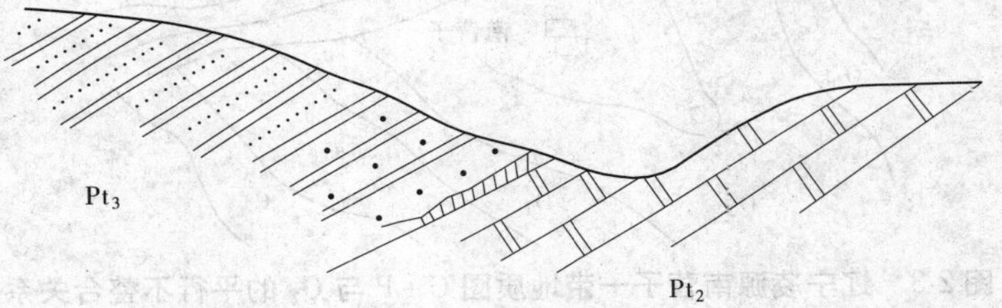

图2-1 北京西山上元古界与中元古界之间的平行不整合接触 （据谭应佳等，1987）

1.2 平行不整合接触特征

（1）上、下两套地层的产状彼此平行。

（2）存在地层缺失（不整合面）。在两套地层之间缺失了一些时代的地层，表明在这段时期发生过沉积间断，这两套地层之间的接触面——不整合面就代表这个没有沉积的侵蚀时期。

（3）底砾岩、古风化壳、古土壤层。不整合面也就是古剥蚀面，在这个面上常有底砾岩（其砾石为下伏地层的岩石碎块），有时还保存着古风化壳或古土壤层。

（4）不整合面平整或起伏。不整合面有平整的，也有高低起伏的，它反映了上覆新地层沉积前的古地貌形态。

1.3 平行不整合接触形成过程

平行不整合接触的形成是由于地壳在一段时期处于上升状态，而在上升过程中地层又未发生明显褶皱或倾斜，只是露出水面发生沉积间断和遭受剥蚀。经过一段时期后又再次下降接受新的沉积，从而使上、下地层之间缺失了一部分地层，但彼此的产状却是基本平行的。平行不整合接触的形成过程为：基底下降、沉积→上升、沉积间断和遭受剥蚀→再下降、再沉积，如图2-2所示。

1.4 平行不整合接触在地质图上的表现

平行不整合接触在剖面图上表现为两套不同时代的地层相互平行，产状一致（见图2-1）。在平面图上两套地层的地质界线也彼此平行（见图2-3）。但其间均缺失部分地层。

如我国华北和东北南部广大地区的中石炭统（本溪组）直接覆盖在中奥陶统马家沟

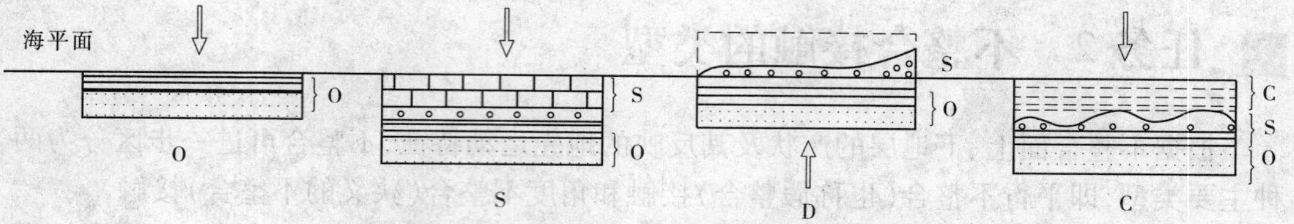

图 2-2　平行不整合接触的形成过程示意剖面图

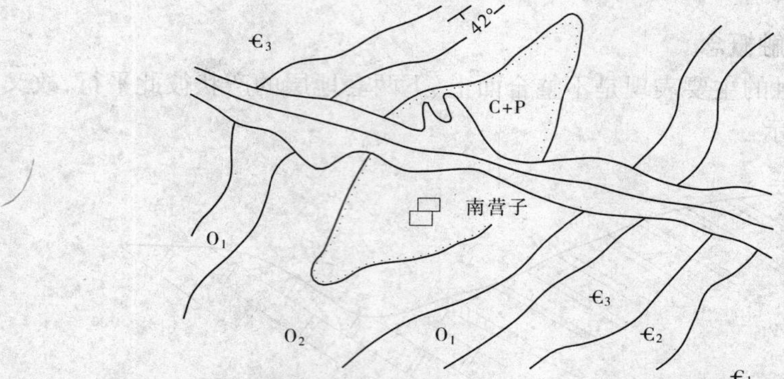

图 2-3　辽宁凌源南营子一带地质图 C + P 与 O_2 的平行不整合关系

组的石灰岩侵蚀面之上，其间缺失了自上奥陶统到下石炭统的一系列地层，而上、下地层的产状是基本平行的，这是一个典型的平行不整合接触。在这个接触面上有的地方沉积了底砾岩，如北京西山；也有沉积富含铁、铝的古风化壳，如著名的西山式铁矿。

2　角度不整合接触

2.1　角度不整合接触的概念

角度不整合接触是指不整合面上、下两套地层间不仅缺失一部分地层，彼此的产状也不平行，而是呈交截接触，如图 2-4 所示。

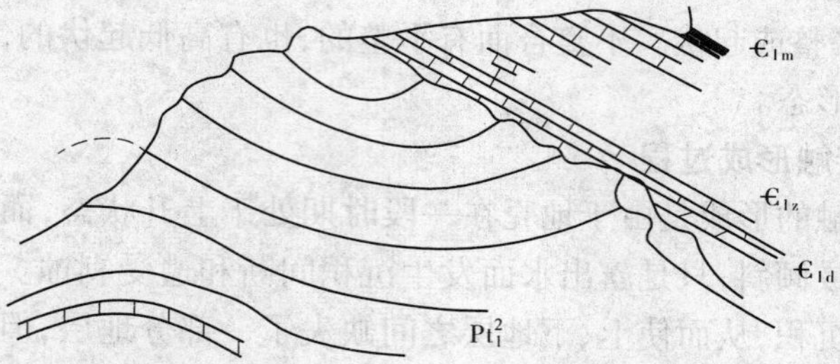

图 2-4　河南登封下寒武统与嵩山群之间的角度不整合接触　（据马杏垣等，1981）

2.2　角度不整合接触的特征

（1）上、下两套地层之间缺失部分地层。

（2）上、下两套地层产状不相同，下伏地层通常遭到过更强烈的构造变形。

（3）不整合面上常有底砾岩、古风化壳、古土壤层等。

（4）上覆的较新地层的底面通常与不整合面基本平行，而下伏的较老地层层面则被不整合面截交。

2.3 角度不整合接触的形成过程

角度不整合接触的形成过程为:基底下降、接受沉积→褶皱上升(常伴有断裂变动、岩浆活动、区域变质等)、沉积间断、遭受剥蚀→再下降、再沉积,如图2-5所示。

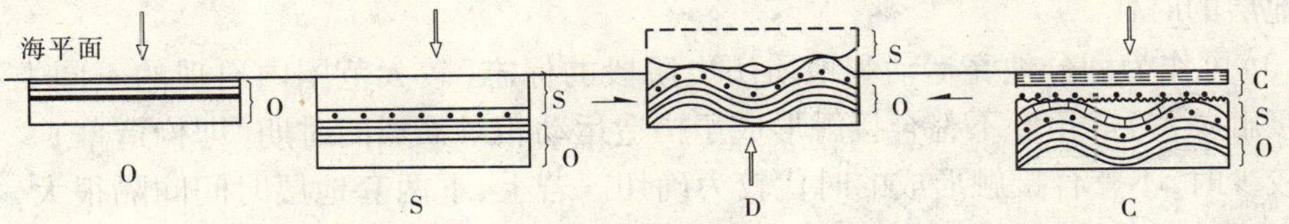

图2-5 角度不整合接触的形成过程示意剖面图

因此,角度不整合接触的存在反映了该地区在上覆地层沉积之前曾发生过褶皱等重要构造事件。

2.4 角度不整合接触在地质图和剖面图上的表现

在地质图和剖面图上,角度不整合接触表现为上覆一套较新地层的底面地质界线,即不整合线截切下伏较老地层不同层位的地质界线,如图2-6所示。在地质图上角度不整合线仍然表现为一条截切曲线,新地层在截切线之上,平行于截切线分布;老地层在截切线之下,常与截切线斜交。截切线所反映的面为不整合面,通常以上覆地层的底面代表。

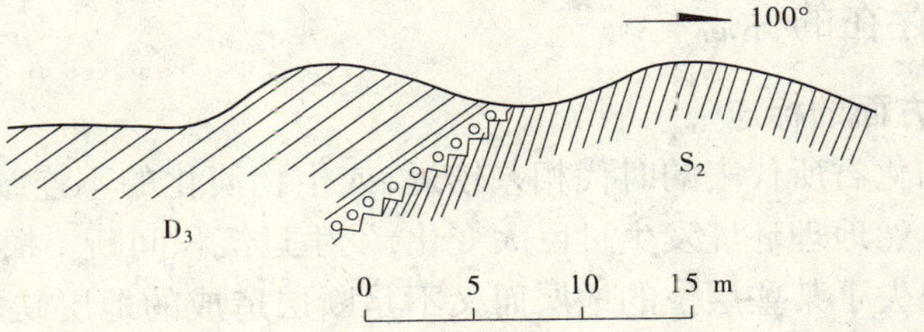

图2-6 江西湖口地质剖面 S_2 与 D_3 角度不整合接触

不整合接触在地质图上的表现详见项目6任务3读倾斜岩层和不整合接触地质图并作剖面图。

任务3 不整合接触的观察及分析

1 研究不整合接触的意义

不整合接触的研究,在理论上和生产实践上都有重大的意义。从不整合接触关系的形成过程可以看出:

(1)不整合接触的存在是鉴定地壳运动性质的直接记录。

不整合接触记录了地壳运动的演化历史,不仅体现了岩层在空间上的相互关系,也反映了地壳运动在时间上的发生顺序。平行不整合接触的形成过程为:基底下降、沉积→上升、沉积间断和遭受剥蚀→再下降、再沉积。角度不整合接触的形成过程为:基底下降、沉积→褶皱、断裂、变质作用或岩浆侵入、不均匀隆起、沉积间断并遭受剥蚀→再下降、再沉积。因而,地层不整合接触关系是研究地质发展历史、鉴定地壳运动特征和时期的一个重要依据。

(2)确定地壳运动的时代(即形成时代)。

不整合接触形成的时代通常相当于呈不整合接触的上、下两套地层之间所缺失的那部分地层的时代。

(3)可作为划分地壳运动和地质历史阶段的标志(较大范围内出现的不同类型的不整合接触关系)。角度不整合接触形成于构造运动相对强烈的时期(即构造幕)。当缺失地层较少时,不整合接触形成的时代较为确切。若上、下两套地层时间间隔很大,不整合接触形成的时代就不易准确判定了,且这期间有可能发生多次运动。

(4)了解古地理环境及其变化。不整合面代表一定时期的沉积间断,而沉积间断多与古地理变迁、基底活动有关。

(5)划分、对比地层的依据。不整合面具有易于识别,区域性大面积稳定的特点,是可靠的地层对比标志。

(6)地质填图中的主要地质界线。在野外地质填图中,不整合线(不整合面与地面的交线)与其他地质界线一样,应全部记录在案。

(7)地下水储集的有利地带。通常,不整合面是地下水储集与运移的空间和通道。

2 不整合接触存在的标志

2.1 地层古生物方面的标志

上下地层中的化石所代表的时代相差较远,或生物演化的不连续或种、属的突变,说明当地在某时期自然地理环境发生过巨大变化,发生过沉积间断。根据区域地层对比,确定在两地层之间缺失了某些层位的地层而又不是断层造成的地层缺失,则是不整合接触存在的确切证据。

2.2 沉积方面的标志

上覆地层的底部常有由下伏地层的碎块、砂砾组成的底砾层,这是确定不整合接触存在的重要沉积标志。

此外,上下地层在岩性和岩相上的截然不同;在两套地层之间有一个较平整的或高低不平的剥蚀面,其上还可能保存着古风化壳、古土壤层或与古风化壳有关的各种沉积矿床,如铁、锰和铝土矿等,也均系反映不整合存在的沉积方面的标志。

2.3 构造方面的标志

角度不整合的构造方面的标志主要表现在上下两套地层产状不一致,以及褶皱形式的明显差异;有时也表现在上下岩层褶皱强弱的不同,或上下岩层的构造线方向的截然改变。

2.4 岩浆活动和变质作用方面的标志

不整合接触的上下两套地层是在地壳发展的不同阶段形成的,所以它们常各有相伴生或不同特点的岩浆活动和变质作用。侵入岩体与一套地层成侵入接触,而又被另一套地层沉积覆盖,则两套地层是不整合接触关系。两套区域变质程度差别很大的地层相接触,它们之间如不是断层关系,则有不整合接触存在。

3 不整合接触的研究内容和方法

在根据上述各种标志识别不整合接触的同时，还应对不整合面的形态、不整合面两侧岩层的产状、地层层位、时代、所含化石和岩石性质以及不整合接触类型的空间变化、不整合接触形成时代等方面进行系统的对比研究。

3.1 不整合面形态的研究

不整合面是平坦的或是崎岖不平的，反映了该区当时大陆侵蚀程度和地貌特征。不整合上下岩层的分界面有的比较清楚，有的就不清晰。接近不整合面的下伏岩层常常因风化剥蚀而破碎，与其上的残积碎块或砾石层（底砾岩）成过渡关系，而这些风化残留碎块或砾石层又常与其上覆岩层也成过渡关系。这时要仔细观察，并详细测绘剖面，了解岩性变化情况，确定不整合面的位置；测量不整合面及其上下岩层的产状，对三者产状作比较，以了解不整合面的形态和上下岩层的接触情况。对不整合面两侧岩层的观察，不能仅局限于紧接不整合面的局部岩层，必须对其上覆和下伏的岩层作一定层位的地层剖面的观察研究，以了解沉积环境的变化。对底砾岩层要注意砾石的成分和砾石中可能含有的化石，以了解砾石来源，分析下伏地层的剥蚀情况和古地理特征。对砾石的粒度、圆度、分选性和排列等方面的观测，可以提供对古地理特征的分析资料。

在野外观察过程中，对不整合出露良好、地质现象典型而清楚的地点应仔细观察描述，并绘素描图和照相。还要沿露头进行适当追索，观察其分布变化情况，发现有矿产露头，更应弄清层位关系并追索其变化。

3.2 不整合类型空间变化的研究

对不整合的观察，不能只局限于一两个地方，而要在尽量广大的地区追索，查明其分布范围和类型的横向变化情况，并注意以下几个方面。

3.2.1 不同地区表现为不同的接触类型

因为在一次地壳运动影响的范围内，在不同地区表现强弱不同，以及隆起的先后、沉积间断时间的长短、风化剥蚀的强弱等均不尽相同，因此由同一次地壳运动所形成的不整合，在其分布范围内，有的地方可以表现为角度不整合，有的则表现为微角度不整合，或者过渡为平行不整合及整合的接触关系，如图2-7所示。

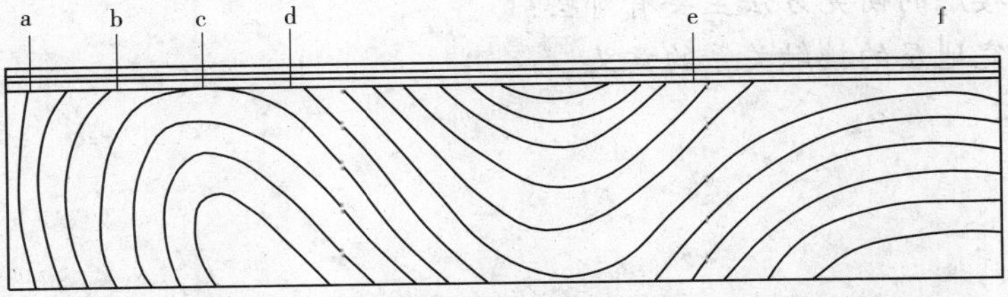

a、b、d和e等处上下地层成不同角度接触；c和f处二者是平行的。

图2-7 地层经褶皱、剥蚀后与其上水平地层在不同部位所显示的接触关系

（据C. O. Dunbur和J. Rodgers，1957）

3.2.2 不同地区缺失的地层不同

同一次地壳运动所形成的不整合，在不同地方的不整合面之下，与不整合面相接触的

地层在时代、层位上都不尽相同。

3.3 不整合形成时代的确定

不整合形成的时代,通常是根据不整合面的上覆地层中最老的一层(底层)的时代与下伏地层中最新的一层(顶层)的时代来确定的,这上下两层时代之间相间隔的一段时期(也就是二者之间所缺失的那部分地层的时代),就是不整合形成的时代。

正确地鉴定不整合接触所代表的地壳运动的时期时,要注意地层的"缺"与"失"的问题。"缺"即当时就没有沉积,"失"即原有的地层被剥蚀掉了。这要对较大区域进行地层对比和区域地质构造发展综合研究才能正确确定。

项目训练

一、填空

1. 地层的接触关系按成因可分为________、________两种基本类型。

2. 不整合接触可分为________和________。

3. 平行不整合接触的形成过程:________→________,再下降接受沉积。

4. 角度不整合接触的形成过程:________→________→________,再下降接受沉积。

5. 确定不整合接触存在的标志主要有________、________、________、________等。

6. 确定不整合接触形成的时代,通常是以不整合面下伏地层中最新一层的时代为________,以上覆地层中最老一层的时代为________。

二、简答题

1. 地层接触关系主要有哪些类型和特征?
2. 在野外实际工作中如何认识和观察角度不整合接触与平行不整合接触?
3. 在地质图上怎样认识和区别整合接触与平行不整合接触?
4. 不整合接触的研究方法主要有哪些?
5. 试述研究地层的接触关系的意义。

项目3　褶皱的认识与分析

【项目提要】 褶皱的基本类型;褶皱要素;褶皱的几何形态分析和描述;褶皱的位态分类和等斜线分类;圆柱状褶皱和圆锥状褶皱,平行褶皱和相似褶皱;褶皱的组合类型;叠加褶皱的基本形式;褶皱的形成时代。

本项目是构造地质的重点内容之一,通过本项目学习,要求学生掌握褶皱构造的基本概念,掌握褶皱的分类及形成机制,学会分析和观察褶皱构造,达到会描述、会评价、会分析褶皱和油气储集的关系;学会编制褶皱地区构造横剖面图、构造等值线图等。

任务1　褶皱的要素

褶皱是地壳上最常见的、最基本的地质构造形态,是地壳构造中最引人注目的地质现象。

褶皱在层状岩层中表现最为明显。褶皱主要是构造运动的产物,在地壳水平方向的挤压力作用下,岩层在挤压方向上受到压缩而产生上拱下弯的塑性变形。

大褶皱长达几十到几百千米,而小褶皱则可在一块手标本上见到,有的甚至需要在显微镜下才能观察到。

1　褶皱的概念

1.1　褶皱

褶皱是指层状岩石的各种面(如层面、面理面等)受力后所产生的弯曲变形现象,是岩石塑性变形的具体表现。也可以说,原始产状的岩层,在地壳运动产生的构造力作用下发生永久性塑性变形所形成的一系列连续弯曲,叫作褶皱构造。

1.2　褶曲

褶曲是褶皱构造的基本单位,即褶皱构造的每一个单独的弯曲。褶曲的基本单位有背斜和向斜。

背斜:地层向上弯曲,核心部分的地层较老,外侧地层逐渐变新。

向斜:地层向下弯曲,核心部分的地层较新,外侧地层逐渐变老。

褶皱 = n 个褶曲(n = 1,2,…);褶曲 = 向斜 + 背斜。

由于后来风化剥蚀的破坏,造成向斜在地面上的出露特征是从中心到两侧,岩层是由新到老的层序对称重复出露(见图3-1中的a),而背斜在地面上的出露特征却恰好相反,从中心到两侧岩层是从老到新对称重复出露(见图3-1中的b)。

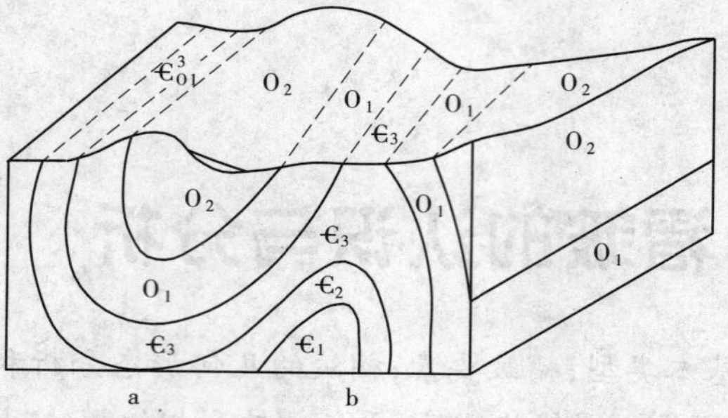

a—向斜;b—背斜

图 3-1　背斜和向斜在剖面上和平面上的特征

1.3　背斜成谷、向斜成峰

背斜、向斜是指其构造形态而言,切不可理解为背斜向上拱一定成山,向斜向下弯就一定成谷。

背斜、向斜和地形上的山和谷不是对应关系,由于后期的风化剥蚀作用,背斜处于现今地形上的谷地,向斜位于山顶的现象也是很常见的(见图 3-2)。

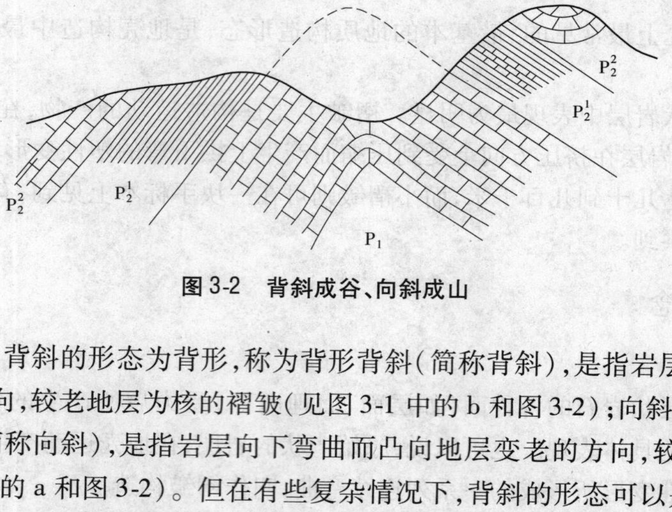

图 3-2　背斜成谷、向斜成山

多数情况下,背斜的形态为背形,称为背形背斜(简称背斜),是指岩层向上弯曲而凸向地层变新的方向,较老地层为核的褶皱(见图 3-1 中的 b 和图 3-2);向斜的形态为向形,称为向形向斜(简称向斜),是指岩层向下弯曲而凸向地层变老的方向,较新地层为核的褶皱(见图 3-1 中的 a 和图 3-2)。但在有些复杂情况下,背斜的形态可以是向形,称为向形背斜,是指地层向下弯曲而凸向地层变新的方向,但核部仍为老地层的褶皱(见图 3-3(c)中的 X);向斜的形态可以是背形,称为背形向斜,是指地层向上弯曲而凸向地层变老的方向,但核部仍为新地层的褶皱(见图 3-3(b)、(c)中的 Y)。

2　褶皱要素

褶皱要素是指褶皱的各个组成部分,其主要包括以下内容(见图 3-4):

(1)核(核部):泛指褶皱中心部位的岩层。

(2)翼(翼部):泛指褶皱两侧部位的岩层。

(3)翼间角:指两翼相交的二面角(见图 3-5)。

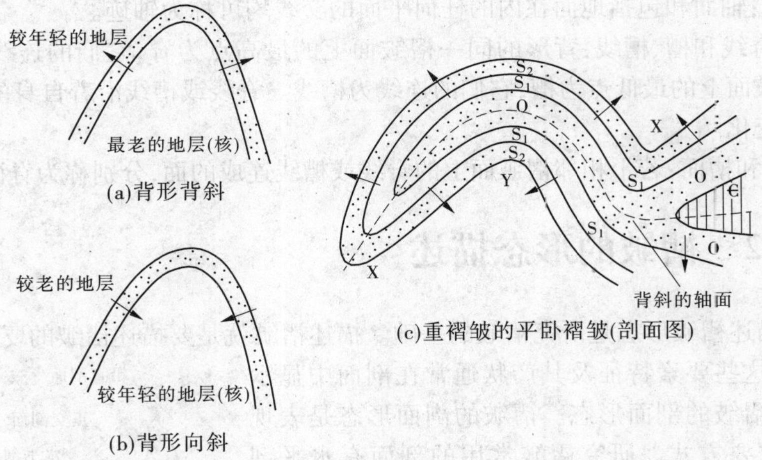

X—向形背斜；Y—背形向斜；Z—向形向斜；↗—指向地层变新方向

图3-3　褶皱的类型

(据R. G. Park，1983，修改)

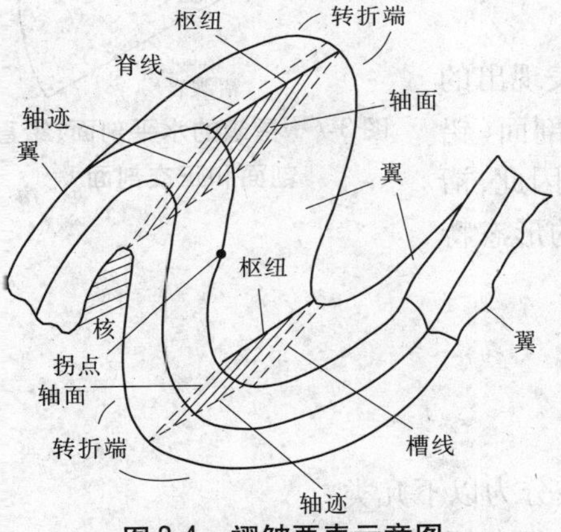

图3-4　褶皱要素示意图

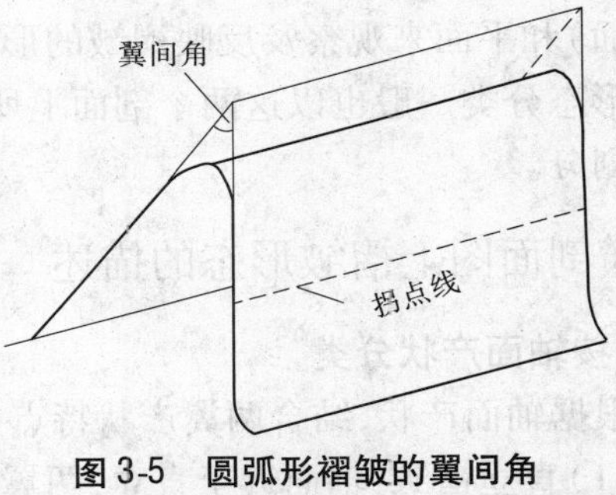

图3-5　圆弧形褶皱的翼间角

(4)转折端：指褶皱从一翼过渡到另一翼的弯曲部分(见图3-6)。

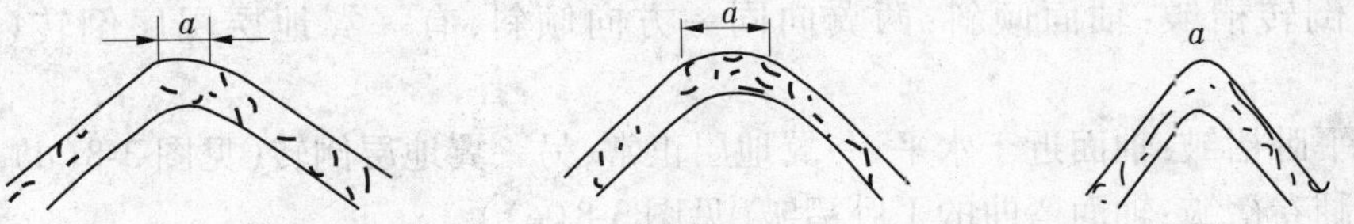

a— 转折端

图3-6　各种形状的褶曲转折端

(5)枢纽：指同一褶皱面上各最大弯曲点的连线。枢纽可以是直线，也可以是曲线或折线，可以是水平线或倾斜线。

(6)轴面(枢纽面)：各相邻褶皱面的枢纽连成的面称为褶皱轴面(为假想面)。轴面可以是平面，也可以是曲面。轴面的产状与任何构造面的产状一样是用走向、倾向和倾角来确定的。

(7)轴迹:轴面和包括地面在内的任何平面的交线均可称为轴迹。

(8)脊、脊线和槽、槽线:背形的同一褶皱面上的最高点为脊,它们的连线为脊线;向形的同一褶皱面上的最低点为槽,它们的连线为槽线。脊线或槽线沿着自身的延伸方向,可以有起伏变化。

(9)脊面和槽面:若干相邻褶皱面上的脊线或槽线连成的面,分别称为脊面和槽面。

任务2 褶皱的形态描述

正确地描述褶皱形态是研究褶皱的基础。描述褶皱就是要描述褶皱的要素特征并测量其产状,而这些要素特征及其产状通常在剖面中显示出来,以构成褶皱的剖面形态。褶皱的剖面形态是表现褶皱形态的重要方式。研究褶皱常用的剖面有水平剖面、铅直剖面和正交剖面。

铅直剖面是垂直于水平面的剖面,正交剖面是垂直于枢纽的剖面。如图3-7所示褶皱在水平剖面、铅直剖面和正交剖面上的空间关系。

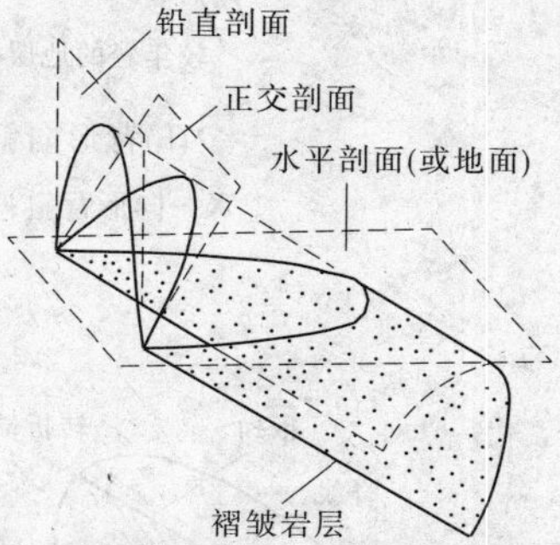

图3-7 褶皱的水平剖面、铅直剖面和正交剖面

同一褶皱在不同方向和不同位置的剖面上表现出的形态各不相同。在地质生产工作中,通常采用横剖面(铅直剖面)和平面来观察及反映褶皱的形态特征。因此,褶皱的形态分类一般也以这两个剖面上所观察到的形态特征来划分。

1 横剖面图上褶皱形态的描述

1.1 按轴面产状分类

根据轴面产状,结合两翼产状特点,可将褶皱分为以下几类:

(1)直立褶皱:轴面近于直立,两翼倾向相反,倾角近于相等(见图3-8(a))。

(2)斜歪褶皱:轴面倾斜,两翼倾向相反,倾角不等(见图3-8(b))。

(3)倒转褶皱:轴面倾斜,两翼向同一方向倾斜,有一翼地层层序倒转(见图3-8(c))。

(4)平卧褶皱:轴面近于水平,一翼地层正常,另一翼地层倒转(见图3-8(d))。

(5)翻卷褶皱:轴面弯曲的平卧褶皱(见图3-8(e))。

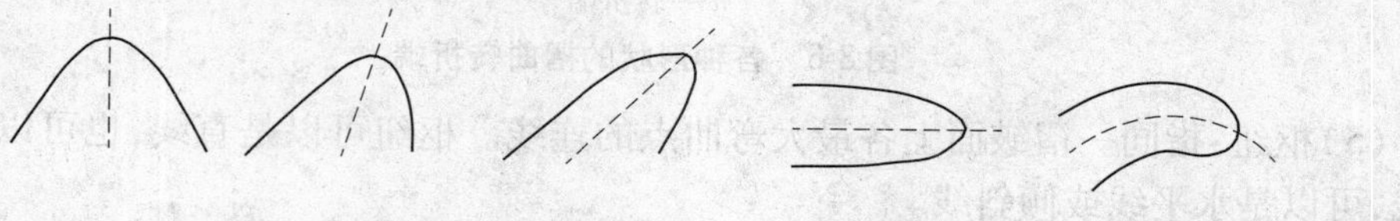

(a)直立褶皱 (b)斜歪褶皱 (c)倒转褶皱 (d)平卧褶皱 (e)翻卷褶皱

图3-8 按轴面产状的褶皱分类

但是对于枢纽不是水平的褶皱,用横剖面表示褶皱的形态会有不同程度的失真。因

此,在有些情况下,为了准确地认识和反映褶皱的形态特征,可以采用正交剖面来观察和研究褶皱。

1.2 按翼间角分类

根据翼间角大小可以将褶皱描述为以下几类(见图3-9):

(1)平缓褶皱:翼间角120°~180°。

(2)开阔褶皱:翼间角70°~120°。

(3)闭合褶皱:翼间角30°~70°。

(4)紧闭褶皱:翼间角小于30°。

(5)等斜褶皱:翼间角近于0°,两翼近于平行。

1.3 按弯曲形态分类

根据褶皱面的弯曲形态可将褶皱分为以下几类:

(1)圆弧褶皱:褶皱岩层(褶皱面)呈圆弧形弯曲(见图3-10(a))。

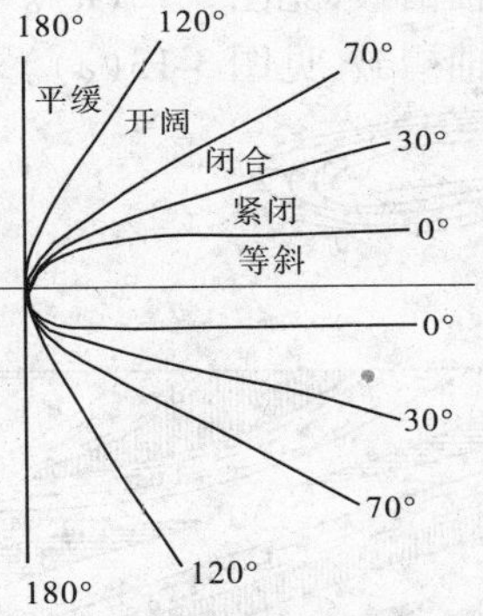

图3-9 根据翼间角来描述褶皱

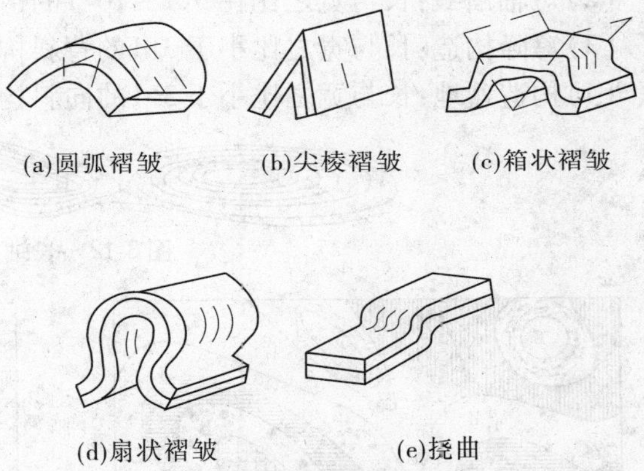

图3-10 褶皱的弯曲形态

(2)尖棱褶皱:两翼平直相交,转折端呈尖角状,且两翼等长(见图3-10(b)),如两翼长度不等,可称"膝折褶皱"。

(3)箱状褶皱:两翼陡,转折端平直,褶皱呈箱状,常常具有一对共轭轴面(见图3-10(c))。

(4)扇状褶皱:两翼岩层均倒转,褶皱面呈扇状弯曲(见图3-10(d))。

(5)挠曲:缓倾斜岩层中的一段突然变陡,形成台阶状弯曲(见图3-10(e))。

(6)构造阶地:陡倾斜褶皱岩层中一段突然变缓,形成台阶状弯曲。

构造阶地是在倾斜岩层中出现一段产状平缓甚至水平的岩层,而挠曲则是在相当平缓的岩层中出现一段产状较陡的岩层。它们往往是大型褶曲翼部的次一级构造,有时也可成为区域性的大型构造。挠曲在有其他地质构造条件相配合的情况下,也可成为有利的储油、储气构造。

构造阶地和挠曲都是发育不完全的褶曲,与其他类型的褶曲有一定的区别,一般出现在褶皱轻微的地区,如图3-11所示。

(a)构造阶地　　(b)挠曲

图 3-11　构造阶地和挠曲

2　地面上的褶皱形态的描述

根据褶皱的某一岩层(褶皱面)在地面(平面)上出露的纵向长度和横向宽度之比,可将褶皱描述为以下几类:

(1)线状褶皱(长轴褶皱):长与宽之比超过 10∶1的各种狭长形褶皱(见图 3-12、图 3-13(b))。

(2)短轴褶皱:长与宽之比在 3∶1 ~ 10∶1的褶皱(见图 3-13(a))。

(3)穹隆构造:长与宽之比小于 3∶1的背斜构造,为等轴褶皱,见图 3-13(a)。

(4)构造盆地:长与宽之比小于 3∶1的向斜构造,为等轴褶皱,见图 3-13(a)。

图 3-12　长轴褶皱

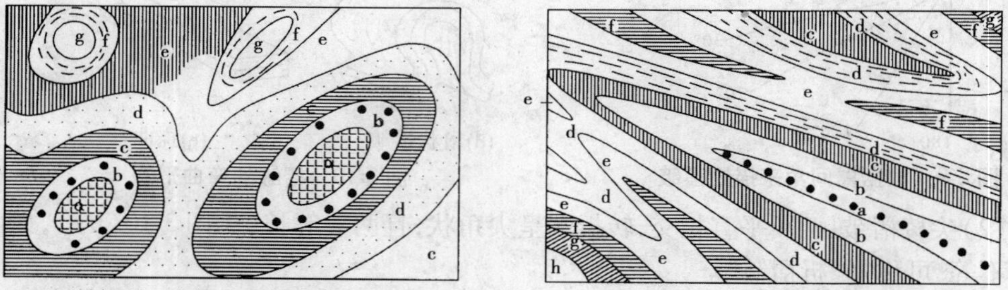

(a) 短轴褶皱(右侧)和等轴褶皱(左侧)　　(b) 线状褶皱

a,b,c,…,h—地层层序

图 3-13　平面上不同形态的几种褶皱

任务 3　褶皱的产状类型及其组合形式

1　褶皱的产状类型

M. J. Rickard(1971)根据轴面产状和枢纽产状,将褶皱可分为七种主要类型:

(1)直立水平褶皱(见图 3-14 中的Ⅰ区):轴面近于直立(倾角 80°~90°),枢纽近于水平(倾伏角 0°~10°)。

(2)直立倾伏褶皱(见图 3-14 中的Ⅱ区):轴面近于直立(倾角 80°~90°),枢纽倾伏角 10°~80°)。

(3)倾竖褶皱(直立褶皱)(见图3-14中的Ⅲ区):轴面与枢纽均近于直立(倾角和倾伏角80°~90°)。

(4)斜歪水平褶皱(见图3-14中的Ⅳ区):轴面倾斜(倾角10°~80°),枢纽近于水平(倾伏角0°~10°)。

(5)平卧褶皱(见图3-14中的Ⅴ区):轴面和枢纽均近于水平(倾角和倾伏角均为0°~10°)。

(6)斜歪倾伏褶皱(见图3-14中的Ⅵ区):轴面倾斜(倾角10°~80°),枢纽也倾伏(倾伏角10°~80°),但二者倾向和倾角均不一致。

(7)斜卧褶皱(重斜褶皱)(见图3-14中的Ⅶ区):轴面倾角和枢纽倾伏角均为10°~80°,而且二者倾向基本一致,倾斜角度也大致相等,即枢纽在轴面上的倾伏角为80°~90°。

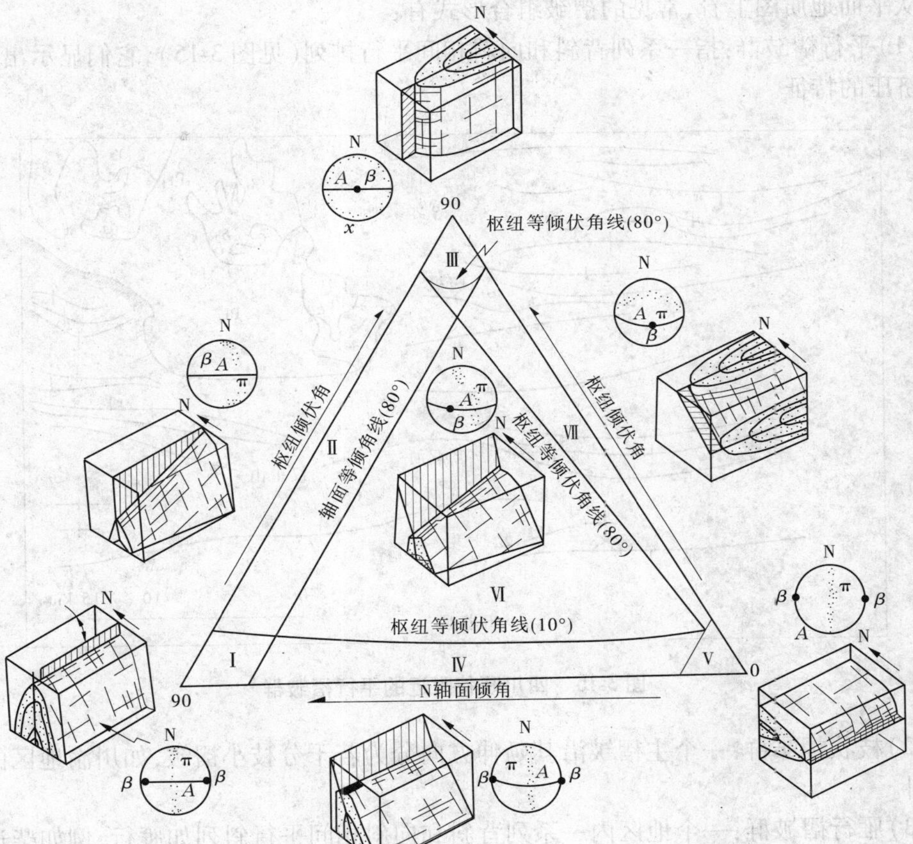

Ⅰ~Ⅶ—褶皱产状类型分区;β—枢纽极点;A—轴面投影大圆;π—褶皱面的π圆(环带)

图3-14 褶皱的产状类型及其赤平投影图

(据M. J. Rickard(1971),D. M. Ragan(1973)及B. E. Hobbs等(1978)综合编绘)

M. J. Rickard的褶皱的分类方法具有以下一些特点:

(1)正确地反映褶皱三维空间形态和产状特征,避免前述二维空间对褶皱观察描述的片面性。

(2)七个区代表大类型变化范围,各区面积大小代表自然界中出现的概率。

(3)定量化描述,便于统计分析。

(4)易观察某地区褶皱的产状变化规律。

2 褶皱的组合形式

在地壳中,各种各样的褶皱大多数不是单个、孤立地出现,而往往是不同形态、不同规模和级次的褶皱以一定的组合形式分布于不同的构造地区,在不同的地区,褶皱组合形式不相同,这些组合形式往往同该地区的地质背景密切相关。有关褶皱的组合形式很多,以下重点介绍几种常见的褶皱组合形式。

2.1 褶皱在平面上的组合类型

从平面地质图上看,常见的褶皱组合形式有:

(1)平行褶皱群:指一系列背斜和向斜相间平行排列(见图3-15),它们显示出区域性水平挤压的特征。

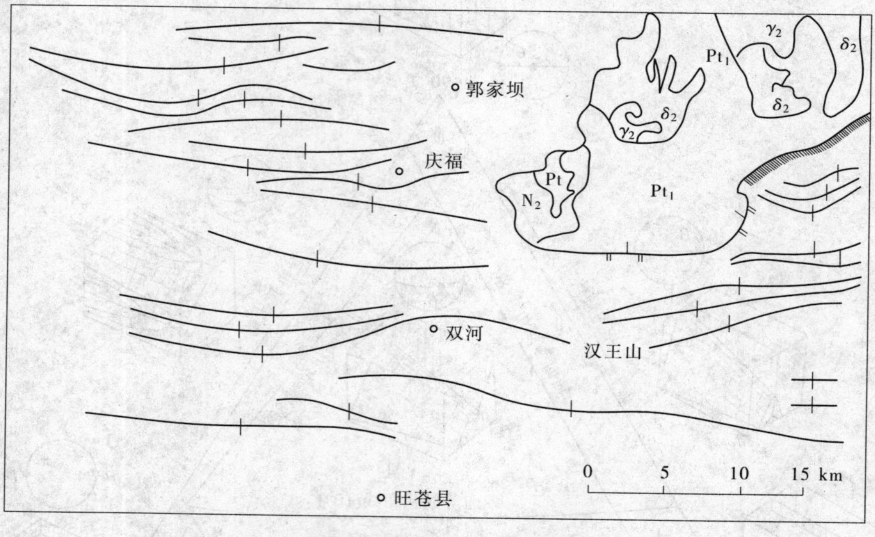

图3-15 四川旺苍附近的平行褶皱群

(2)枝状褶皱群:一个主褶皱沿其延伸方向分为若干分枝小褶皱,如川渝地区的华蓥山背斜。

(3)雁行褶皱群:一个地区内一系列背斜和向斜相间平行斜列如雁行,例如柴达木盆地中就有这样的褶皱群(见图3-16)。这是区域性水平力偶作用形成的。

(4)帚状褶皱群:指一系列褶皱呈弧形扫帚状排列。这类褶皱群在一端收敛,在另一端散开,这是区域性水平旋扭运动造成的。广西巴马帚状构造就是一例(见图3-17)。

(5)弧形(状)褶皱群:指一系列褶皱呈弧形排列,这是区域性不均匀水平运动所引起的(见图3-18)。

(6)穹隆和构造盆地:大都是形态简单、平缓或开阔的褶皱,有的地区孤立曲线,在平面组合往往没有特别明显的规律性,轴线并无一定的方向。

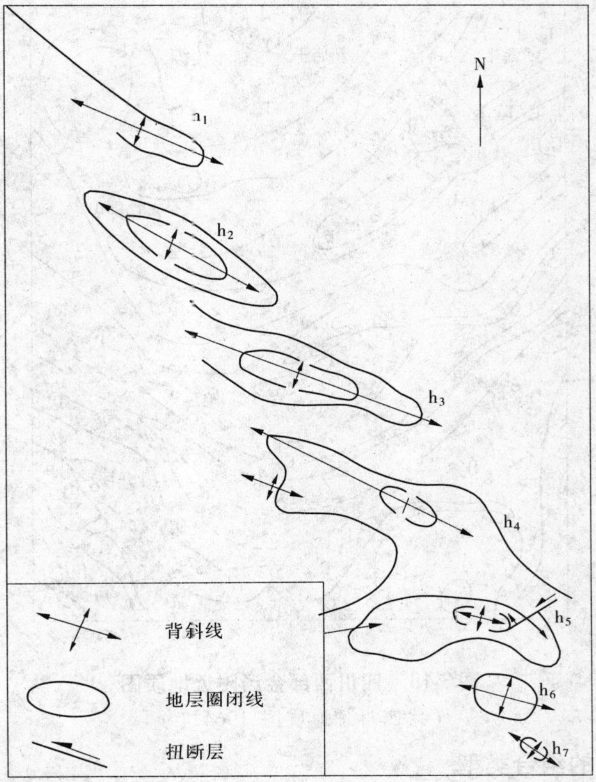

图 3-16　青海柴达木黄瓜梁—甘森地区雁行背斜群　（据孙殿卿等，1958）

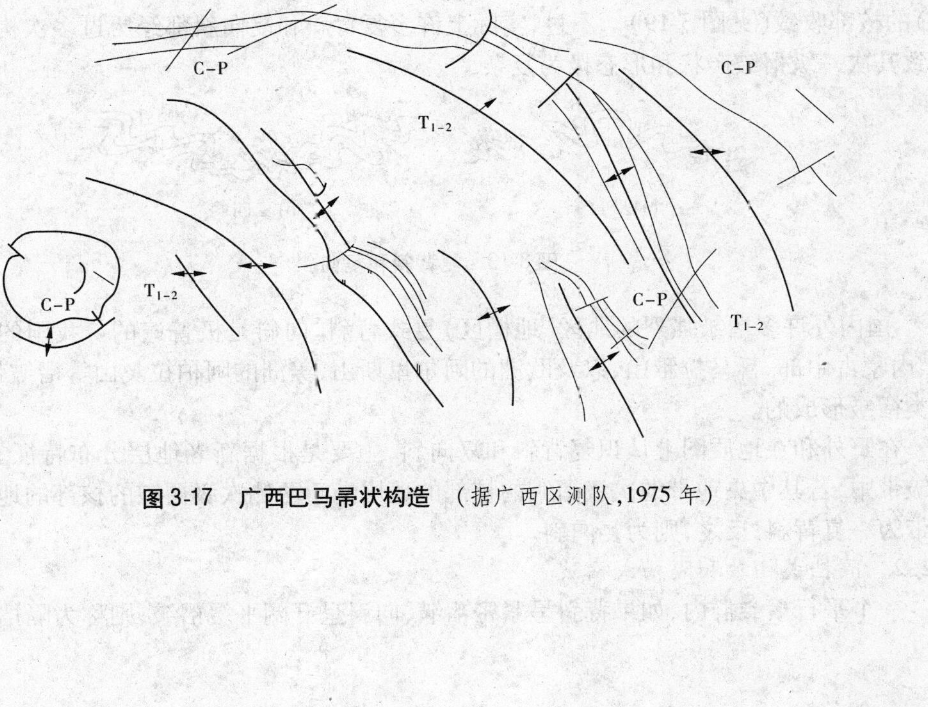

图 3-17　广西巴马帚状构造　（据广西区测队，1975 年）

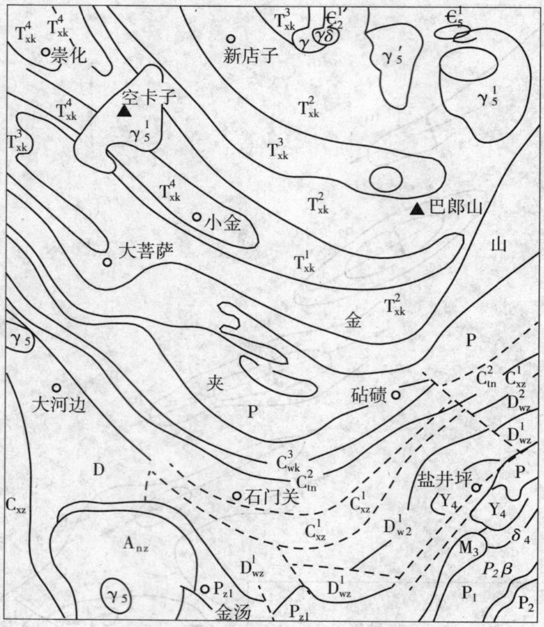

图 3-18　四川西部金汤附近地质图

(据四川省地质图,1964 年)

2.2　褶皱在剖面上的组合类型

2.2.1　复背斜和复向斜(复式褶皱)

复背斜或复向斜是指一个两翼被一系列次一级褶皱所复杂化了的大背斜或大向斜，有的文献认为典型的复背斜或复向斜翼部上的次一级褶皱轴面常向该复背斜(或复向斜)的核部收敛(见图 3-19)。不过,实际上许多复背斜和复向斜都经历过多次构造运动,以致其次一级褶皱产状和形态极为复杂。

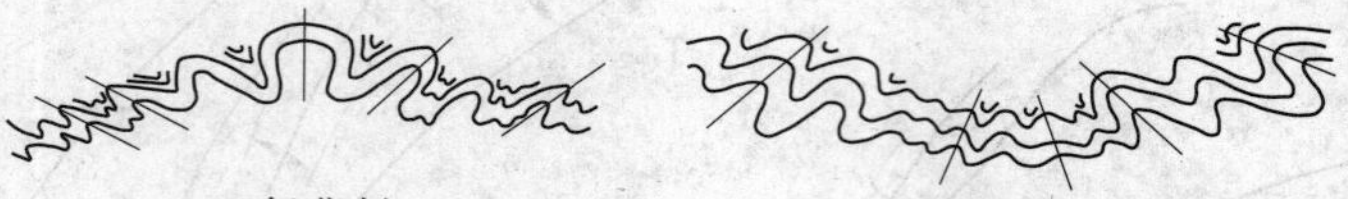

(a)复背斜　　(b)复向斜

图 3-19　复背斜和复向斜

国内外许多褶皱强烈的地区(地槽区)复式背斜、向斜是极普遍的。我国的秦岭、天山、内蒙古中部、喜马拉雅山,以及欧洲的阿尔卑斯山、美洲的阿柏拉契山等褶皱带都是由这类褶皱形成的。

在野外和在地质图上认识复背斜和复向斜,主要是根据新老地层分布特征。在一个褶皱带中,若其中央地带的次级褶皱的核部的地层老于两侧次级褶皱的核部的地层,则褶皱带为一复背斜;反之,则为复向斜。

2.2.2　隔挡式褶皱和隔槽式褶皱

一个平行褶皱群内,如果背斜呈紧密褶皱,向斜呈开阔平缓褶皱,则称为隔挡式褶皱,如渝北就有这样的褶皱群(见图3-20)。隔槽式褶皱则是一系列相间排列的开阔背斜,被一系列紧密向斜所隔开(见图3-21)。图3-22为川东、黔北地区的隔槽式与隔挡式褶皱剖面图。

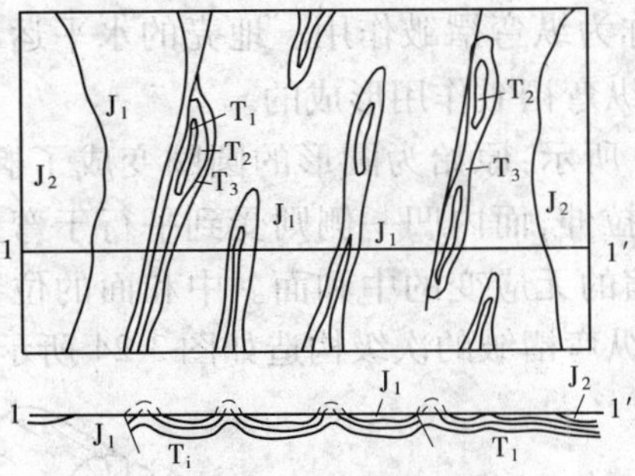

图3-20　隔挡式褶皱平面图和剖面图

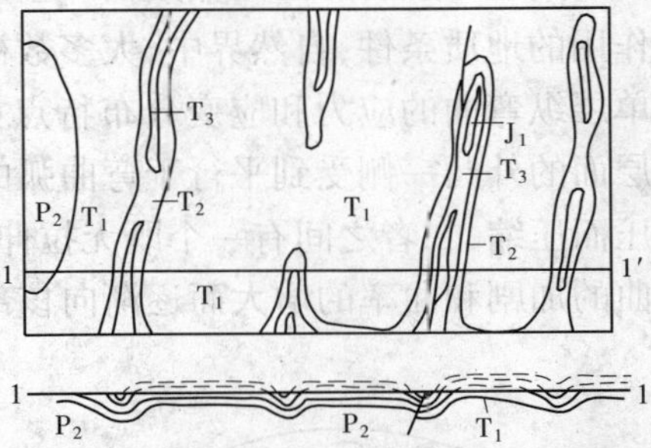

图3-21　隔槽式褶皱平面图和剖面图

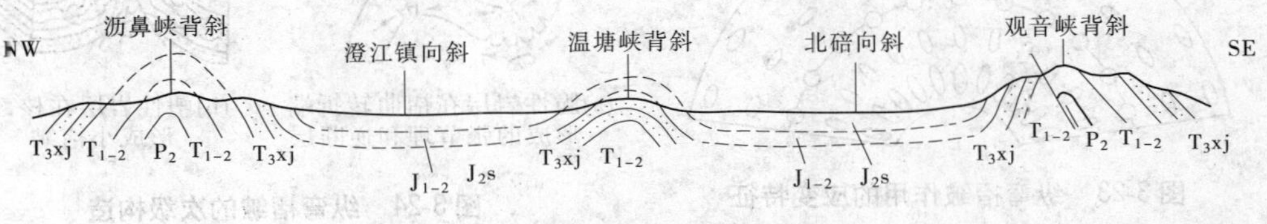

(a)川东某地的隔挡式褶皱

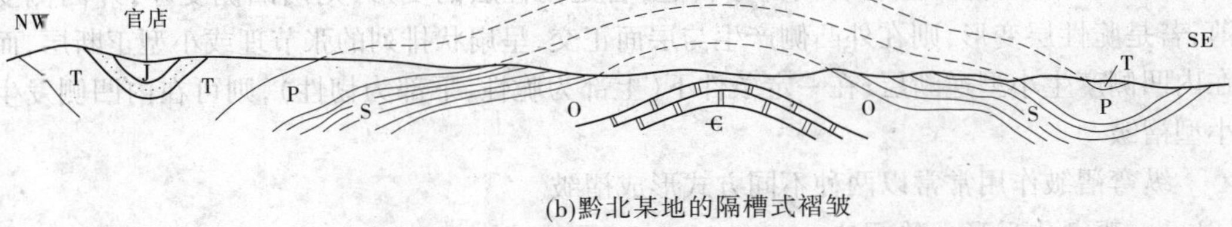

(b)黔北某地的隔槽式褶皱

图3-22　川东、黔北地区的隔槽式与隔挡式褶皱

任务4　褶皱的形成

千姿百态的褶皱是怎样形成的,它们经历了哪些变形过程,褶皱的形成受到哪些因素和条件的影响,褶皱的形态、产状和分布特点与形成方式之间有哪些内在联系等,都将关系到褶皱形成机制问题。但是,岩石发生褶皱是一个漫长而又复杂的变形过程,要受到各种因素的影响。对于同一个褶皱形态,其形成机制可能是多种方式。例如箱状褶皱,就可能是上顶作用、挤压作用、下降作用或区域升降作用之中的一种或几种联合作用的结果。所以,褶皱形成的机制是一个复杂而要深入认识的问题。探讨和阐明一个褶皱的形成机制,对于区域构造研究和分析以及指导地下水勘探有着重要的意义。

1　褶皱形成机制的基本类型

1.1　纵弯褶皱作用

岩层受到顺层挤压力的作用而产生的褶皱,称为纵弯褶皱作用。地壳的水平运动是这种作用的地质条件,自然界中,大多数褶皱是由纵弯褶皱作用形成的。

单层纵弯曲的应力和应变分布特点如图3-23所示:原始为圆形的圆圈变成了椭圆,弯曲层面的外凸一侧受到平行于弯曲弧的引张而拉伸,而内凹一侧则受到平行于弯曲弧的挤压而压缩,二者之间有一个既无拉伸也无压缩的无应变的中和面。中和面的位置随着弯曲的加剧和曲率的增大而逐渐向核部迁移。纵弯褶皱的次级构造如图3-24所示。

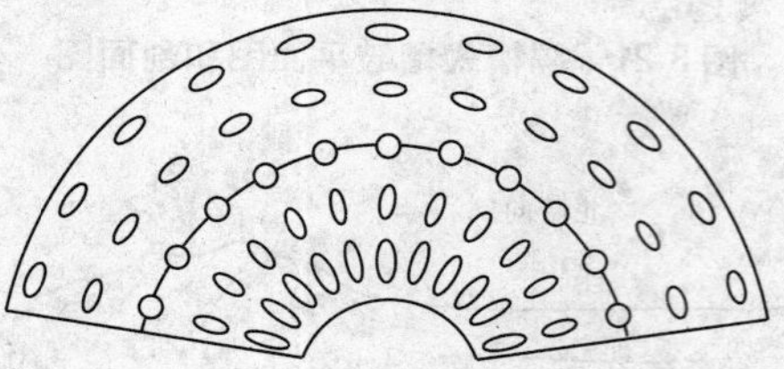

图3-23　纵弯褶皱作用的应变特征

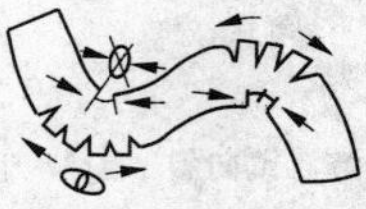

(a)脆性岩层在褶曲转折端形成的张节理和逆断层

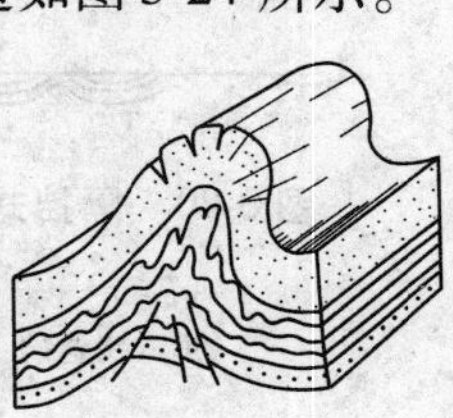

(b)塑性岩层在核部形成小褶皱

图3-24　纵弯褶皱的次级构造

当单一岩层或彼此黏结很牢、成为一个整体的一套岩层,受到侧向挤压形成纵弯曲时,在不同部位可能产生各种内部小构造,若是韧性层的变形,则内凹侧变厚,外凸侧变薄;若是脆性层变形,则在外凸侧产生与层面正交,呈扇状排列的张节理或小型正断层,而在内凹侧产生小型逆断层;在一定条件下(上部为脆性,下部为韧性),则可在内凹侧发生小型褶皱。

纵弯褶皱作用常常以两种不同方式形成褶皱。

1.1.1　弯滑作用形成的褶破

弯滑作用:指一系列岩层通过层间滑动而弯曲成为褶皱。其主要特点如下:

(1)各单层有各自的中和面。整个褶皱没有统一的中和面,各岩层真厚度不变,为典型的平行褶皱。

(2)层间滑动规律是:各相邻的上层相对向背斜转折端滑动,各相邻的下层则相对向向斜转折端滑动。由于层间滑动作用,一方面强硬岩层在翼部可能产生旋转剪节理、同心节理及层间破碎带和层间劈理,且在滑动面上留下与褶皱枢扭近直交的层面擦痕;另一方面,两翼相对滑动,往往在转折端形成空隙,造成虚脱现象,可在此形成鞍状矿体。

(3)当两个强硬岩层之间夹有韧性岩层时,发生纵弯褶皱作用,可使韧性岩层发生层间小褶皱,该小褶皱多为不对称褶皱。小褶皱的轴面与其上、下相邻的层间所夹锐角指示该相邻层相对滑动方向。因此,可以根据这种层间滑动规律来判断岩层顶、底面,从而确定岩层层序是正常或倒转以及背斜和向斜的相对位置。

1.1.2　弯流作用形成的褶皱

弯流作用:纵弯褶皱作用使岩层产状弯曲变形时,不仅发生层间滑动,而且某些岩层的内部还出现物质流动现象。其主要特点如下：

(1)层内物质流动方向，一般从翼部流向转折端，致使岩层在转折端处不同程度地增厚、翼部相对变薄，从而形成相似褶皱或顶厚褶皱。

(2)当软硬岩层相间时，硬岩层形成平行褶皱，软岩层形成相似褶皱。

(3)由于层内物质塑性流动，可能产生线理、劈理或片理等小型构造，如夹有脆性薄岩层，则可形成构造透镜体。

(4)如果发生层间差异流动，则在主褶皱翼部和转折端形成从属褶皱，其形态和产状显示出层内物质向转折端流动的特征。从属褶皱是与主褶皱有成因联系并有一定几何关系的次级小褶皱。

1.2 横弯褶皱作用

岩层受到和层面垂直的外力作用而发生褶皱，称为横弯褶皱作用。地壳的差异升降运动、岩浆的顶托作用、岩盐的底辟作用以及同沉积褶皱作用所形成的褶皱属于横弯褶皱。这种作用在地壳中是局部的，较为次要。横弯褶皱作用也有弯滑作用和弯流作用两种方式，其特点如下：

(1)横弯褶皱的岩层整个处于拉伸状态，各层无中和面。

(2)横弯褶皱作用往往形成顶薄褶皱。在岩浆侵入或高韧性岩体上顶时，顶部不仅因拉伸变薄，而且可能造成放射状断裂或同心圆状环形断裂。

(3)横弯褶皱作用引起的弯流作用是使岩层物质从转折端向翼部流动。韧性岩层在翼部由于重力作用和层间差异流动可能会形成轴面向外倾倒的层间小褶皱，其轴面与主褶皱的上、下层面的锐夹角指示上层顺倾向滑动，下层逆倾向滑动。

(4)横弯褶皱作用的理论意义是它与重力滑动构造有着很大的相似性。

1.3 剪切褶皱作用

剪切褶皱作用又称滑褶皱作用，这种作用使岩层沿着一系列与层面不平行的密集剪切面发生有规律的差异性滑动而形成褶皱。原始层面对这种褶皱不起任何控制作用，只成为反映滑动结果的标志，所以这种褶皱作用又称为被动褶皱作用。

应注意差异滑动和弯滑作用的区别：前者滑动面不是原生面，是非顺层的切面，滑动作用不受层面控制。

剪切褶皱作用的特点如下：

(1)在横剖面上平行轴面方向所量得的褶皱不同部位的层的“厚度”基本相等，所以其为典型的相似褶皱。

(2)剪切褶皱作用所形成的“褶皱”并非岩层面真正发生了弯曲变形，而是层面沿密集的平行剪切面发生差异滑动而呈现出“弯曲”外貌。

(3)毕令斯(M. P. Billings,1972)认为：大多数剪切褶皱是在强烈变形条件下，在先期褶皱的基础上再发生的。

1.4 柔流褶皱作用

柔流褶皱作用是指高韧性岩层(如岩盐、煤层等)或岩石处于高温高压环境下变成高韧性流体，受到外力的作用，而发生类似黏性流体那样的流动变形，从而形成复杂多变的褶皱。如盐丘构造中的膏盐层、变质岩和混合岩化的岩体中有些长英质脉岩受力流变而成的肠状褶皱。

柔流褶皱作用与上述受层理控制的弯流褶皱作用常有互相过渡的现象。当有些煤层经受强烈的弯流褶皱作用时，煤层发生柔流突破层面的限制，在局部地段形成肠状褶皱，造成煤层在一处变厚，在另一处变薄或尖灭现象。

1.5 Donath 和 Parker 关于褶皱形成机制的分类

F. D. Donath 和 R. B. Parker(1964)根据褶皱岩系的平均韧性和岩层间的韧性差以及层理在褶皱形成中的作用，将褶皱分为如下几类：

(1)弯曲褶皱：层理积极控制了褶皱变形，岩体通过层间滑动或层内流动的运动方式而形成褶皱，以层间滑动方式为主的称为弯曲滑动褶皱，以层内流动方式为主的称为弯曲流动褶皱。

(2)被动褶皱：岩石物质的滑动和流动不受层面的限制而是切过层面，层理在变形中不能起到积极控制作用，只是被动地作为因滑动或流动岩层错移方向的标志，从而产生一种外貌上弯曲现象，剪切褶皱就是典型的被动褶皱。

(3)准弯曲褶皱：这是一种过渡类型的褶皱，也是中韧性和高韧性岩石特有的一种褶皱。其既有被动褶皱的特征，又有弯曲褶皱的变形特点。

1.6 膝折作用

膝折作用是一种兼具弯滑褶皱作用和剪切褶皱作用两种特征的特殊褶皱作用，它主要发生在岩性较均一的脆性岩层或面理化岩石中。其形成方式为：岩层在一定围岩限制下，受到与层理平行或稍微斜交的压应力作用，使岩层发生层间滑动，但又受到某些限制，常常使滑动面发生急剧转折，即围绕一个相当于轴面的膝折面转折而成尖棱褶皱。这种褶皱既有平行褶皱的特征，又有相似褶皱的特点。

1.7 褶皱形成中的压扁作用

岩层在发生褶皱过程中，总要引起平行于主压应力方向的压缩和垂直于主压应力方向的伸长，即压扁作用(见图 3-25)。Ramsay 和 Ramberg 等通过野外观察和模拟试验，认为岩层在发生褶皱之前和褶皱过程中都可能有压扁作用，压扁作用对褶皱形态及其中应变分布都有显著影响。

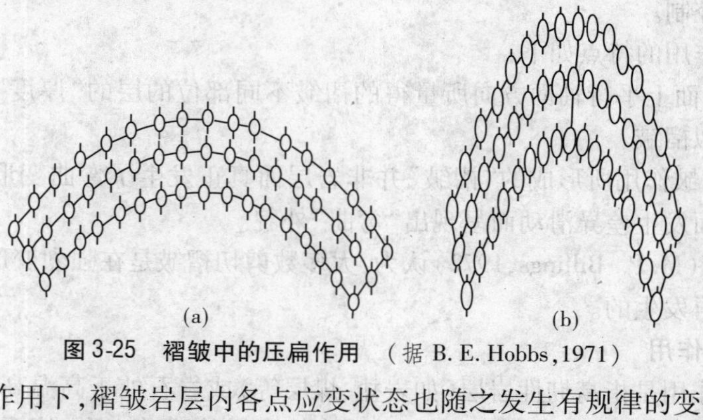

图 3-25　褶皱中的压扁作用　(据 B. E. Hobbs,1971)

(1)在压扁作用下，褶皱岩层内各点应变状态也随之发生有规律的变化，随着纵弯褶皱作用增强，压扁作用也相应增强，褶皱层内各点应变椭球的长轴逐渐旋转到与轴面平行的方向上。压扁作用越强烈,应变椭球越扁,褶皱越紧密。

(2)在褶皱形成过程中,压扁作用使褶皱岩层的厚度也发生相应变化,表现为翼部岩层变薄,转折端岩层变厚,从而使整个褶皱由平行褶皱向相似褶皱发展。

(3)压扁作用可使岩石中的鲕粒、砾石以及具对称要素的化石(三叶虫、笔石等)发生变形,对它们变形前后的形态进行对比,可以推断压扁作用的程度。

(4)在压扁作用下,位于褶皱翼部的脆性薄岩层往往在垂直压缩方向的拉伸而成为石香肠、构造透镜体,如褶皱岩层经受强压扁作用,则会发生轴面劈理,当压扁作用不均匀时,则会沿劈理面发生差异滑动,形成剪切褶皱。

(5)Ramsay 和 Ramberg 还用压扁作用解释了纵弯褶皱中的层间小褶皱的形成机制。

2 影响褶皱形成的主要因素

2.1 层理在褶皱形成中的作用

层理或成层构造使岩石具不均一性,致使岩层受力发生变形时,可以通过层间滑动或层内流动而弯曲成褶皱。由试验可知:构造均一的岩体,常常不形成褶皱。因此,层理或成层构造是岩石产生褶皱的必要条件。

2.2 岩层的厚度和力学性质对褶皱形成的影响

岩层的厚度对褶皱的形态和大小有着显著的影响,例如岩性相似而厚度不同的岩层施加同样的水平挤压力时,厚度大的岩层形成曲率小、波长大的平缓开阔褶皱,而薄岩层则形成曲率大、波长小的紧密褶皱。

岩石的力学性质直接影响褶皱的形态和类型。例如,“强岩层”常常以弯滑褶皱作用为主形成平行褶皱,为平缓开阔褶皱,在其转折端产生扇状张节理,该岩层对整个褶皱形态起控制作用;“弱岩层”常常形成相似褶皱,为紧密褶皱,在转折端形成反扇形流劈理。

值得注意的是,岩层的“强”和“弱”是相对的,受多种因素控制,在一个地区表现为强岩层,在另一地区可能为弱岩层。

2.3 岩层埋藏深度及应变速率对褶皱形成的影响

在地壳浅处,岩层在低温低压下变形时,岩层褶皱以弯滑褶皱作用为主,埋藏深度越深,温度和围压相应越高,韧性也越高,褶皱作用也逐渐变为弯流褶皱或剪切褶皱,甚至柔流褶皱。

但是,如果应变速率很大,即使在较深的地下,岩层也会呈弹性弯曲或脆性断裂,但在缓慢变形中,压力很小也可使强度很大的岩石发生褶皱。

2.4 基底构造对盖层褶皱的影响

基底结构和构造,特别是基底断裂对盖层褶皱的形态和组合分布影响较为普遍。例如,有些雁行褶皱就是由基底平移断层的水平剪切作用所引起的盖层褶皱。

深层隆起、深层断裂及深层波状古风化面对浅层褶皱的形态和组合形式常常有控制关系。如基底隆起,其上的盖层常常形成大型的穹隆构造;深层断裂常常使浅层形成不对称褶皱,其陡翼常反映深部断层的部位,褶皱轴面与断层倾向一致;在两基底断层之间的断块部位常形成箱状褶皱。

任务5　褶皱的观察和分析

1　褶皱的研究意义

褶皱的研究意义体现在揭示一个地区地质构造的形成规律和地质发展史。地下水等资源与褶皱构造的关系极为密切。

2　褶皱形态的研究

在野外对褶皱的研究，首先是要了解区域内总的构造轮廓，明确所要研究的褶皱在区域中的分布位置。然后分析研究工作区内的小比例尺地质图、航空照片、卫星照片等，或进行横穿区域构造线的路线地质调查，了解全区地层时代、地层层序和构造总体特征，从而确定调查研究褶皱构造的调查路线或地震勘探方案。观察的主要内容有以下几方面。

2.1　查明地层层序和追索标志层

查明地层层序是研究褶皱和区域构造的基础，因此首先要进行地层研究。根据古生物和岩石沉积特征，查明其时代层序，进行地层划分，或根据岩石中各种原生构造及伴生小构造（如层间小褶皱、节理、劈理等）来查明岩层相对顺序，区别层序正常和倒转的地层。然后根据地层对称重复的关系，确定背斜和向斜的所在位置。通常背斜核部地层较老，而向斜核部地层较新。为了查明褶皱的规模和形态，还应追索标志层，圈出标志层的出露界线，测量其产状变化。在矿产普查中，常把标志层精确地标测在图上，根据其在各处的标高和产状，结合钻孔和物探资料编制构造等高线图，以便准确地反映褶皱的形态和规模。在构造复杂的变质岩地区，在层理和地层层序不太清楚的情况下，追索石英岩、大理岩等标志层的分布特点和产状变化，就成了填图和研究构造的一个重要方法。

2.2　确定褶皱枢纽和轴面产状

不知道褶皱枢纽和轴面的产状，就无法判断褶皱的产状和真实形态。弄错枢纽和轴面的产状，就会歪曲褶皱的产状和形态。对于露头良好的小褶皱来说，它们的枢纽和轴面的产状可以根据系统地测量两翼同一岩层产状，用几何作图或赤平投影方法来确定。

2.3　观察褶皱出露形态

在考察褶皱露头形态时，必须注意到地面是从任意方向切割褶皱的，地面这个天然切面起伏不平、很不规则，常常歪曲褶皱的真实形态。不过万变不离其宗，基本格局总是可以查明的。就像照哈哈镜，尽管脸变长了，眼睛成了一条缝，上身横宽，两腿细长，不过总体上还是头、胸、腹、肢、眼、耳、口、鼻，一样不缺，也没有错位。以这个观点看地质图，就不难获得整体概念。例如，原来虽是一个简单的褶皱，但在不同方向剖面上所出露的形态是很不相同的。因为地面可以是这些剖面中的任一个面，所以褶皱在地面出露的形态也可以是任何一种。不过地面可以纵横观察，详细测量，通过对褶皱在不同位置、不同方向上的出露形态的综合观察分析，就可以揭示褶皱的真实面貌。地段的褶皱形态同时反映到一个横截面上。因此，对于枢纽倾伏向有变化的褶皱，要按枢纽倾伏向的变化划分区段，垂直于枢纽倾伏向绘制一系列横截面（横剖面图也需如此）。

此外，还应认真研究褶皱的纵剖面，把纵、横剖面结合起来，加以综合研究，就能掌握褶皱在三维空间内的整体形态及在不同区段内形态变化特征与变化规律。

3 褶皱形成时代的研究

3.1 角度不整合分析法

根据地层不整合面的存在以及不整合面上、下褶皱形态是否连续一致，可以推断包括褶皱在内的各种构造的形成时代的上限和下限。如果不整合面以下的地层均褶皱，而其上的地层未褶皱，则褶皱运动应发生与不整合面下伏的最新地层沉积之后和上覆最老地层沉积之前。如果不整合面上、下地层均褶皱，而上、下地层即不整合面的褶皱方式又都完全一致，则褶皱运动是后来发生的。如果不整合面上、下地层均褶皱，但褶皱方式、形态又都互不相同，则至少发生过两次褶皱运动。如果一个地区的地层有两个角度不整合面，且两个不整合面上、下地层均褶皱，则该区发生过三次或更多次褶皱运动。

从图3-26中可以看出图幅内发生过两次褶皱运动，第一次表现为白垩系与侏罗系之间的角度不整合，第二次表现为新生代第三系与中生代地层之间的不整合。又如从江西上饶东田大坟山地质剖面上可以看出两个不整合面（见图3-27），其中下二叠统和上二叠统之间的不整合代表的时间很短，可以推测下二叠统的地层褶皱时间大致相当于东吴运动的时间。侏罗系与下二叠统的不整合时间间距较大，不过根据这一带大区域地层对比，二叠系与三叠系之间是连续沉积的，而三叠纪晚期的印支运动对本区影响较广泛，因此可以认为上二叠统地层的褶皱是印支运动造成的，而上二叠统与侏罗系地层之间的不整合面显然也褶皱过，因此本区可能还发生过第三次褶皱运动，即在我国尤其是江南有广泛影响的燕山运动也曾波及当地。

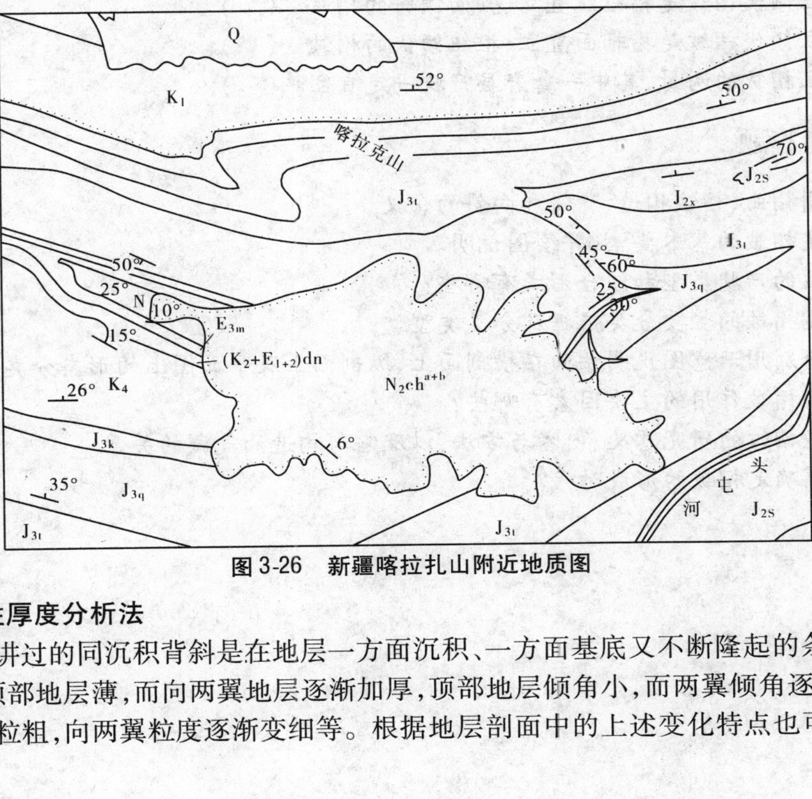

图3-26 新疆喀拉扎山附近地质图

3.2 岩性厚度分析法

前面讲过的同沉积背斜是在地层一方面沉积、一方面基底又不断隆起的条件下形成的，因此顶部地层薄，而向两翼地层逐渐加厚，顶部地层倾角小，而两翼倾角逐渐变陡；顶部地层颗粒粗，向两翼粒度逐渐变细等。根据地层剖面中的上述变化特点也可以推断同

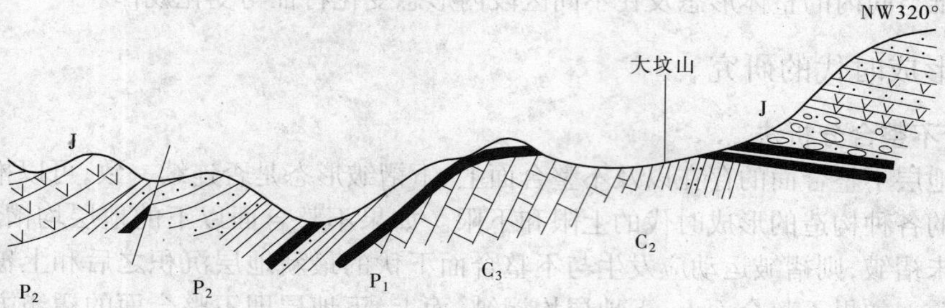

图 3-27 江西上饶东田大坟山地质剖面图

沉积褶皱的形成时期。

此外,褶皱的形成时期还可根据与褶皱相接触的岩浆岩体的同位素年龄来加以间接确定;根据褶皱的重叠现象,可以分析多期褶皱的存在及各期褶皱的相对先后顺序,其方法较多,主要是在变质岩地区使用。

项目训练

一、判断题

1. 褶皱的枢纽一定是褶皱层的同一层面上最高点的连线。( )
2. 褶皱的枢纽一定是褶皱层的同一层面上最大弯曲点的连线。( )
3. 直立倾伏褶皱是指枢纽直立、轴面倾斜的褶皱。( )
4. 直立倾伏褶皱是指轴面直立、枢纽倾伏的褶皱。( )
5. 直立褶皱的两翼,其中一翼岩层产状一定直立。( )

二、简答题

1. 说明褶曲、褶皱构造、背斜和向斜的含义。
2. 试述褶皱的基本要素,并绘图说明。
3. 褶皱的产状类型和组合形式有哪些?
4. 试述褶皱的主要分类依据及分类类型。
5. 试分别用示意图说明褶曲在横剖面上、纵剖面上及平面图上的形态分类。
6. 影响褶皱作用的主要因素有哪些?
7. 试述褶皱的研究意义、内容与方法,以及它与构造油气藏的关系。
8. 怎样确定褶皱的形成时代?

项目4 节理的认识与分析

【项目提要】 节理、节理组、节理系概念；节理的分类；张节理、剪节理的特征；节理的井下识别与研究。

任务1 节理的概念

1 节理及相关概念

节理即岩石中的裂隙，是指没有发生明显位移的断裂。断裂包含节理（无显著位移者）和断层（有显著位移者）。

节理面：节理构造的破裂面叫节理面。节理面可以是平面，也可以是曲面。节理面的产状反映了节理在空间的位态，仍用走向、倾向和倾角来表示。

节理组：是指在一次构造作用的统一应力场中形成的，产状基本一致、力学性质相同的一群节理。

节理系：是指在一次构造作用的统一应力场中形成的两个或两个以上的节理组构成的，如X形共轭节理系等。在一次构造作用的统一应力场中形成的产状呈规律性变化的一群节理，如一群放射状张节理或同心环状张节理，也称节理系。在野外工作中一般都以节理组或节理系为对象进行观测，故应注意正确划分节理组和节理系。

2 节理的研究意义

节理的研究在理论上和实践上都具有重要意义。节理研究的理论意义在于节理与褶皱断裂和区域性构造密切相关，它的研究对认识和阐明区域地质构造及其形成和发展方面具有重要意义。节理研究的实际意义在于：①控制矿体形态；②地下水的渗透性、含水性与节理发育的密度和开启性有关；③大量发育的节理会影响有关工程建筑的渗漏性和岩体的稳定性。

任务2 识别节理的类别

1 节理的分类

节理根据其形成的地质原因分为原生节理、构造节理和非构造节理。

（1）原生节理：在成岩过程中形成的，如玄武岩中的柱状节理、组粒沉积岩中的泥裂等。

(2)非构造节理:在外动力地质作用下形成的,如风化作用或滑坡形成的节理等。其特点是发育的范围和深度有限,与各级各类构造无规律性关系,产状和方位极不稳定,以张节理为主。

(3)构造节理:由内动力地质作用(主要是构造运动)产生的节理。分布也有一定的规律性。其特点是方位和产状稳定,与区域构造或局部构造存在一定的关系,它往往与褶皱和断层紧密相伴,成因密切,而且发育的范围和深度较大,既有剪节理又有张节理。

构造节理是本项目讲述的主要内容。

通常对构造节理分类主要依据两个方面,即节理与相关构造的几何关系及节理的力学形成的力学性质。这两者又是相互关联的。节理与相关构造的几何关系反映了它们的力学成因,而同一力学成因的节理、褶皱和断层又具有一定的几何关系。

2 节理与相关构造的几何关系分类

节理是一种小型构造,往往发育在褶皱等其他较大型构造上,并与岩层有一定的相关关系。

2.1 根据节理与所在岩层的产状关系分类

根据节理与所在岩层的产状关系可分为以下几类(见图4-1):

(1)走向节理:节理走向与岩层走向平行。

(2)倾向节理:节理走向与岩层走向垂直。

(3)斜向节理:节理走向与岩层走向斜交。

(4)顺层节理:节理面平行于岩层层面。

以上分类适合于发育在倾斜岩层地区的节理。

2.2 根据节理走向与所在褶皱枢纽间的关系分类

根据节理走向与所在褶皱枢纽间的关系可分为以下几类(见图4-2):

(1)纵节理:节理走向与褶皱枢纽平行。

(2)横节理:节理走向与褶皱枢纽垂直。

(3)斜节理:节理走向与褶皱枢纽斜交。

以上分类适合于发育在褶皱岩层地区的节理。

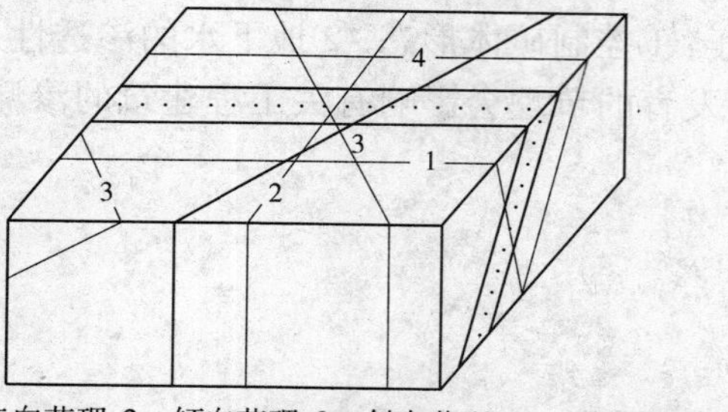

1—走向节理;2—倾向节理;3—斜向节理;4—顺层节理

图4-1 根据节理与所在岩层产状关系的节理分类

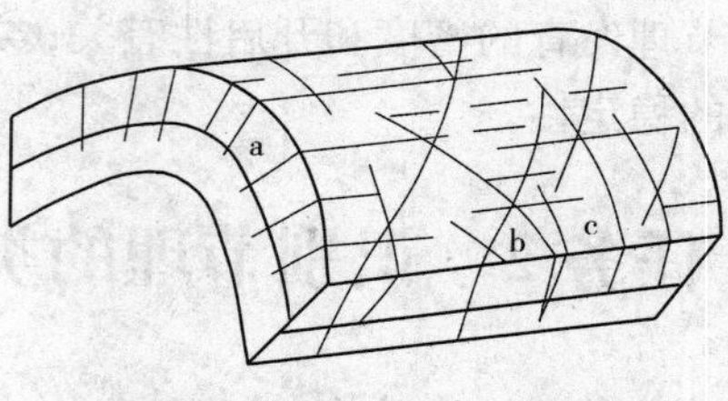

a—纵节理;b—斜节理;c—横节理

图4-2 根据节理产状与褶皱枢纽关系的节理分类

2.3 水平岩层中的节理

对于发育于水平岩层中的节理,一般根据其走向来划分,如北东向节理、南东向节理等。

3 节理的力学性质分类

前面说明过对节理力学性质的确定很重要，所以这里展示一个材料力学试件在受到强大压力之后的变形情况。图4-3中的圆柱状试件受压之后，中部膨胀出来，表明在与主压应力垂直的方向出现张性应变；同时试件被两组成近于直交方向的裂面斜向切割，仔细观察可以在边缘上看出每一个断片都有一点往侧下方错动。这就是那对共轭剪裂面。如果将这些应变综合抽象起来，用应变椭球体表示，应该是长轴横卧，短轴与试件的中轴平行，两组共轭剪裂面的交线则正是中间轴的位置。如果出现张裂面，就应该位于包含中间轴和最短轴的直立面。下面讨论节理的力学分类。

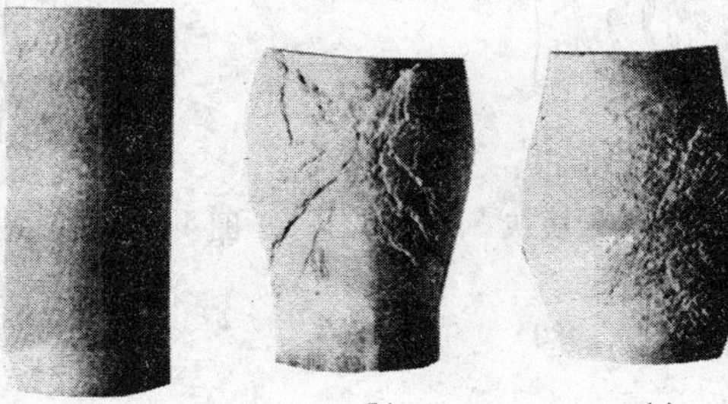

(a) (b) (c)

(a)受力前的圆柱形大理石试件；

(b)280个大气压的围限压力下受压出现20%压缩时，出现两个方向的剪裂面；

(c)460个大气压的围限压力下大理石试件出现的应变，显示塑性为主，裂面不明显（据彼得逊，1958）

图4-3 圆柱状材料力学试件在受到强大压力之后的变形情况

节理按其形成时的力学性质，可分为张节理和剪节理两类。

3.1 张节理

张应力作用而产生的节理是张节理，其方位垂直于主张应力或平行于主压应力。

张节理的形成机制和规律是：岩石在单剪作用下会形成与剪切方向大致成45°的拉伸，在与拉伸垂直的方向产生张节理；岩石在拉伸作用下会产生与主张应力垂直的张节理；岩石在一个方向上受压时会形成与受压方向相平行的张节理。以及以受力方向为锐角等分线的一对共轭剪裂面，这个剪裂面小的时候成节理，若是张大，会成为纵向逆断层，或斜向撕裂断层。

如图4-4所示，在平行受压的方向出现一系列相互近于平行的张节理，在沿共轭剪切面方向形成两组雁列张节理带。

张节理主要具有以下特征：

(1)张节理产状不稳定，往往延伸不远即行消失。单个节理短而弯曲，若干张节理则常以侧列关系出现（见图4-5）。

(2)张节理面粗糙不平，发育在砾岩中的张节理往往绕砾石而过。平面观察张节理，虽可看出总的走向，但却明显呈不规则的弯曲状（见图4-6）或规则的锯齿状（见图4-7），后者乃追踪先已形成的两组共轭剪切面而成，故又称（锯齿状）追踪张节理。

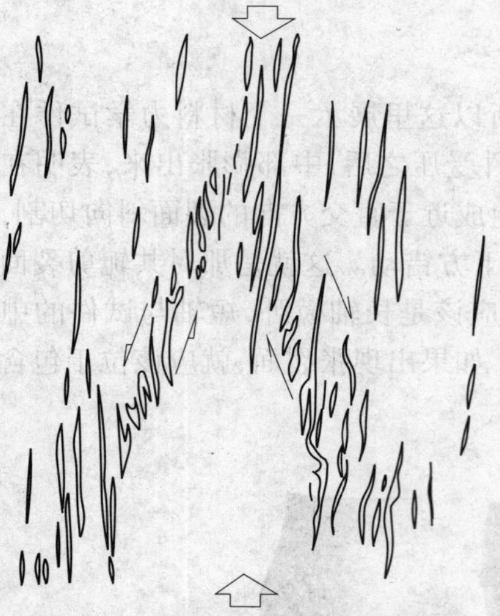

图 4-4　北京坨里奥陶系白云质灰岩中的张节理系

（据李志锋摄，杨光荣素描，1980）

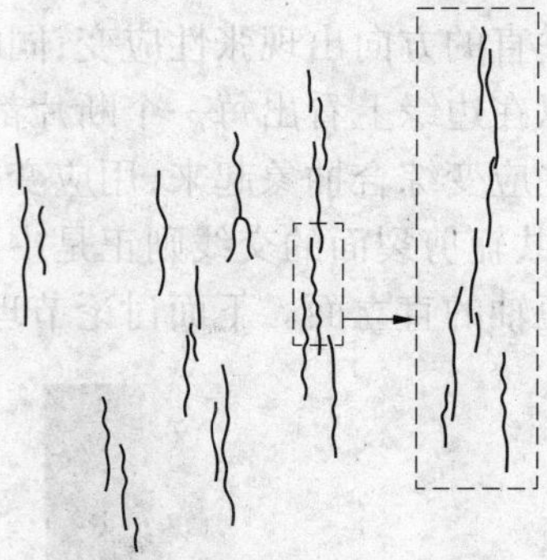

图 4-5　湖北白垩系—第三系砂岩中张节理的侧列现象

（据马宗晋等）

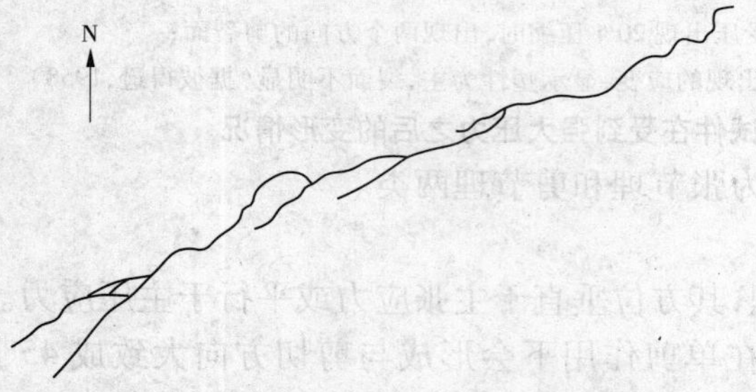

图 4-6　宁羌侏罗系砂岩中的张节理平面素描

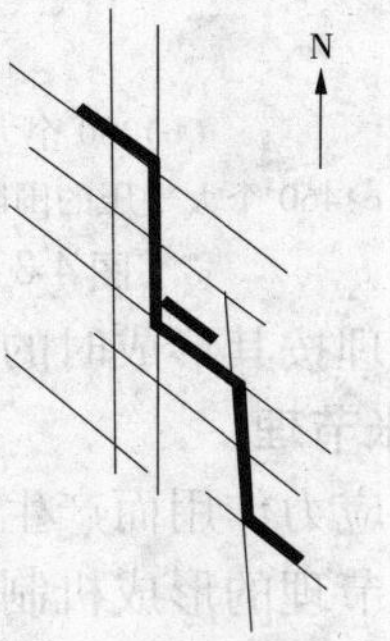

图 4-7　江苏江宁受两组共轭剪节理控制的锯齿状追踪张节理铁矿脉

（3）张节理面没有擦痕。

（4）张节理一般发育稀疏，节理间距较大，而且即使局部地段发育较多，也是稀密不匀，很少密集成带。

（5）张节理两壁之间的距离较大，呈开口状或楔形，并常被岩脉充填。

（6）张节理的尾端变化形式有两种：树枝状分叉及杏仁状结环（见图 4-8）。树枝状分叉的小节理没有明显的方向性，可与剪节理尾端的节理叉区别开来；杏仁状结环呈椭圆形，棱角不明显，也可与剪节理尾端的菱形结环区别开来。

（7）一般在挤压和拉伸作用方式下形成的张节理彼此平行排列，而在剪切作用下形成的张节理，在平面或剖面（如正、逆断层的剪切滑动）上呈雁行排列（见图 4-9）。

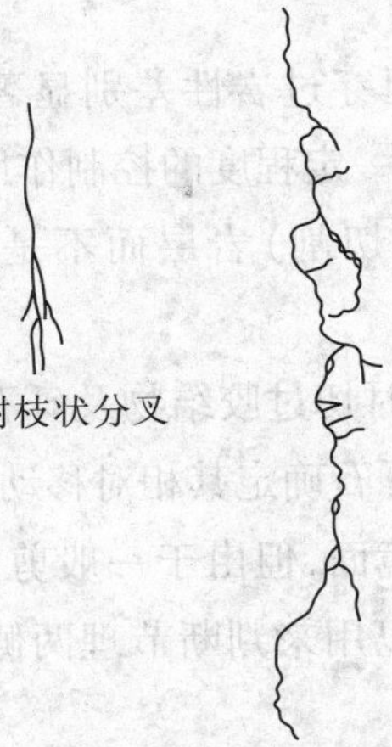

(a)树枝状分叉

(b)杏仁状结环

图 4-8　张节理的尾端变化形式

（据马宗晋等）

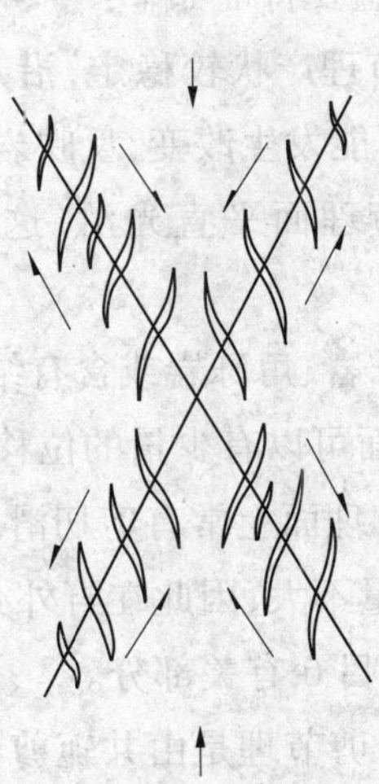

图 4-9　北京周口店奥陶系白云岩中沿两组共剪切带形成的雁行排列的张节理

3.2　剪节理

剪节理是由于剪应力作用而形成的节理，其两侧岩块沿节理面有微小剪切位移或有微小剪切位移的趋势，位移的方向与 σ_2 垂直。剪节理面则与 σ_2 平行，与 σ_1、σ_3 成一定的夹角。如图 4-10 所示剪节理、张节理与主应力轴间的关系。

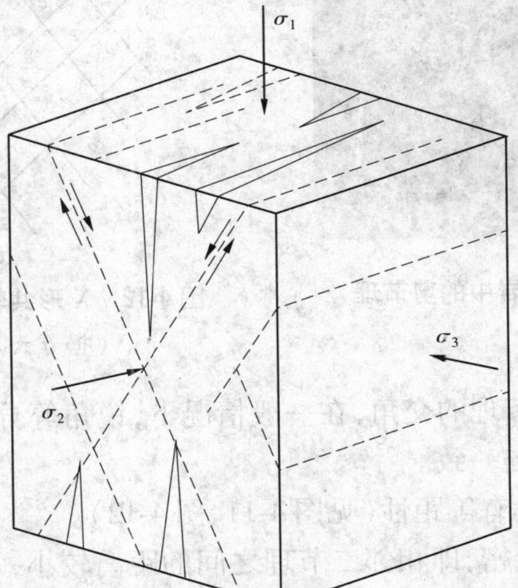

图 4-10　剪节理（虚线）及张节理（τ）与主应力轴（σ_1、σ_2、σ_3）间的关系

（据 Wilson，1982）

最大主应力轴 σ_1 方向与剪切破裂面之间的夹角称为剪裂角。包含最大主应力 σ_1 象限的共轭剪切破裂面之间的夹角称为共轭剪切破裂角。根据摩尔－库仑理论，岩石内两组初始剪裂面的交角常成锐角指向最大主应力方向，故共轭剪切破裂角常小于 90°（通常为 60°左右），两剪裂角则小于 45°。

剪节理主要特征如下：

(1)剪节理产状较稳定，沿走向和倾向延伸较远，但穿过岩性差别显著的不同岩层时，其产状可能发生改变，反映岩石性质对剪节理方位有一定程度的控制作用。

(2)剪节理面平直光滑，这是由于剪节理是剪破(切割)岩层而不是拉破(裂割)岩层。

(3)在砾岩、角砾岩或含有结核的岩层中，剪节理同时切过胶结物及砾石或结核。由于沿剪节理面可以有少量的位移，因此常可借被错开的砾石确定其相对移动方向。

(4)剪节理面上常有剪切滑动时留下的擦痕、摩擦镜面，但由于一般剪节理，沿节理面相对移动量不大，因此在野外必须仔细观察。擦痕可以用来判断节理两侧岩石相对移动方向，见项目 6 有关部分。

(5)由于剪节理是由共轭剪切面发展而来的，所以常成对出现(见图 4-10)。典型剪节理常组成 X 形共轭节理系，X 形节理发育良好时，可将岩石切割成菱形、棋盘格式岩块或柱体(见图 4-11、图 4-12)。不过在某些地区，两组剪节理的发育程度可以不等。

图 4-11 巢湖坟头组砂岩中的剪节理

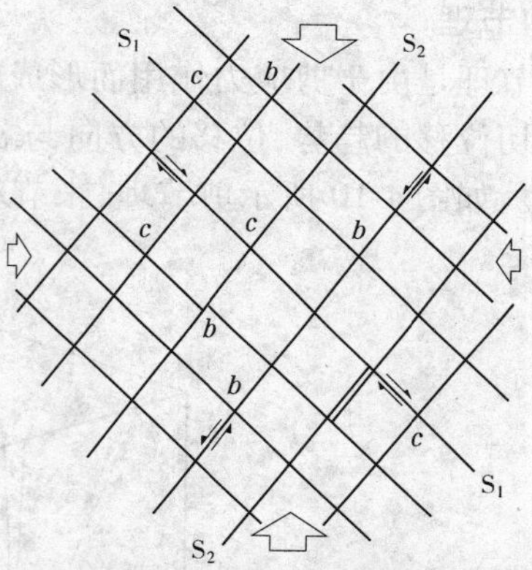

图 4-12 X 形共轭节理及其相对运动方向
(据万天丰，1988，经修改)

X 形共轭节理系两组节理的交角，在一般情况下，锐角等分线与挤压应力方向一致，钝角等分线与引张应力方向一致。

(6)剪节理排列往往具有等距性(见图 4-11、图 4-12)。

(7)剪节理一般发育较密，即相邻二节理之间的距离较小，常密集成带。但节理间距的大小又同岩性与岩层厚度有着密切的关系，硬而厚的岩层中的节理间距大于软而薄的岩层。同时，剪节理发育的疏密还与应力作用情况有关。

(8)剪节理常呈现羽列现象(见图 4-13)，往往一条剪节理经仔细观察并非单一的一条节理，而是由若干条方向相同首尾相近的小节理呈羽状排列而成。小节理方向与整条节理延长方向之间成小于 20°的夹角。

羽列可分为左型羽列和右型羽列两种形式。根据它们首尾邻接部分的两种重叠关系，沿小节理走向，若下方的每个小剪节理依次向左侧错开，为左行(或称左旋)羽列；反之,下方的每个小剪节理依次向右侧错开,为右行(或称右旋)羽列。羽列形式可以指出剪裂面两侧岩块相对移动的方向,如图4-13箭头所示。实践证明利用羽列现象判断剪节理两侧岩石相对动向是行之有效的。

呈羽列的小节理可以逐步连通起来,并进一步发展成为平移断层。左型羽列的剪节理发展成左型平移断层,右型羽列的剪节理发展成右型平移断层。

比外,在野外常见的另一种羽列现象是沿错动面形成剪节理,如图4-14所示,由NWW—SEE向挤压力作用而形成的一对共轭剪节理均显示羽列现象,走向330°的一组节理,其羽列小裂面走向为320°,夹角为10°;走向247°的另一组节理,其羽列小裂面走向为260°,二者夹角为13°。根据试验观察和其图上的交切关系,这种羽列小裂面先形成,其共轭剪节理后形成。

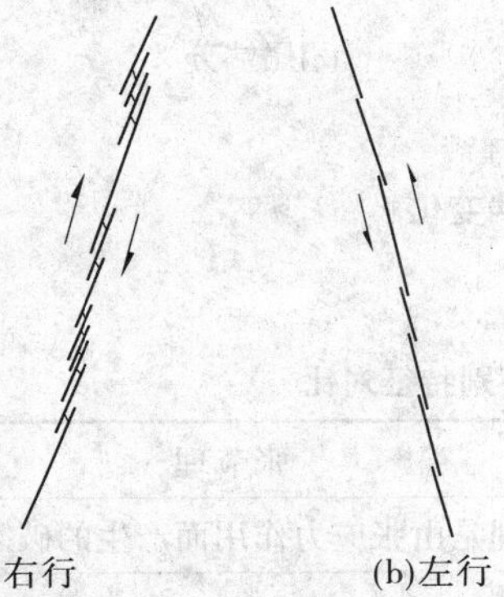

图4-13　湖北黄陵背斜南部寒武系灰岩中剪节理羽列现象平面素描图

(据马宗晋、邓起东)

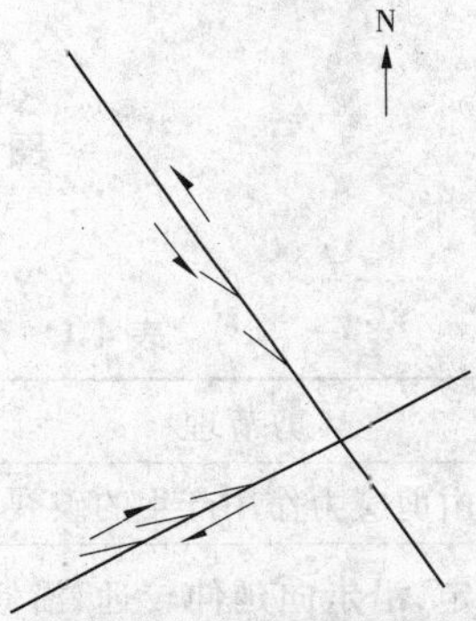

图4-14　宁羌公鸡山侏罗系粗砂岩中两组共轭剪节理的羽列

如图4-14所示的一对共轭剪节理羽列指示的动向反应 σ_1 的方位大致为NWW—SEE。

(9)剪节理的尾端变化有折尾、菱形结、节理叉等三种形式(见图4-15)。

折尾:一条剪节理的尾端突然转折至另外一个方向,延展不远即行消失。转折后的方向一般即为共轭节理系中另一组的延展方向(见图4-15(a))。

菱形结环:一条节理的尾端或两条节理的衔接处,刚转折或分叉相连构成菱形结环。菱形结环的两个对边即为共轭剪节理系的两组节理(见图4-15(b))。

节理叉:一条剪节理的尾端发育有许多小节理,它们向两个方向分开,其间保持一定夹角,这两个方向小节理的方位就是共轭节理系中两组节理的方位(见图4-15(c))。

3.3　张节理与剪节理主要鉴别特征

为了便于读者学习,现将张节理与剪节理主要鉴别特征对比、归纳总结如下(见表4-1)。

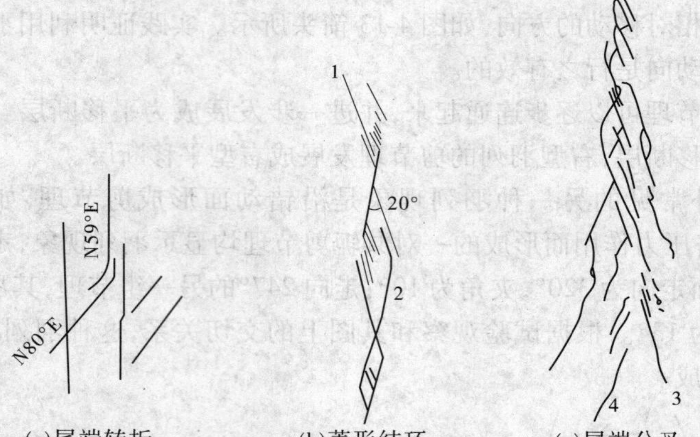

(a)尾端转折　(b)菱形结环　(c)尾端分叉

1、2、3、4—组成 X 形剪节理系

图 4-15　剪切节理的尾端变化

（据马宗晋等）

表 4-1　张节理与剪节理主要鉴别特征对比

剪节理	张节理
剪节理是由剪应力作用产生的破裂面	张节理是由张应力作用而产生的破裂面
产状较稳定，沿走向延伸较远、沿倾向延伸较深	产状不太稳定，延伸不远，节理面短而弯曲
节理面平直光滑，常见滑动擦痕；节理两壁之间常是闭合的	节理面粗糙不平，无擦痕
切穿砾石和砂粒：发育在砾岩和砂岩中的剪节理，常切穿砾石和砂粒而不改变方向	绕过砾石：在砾岩和砂岩中的张节理，常绕过砾石和砂粒；即使切穿砾石，破裂面也凹凸不平
共轭 X 形节理系：常常成对出现，共同组成共轭 X 形节理系。X 形剪节理发育良好时，可将岩石切割成棋盘格状或菱形	节理面两壁多张开，常被矿脉充填，矿脉宽度变化较大，脉壁不平直
羽列现象：主剪裂面常由许多羽状微裂面组成，微裂面走向相同，首尾相接，与主剪裂面呈一定的交角，这就是所谓的羽列现象。沿节理走向向前观察，若后一微裂面重叠在前一微裂面的左侧，则称之为左旋（也叫左行），反之为右旋（或叫右行）。利用剪节理的这种羽列现象，可判断破裂面两侧岩块的相对运动方向	张节理有时呈不规则状，有时也可构成一定的几何形态，如追踪 X 形剪节理而形成的锯齿状张节理，单列或共轭雁列式张节理等

3.4 **节理的力学性质转化**

由于构造变形作用的递进发展和相应转化,会发生应力的转向和变化,因而常出现一种节理兼具两种力学性质特征或过渡特征,表现为张剪性。例如,一些早期形成的剪节理在后期构造变形中会被改造和叠加,发生先剪后张的现象。

图4-16为先受南北向挤压形成一对共轭剪节理,后期在南北向平行力偶的作用下,使先期形成的两组剪节理的力学性质发生转化,先成的一组剪节理被拉开转化成张节理。在图4-16中,图(a)为早期形成的共轭剪节理;图(b)为图(c)早期形成的共轭剪节理在后期南北向顺时针平行力偶的作用下,走向NE的一组剪节理转化为张节理,且其中充填了脉本。图(c)为图(a)早期形成的共轭剪节理在后期南北向逆时针平行力偶的作用下,走向NW的一组剪节理转化为张节理,有脉体充填。

3.5 **羽饰**

发育在节理面上的羽毛状精细装饰,是构造应力作用下形成的小型构造,宽度一般数厘米至数十厘米。羽饰构造包括羽轴、羽脉、边缘带等几个组成部分,边缘带由一组雁列式微剪截面(边缘节理)和连接其间的横断口(陡坎)组成(见图4-17)。

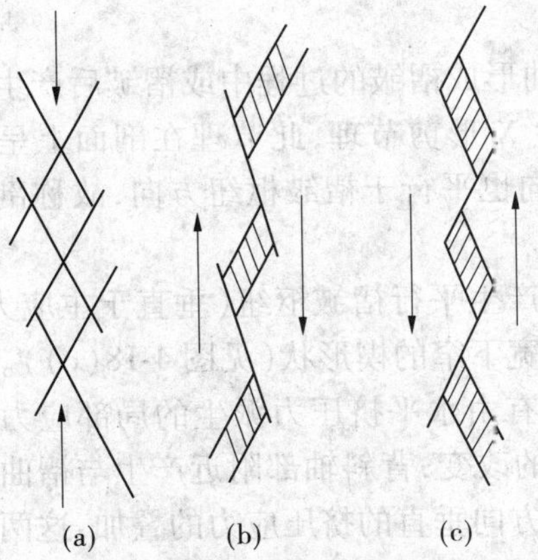

图4-16 节理力学性质的转化平面图

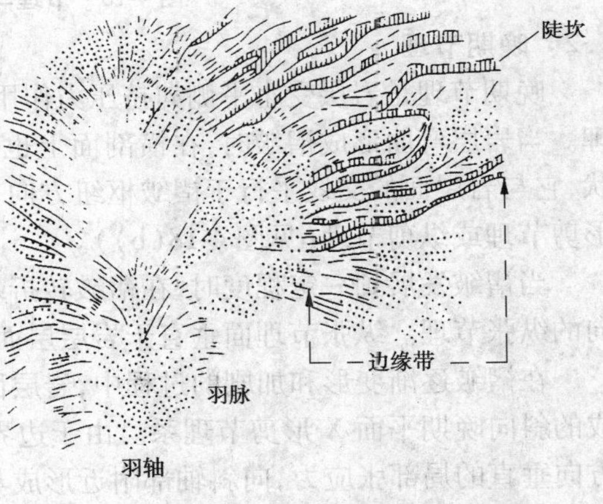

图4-17 北京西山三叠系凝灰质粉砂岩节理面上的羽饰构造及环状边缘带

(据马杏垣摄,杨光荣素描,1980)

任务3 节理发育的不同地质背景分析

1 与褶皱有关的节理

节理常作为褶皱或其他较大型构造的伴生或派生小构造出现,许多节理是在岩层形成褶皱、断层时产生的,受造成褶皱和断层的同一应力场控制。现简单介绍一下褶皱形成过程中的伴生节理。

1.1 **早期节理**

在岩层弯曲变形之前,当地层受到水平方向的侧向挤压力作用时,会产生一系列的构造变形。岩层面上会形成两组共轭 X 形剪节理。变形椭球体的 A、C 两轴水平和 B 轴直立,节理面与岩层面垂直,节理的走向与后形成的褶曲轴向斜交,两组节理系的锐交角指向挤压方向,钝角指向褶曲的轴向(见图 4-18(a))。

岩层未弯曲前还可以产生与挤压力方向平行的早期横张节理,它常是追踪早期平面 X 形剪节理而形成的(见图 4-18(a))。

早期节理是受区域性构造力作用而形成的,具有区域性特征。

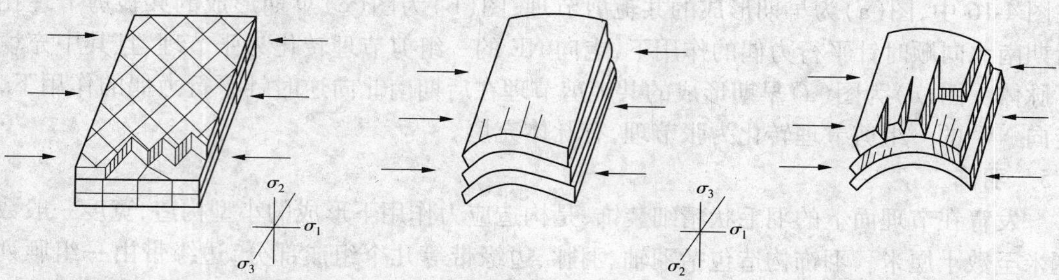

(a)斜剪节理及锯齿状张节理　(b)剖面X形节理　(c)纵张节理及层间节理

图 4-18　节理与褶皱关系示意图

1.2　晚期节理

晚期节理是岩层受水平侧向挤压力作用而弯曲形成褶皱的过程中或褶皱后产生的节理。当岩层弯曲形成褶皱时,在横剖面上也会产生 X 形剪节理,此节理在剖面上呈交叉状,它与岩层面的交线平行于褶皱枢纽方向,其走向也平行于褶皱枢纽方向,故称剖面 X 形剪节理或纵剪节理(见图 4-18(b))。

当褶皱发展到一定程度时,在褶皱转折端顶部产生平行褶皱枢纽(垂直于主应力)方向的纵张节理。纵张节理面垂直于岩层层面,呈上宽下窄的楔形状(见图 4-18(c))。

在褶皱逐渐变形和加剧的过程中,岩层面上会有由水平挤压力派生的局部应力所形成的斜向晚期平面 X 形剪节理系。由于边界条件的改变,背斜轴部附近产生与褶曲轴线方向垂直的局部张应力,向斜轴部附近形成与轴线方向垂直的挤压应力的叠加,这两种局部应力导致在褶曲轴部附近形成晚期平面 X 形剪节理系,其中在背斜轴部附近平面 X 形剪节理系的锐角平分线与褶曲轴向一致(见图 4-19(a))。而在向斜轴部附近平面 X 形剪节理系的锐角平分线则与褶曲轴向垂直(见图 4-19(b))。

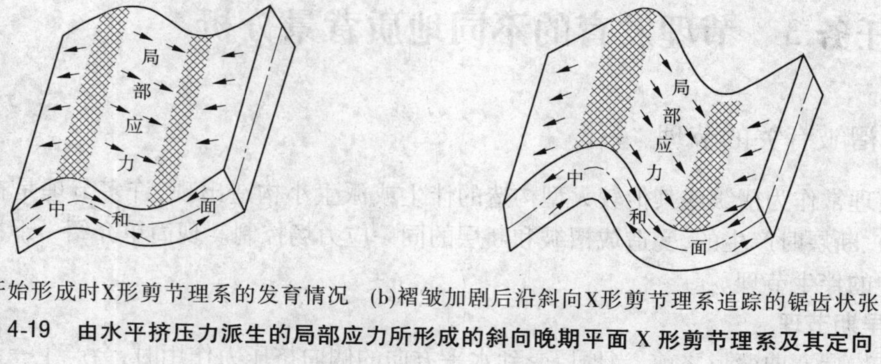

(a)褶皱开始形成时X形剪节理系的发育情况　(b)褶皱加剧后沿斜向X形剪节理系追踪的锯齿状张节理

图 4-19　由水平挤压力派生的局部应力所形成的斜向晚期平面 X 形剪节理系及其定向

2 与断层有关的节理

在断层作用中由于断层两盘相对错动引起的派生应力作用，断层两侧常常会发育一套节理，这些节理与断层具有一定的几何关系，可为分析研究断层提供一定依据。

2.1 羽状张节理

具有一般张节理的特征，两壁张开，且越近断层面，节理开口越大；与断层斜交，其节理面与断层面相交的锐角尖端的指示方向为节理所在盘的相对位移方向（见图4-20）。

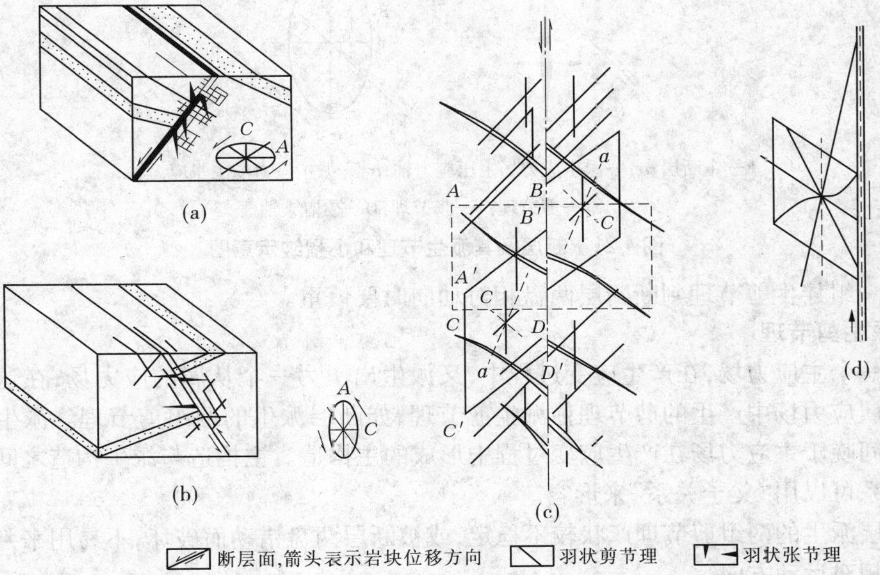

（a）由正断层发育的羽状节理；（b）由逆断层发育的羽状节理；（c）由平移断层发育的羽状节理；（d）由断层发育的羽状节理（波状曲线为张节理，细实线为两组剪节理）

图4-20 断层引起羽状节理及利用羽状节理推断断层两盘相对位移方向示意图

2.2 伴生剪节理

同一应力场中，与各应变构造同时产生的剪节理称伴生剪节理。它与同一应力场中同时产出的其他构造是“兄弟关系”。

断层派生的节理除羽状张节理外，还可能有两组伴生剪节理 S_1、S_2（见图4-21）。S_2 组剪节理方位比较稳定，与断层成小角度相交，交角根据试验小于24°，一般野外所见也小于20°。利用 S_2 组剪节理判断断层两盘相对动向比较可靠，其方法是以其 S_2 与断层所交锐角指示本盘运动方向。

另一组剪节理 S_1 与断层成大角度相交或直交。但其方位很不稳定，一方面随岩石塑性的大小而变化；另一方面，在断层运动过程中还随剪切滑动而旋转，图4-21所绘的 S_1 的方位代表经过相当程度旋转后获得的方位，该方位显示其与断层的锐交角指向对盘的动向。但在岩石比较脆性或断层的剪切滑动量不大，因而伴生剪节理的旋转程度也不大的情况下，S_1 的方位可能垂直于断层，甚至以其与断层的钝交角指示对盘动向。因此，在

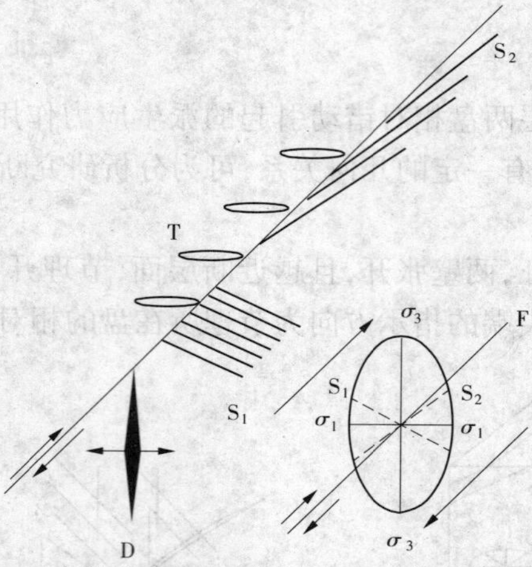

F—主断层；σ_1—派生应力场主压应力轴；σ_3—派生应力场主张应力轴；

S_1、S_2—剪节理；T—张节理；D—小褶皱轴面

图 4-21　断层及其派生节理和小褶皱示意图

利用这一组伴生剪节理判断断层两盘相对动向时要慎重。

2.3　派生剪节理

由一个主应力场，在产生应变过程中，又派生出了另一个从属的应力场，在这个派生出的从属应力场中产生的剪节理称派生剪节理，如断层派生的两组剪节理。派生剪节理形成时间晚于主应力场在产生应变过程中形成的主构造。主构造与派生构造之间的先后亲源关系可以用“父子关系”来形容。

断层派生的两组剪节理产状较不稳定，或被断层两盘错动而破坏，不易用来判断断层两盘的相对运动方向。

3　与区域构造有关的节理

区域构造研究发现，地壳表层广大地区（某些构造单元）存在着规律性展布的区域性节理。区域性节理是区域性构造作用的结果，与局部褶皱和断层没有成因上的联系，在岩层产状近水平的地台盖层中常稳定产出。

区域性节理具有以下特点：发育范围广，产状稳定；节理规模大，间距宽，延伸长，可切穿不同岩层；常构成一定几何形式等。在岩层产状近水平的地台上常常见到这类稳定产出的区域性节理。如我国广西河池西南地区的上古生界灰岩中发育的一套走向为 NE60°和 NW300°的 X 形节理。又如俄罗斯地台上的四组区域性节理，即正向系列 E—W 向节理和S—N向节理，斜向系列 NE 向节理和 NW 向节理。北美地台沉积盖层中也发育有区域性节理，其产状稳定、在上千平方千米范围内广泛产出，不受局部褶皱和断裂控制。

区域性节理若被岩浆充填，则形成平行排列的和放射状规律排列的岩墙群。如著名的东格陵兰岩墙群和苏格兰岩墙群。

3.1　主节理

主节理是指规模明显大于该区节理平均规模的节理。常以延伸长、较稳定的产状切穿不同岩层甚至局部构造，在一定地区的各组各类节理中占主导地位。主节理是更大区

域构造活动的产物,往往与一般节理不在同一次构造作用中形成。

3.2　系统性节理和非系统性节理

在区域性节理中,根据节理排列组合的规律程度,分为系统性节理和非系统性节理。系统性节理在节理产状、方位、组合、排列、间距等方面具有规律型。这种规律型节理一般是构造成因的,属主节理。与系统型节理对应的是非系统性节理。非系统性节理一般不是同期形成的;如果是同期产物,也是其中不发育的一组。系统性节理或主节理往往清晰地显示在卫星照片或航空照片上。

节理是一种脆性变形,是地壳浅层次的构造。随着向地下深处温度、压力的增高,岩石的塑性也相应增高,节理的发育程度也发生相应变化。自地表向深部,节理会越来越闭合而逐渐消失。至于消失深度,并无确切数字,估计不超过 10 km,因地而异。但从最近超深钻提供的资料分析,消失的深度可能比原先估计的要大。

埋藏在地下一定深度的岩石,一旦出露于地表,由于压力降低负荷减小而破裂,形成"释重节理"或称"释负荷节理"。至于岩石中潜在的或隐蔽性的节理,自然会明显地显露出来,这类节理受到拉伸作用而具有张节理特点。

4　缝合线构造

缝合线构造是一种与节理相似的小型构造,常见于碳酸盐岩、大理岩中。缝合线一般顺层理产生,也有与层理斜交和直交的。与层理不一致的缝合线一般是在构造作用下先形成裂缝,进而在压溶作用下发育成缝合线。因此,缝合线构造的形成总是经过两个阶段,即先有裂面,进而压溶。在垂直裂面的压溶作用下,易溶组分流失,难溶组分残存聚集,使原来平直的面转化成由无数细小的尖峰、突起构成的缝合面(见图4-22)。

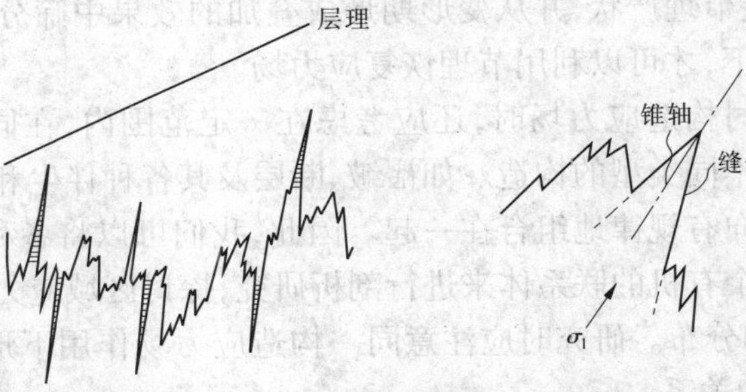

(a)缝合线构造及其与层理的斜交关系　(b)缝合线锥轴与应力轴的关系

图4-22　缝合线构造

5　节理在分析区域构造中的作用和问题

5.1　利用节理研究恢复构造应力场

构造应力场的研究要求确定三根主应力轴在三维空间中的方位。节理的统计研究在这方面有着重要意义。首先在具有代表性的观察点上确定三个主应力轴,在这方面共轭剪节理是良好标志。两组共轭剪节理的交线平行于中间主应力轴 σ_2,它们的夹角分别被最大主应力轴 σ_1 与最小主应力轴 σ_3 所平分。根据这个原理,在对节理进行野外大量的观察和统计研究的基础上,利用两组共轭剪节理所反映的统一剪切运动关系,在吴氏网上能够比较清楚地定出三根主应力轴的方位并确定点应力状态。根据足够的点应力状态资料,即可编绘出主应力网络图,从而合理地恢复区域构造应力场,解释区域内构造的成因和阐明构造的分布和发育规律。

5.2 节理在分析区域构造中存在的问题

从理论上讲,节理与一定构造和构造应力场常具有特定的关系,故可利用节理来确定其所在的大型构造和构造应力场。但是实践证明,利用节理测量结果有些过于复杂,人们常常想利用节理来阐明构造,但很难得出可靠的结论。戴维斯也指出,虽然节理是发育广泛的构造并有一定系统型,但在解释应力变化中,可能是用处最小的一种构造。造成上述困难的原因很多,主要是:①节理形成时期不易准确确定,除个别情况外难以对其分期;②节理面上的运动十分轻微而难留下踪迹,不易借以确定运动方向;③成因多样,包括非构造成因的节理有时也混搅或叠加在一起;④多期节理的叠加和改造,即使在依次构造作用中,不同阶段和构造的不同部位也常有相应的节理组产出。但是,一些学者还是努力在纷繁杂乱的现象中去探索固有的规律。除应对变形轻微地区系统性节理进行认真细致的观测外,还要研究造山带中剪切带随地质环境而变化的规律。兰姆塞总结出共轭剪切带的夹角随深度而变化的规律。在韧性过渡到脆性环境中,共轭角由钝角渐变为锐角。

鉴于以上情况,利用节理分析区域应力场时应注意以下几点:①节理研究只宜在构造变形轻微地区或节理与相关构造成因联系明晰的情况下进行;②应注意系统性节理和主节理的产出规律和变化趋势,尽可能查明并建立节理组合形式;③结合区域构造和变形史分析节理的发育过程和顺序,并且相互核对、修正;④根据节理组合形式和节理内部结构,结合相关构造分析其形成力学,并与区域构造应力场进行对比;⑤一定地区的节理可能是在长期多次变形中形成的,应注意节理的叠加和改造;⑥可能存在变形发育的节理,这时应将岩层展平,以测定节理产状,并从变形期形成叠加的效果中筛分出来。因此,只有在少数条件良好的情况下,才可以利用节理恢复应力场。

利用节理资料探讨构造应力场时,还应考虑在一定范围内,在同一构造应力场作用下,可形成不同规模、不同类型的构造。如褶皱、断层及其各种伴生和派生构造,但它们总是按一定的方式和方向有规律地组合在一起。因此,我们可以将各种构造现象的有规律的组合和分布作为一个有机的联系体来进行剖析研究,探讨区域应力场的性质、方位及构造应力的大小、性质和分布。研究时应注意同一构造应力场作用下形成的节理组合与大构造(如褶皱、断层)的关系。

任务4 节理的分期与分类

节理一般是长期多次构造活动的产物。从时间、空间和形成力学上研究一个地区节理的形成发育史及分布产出规律,恢复古应力场,必须首先对节理进行分期、分类研究。

1 节理的分期

节理分期是将一定地区不同时期形成的节理加以区分,将同期节理组合在一起。即从时间尺度上对一定地区的所有节理进行分类,划分出先后序次,确定其长幼关系,以便从时间、空间和形成力学上研究一个地区节理的发育史和分布产出规律，探讨该地区的构造变形史。

根据节理组的交切关系，节理的分期主要依据两个方面：节理组的交切关系；节理与有关各期次地质体的关系。

1.1 根据节理组的交切关系进行分期

节理组的交切关系包括错开、限制、互切、追踪和改造几个方面。

1.1.1 错开

错开指后期形成的节理常切断前期的节理，错断线两侧标志点对应错开（见图4-23）。

1.1.2 限制

限制指一组节理延伸到另一组节理前突然终止的现象。一组节理被限制在另一组节理之间或其一侧，使得被限制者不能切穿通过，则限制者为先期节理，被限制者为后期节理。如图4-24中3、4组节理是被限制的节理组，形成时间较晚；1、2组为限制节理，形成时间较早。

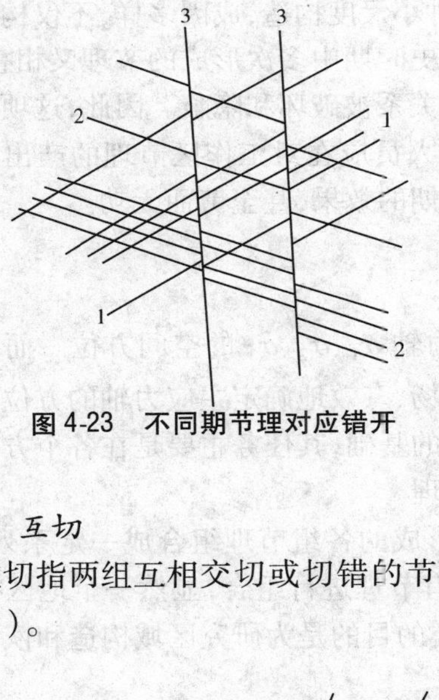

图4-23 不同期节理对应错开

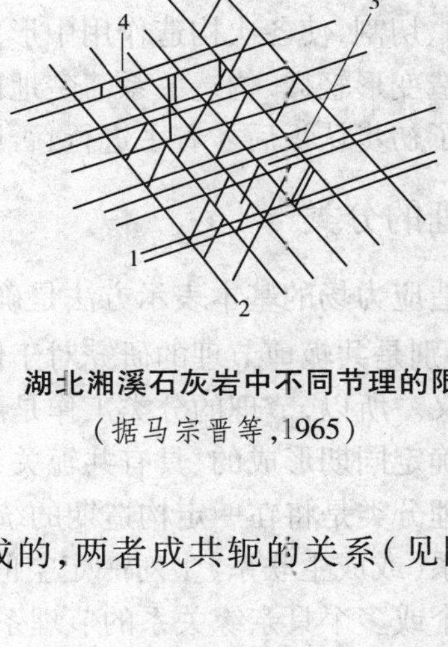

图4-24 湖北湘溪石灰岩中不同节理的限制现象
（据马宗晋等，1965）

1.1.3 互切

互切指两组互相交切或切错的节理是同时形成的，两者成共轭的关系（见图4-25、图4-11）。

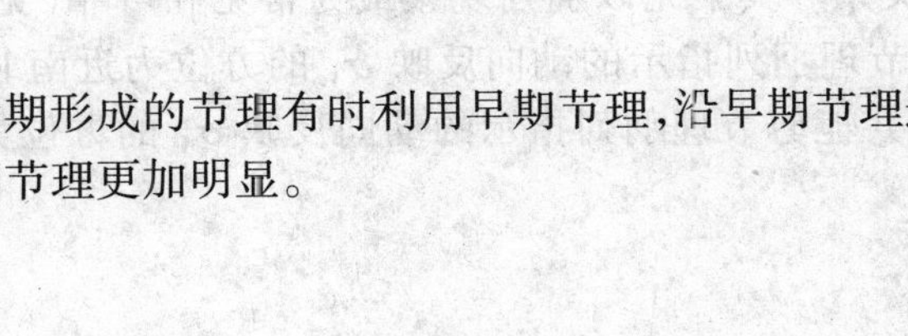
图4-25 两组共轭节理的互切

1.1.4 追踪和改造

追踪和改造指后期形成的节理有时利用早期节理，沿早期节理追踪或对其改造，使一些晚期节理常比早期节理更加明显。

在野外工作中，节理的交切关系错综复杂，应尽可能辅以其他依据综合分析研究。

1.2　根据节理与有关各期次地质体的关系进行分期

在野外进行节理分期时，还可利用岩脉、岩墙间接判定节理形成顺序。岩性、结构不同的岩脉、岩墙的交切关系，常清楚地显示出节理的先后顺序。如一组有岩脉充填的节理被一组无岩脉充填的节理切错，则前者先形成。又如一组节理被侵入体所截，另一组节理切过该侵入体，可知后者节理形成时间晚于前者节理（见图4-26）。

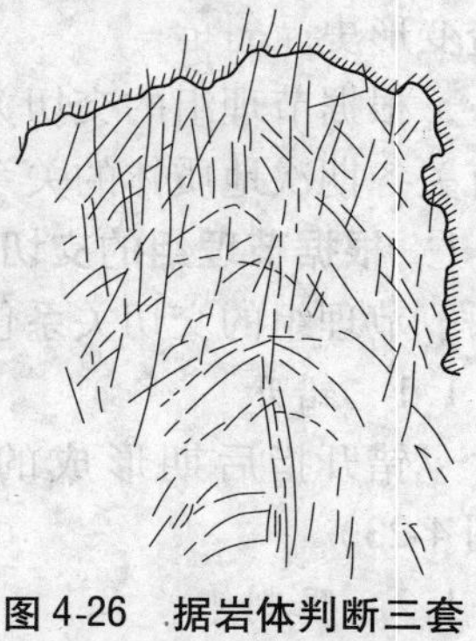

图4-26　据岩体判断三套节理生成顺序
（据航空照片素描，1984）

在节理的分期中应注意以下两点：①节理的分期不仅要依据节理相互之间的关系及其本身的特征，还要结合地质背景，结合节理所在的构造进行；②节理的分期主要应在野外进行，在野外观测的基础上及时进行统计分析。有时还需要把统计分析的结果再带到野外进行检验。

节理的分期可以对分析构造发展和古构造应力场提供有意义的信息。但是实践证明，这项研究十分烦琐复杂。原因在于，节理是一种小尺度构造，成因多样，不仅构造作用可以形成，非构造因素也可造成。在漫长的地质历史时期中多次形成的节理又相叠加、改造、穿插、切割，使各次构造作用中形成的节理相互关系被破坏和隐蔽。因此，这项研究只宜在构造变形轻微、构造关系清楚地区进行。研究人员应在对工作区节理的产出状况和规律有了初步认识后才着手进行，否则很难达到预期的效果，甚至劳而无功。

2　节理的分类

构造应力场的基本表示方法是确定三根主应力轴 σ_1、σ_2、σ_3 的空间方位。而节理的研究，特别是共轭剪节理的研究对于恢复构造应力场、有效地确定主应力轴的方位有着重要的意义。所以，节理的分类工作是各种构造分类的基础，其任务主要是在各个方向的节理组中确定同期形成的、具有共轭关系的成对剪节理。

节理分类是将在一定构造期的统一应力场中形成的各组节理组合成一定系列，是从亲缘关系（或成生联系）上对一定空间范围内的所有节理进行组合，显然一个地区至少可以有一个或多个具亲缘关系的节理系。分期与分类的目的是为研究区域构造和恢复古应力场提供依据。

节理的分类主要依据共轭节理的组合关系、并辅以节理发育的总体特征及其与有关地质构造的关系来确定统一应力场中形成的各组节理。

2.1　根据共轭节理的组合关系

（1）由于同期形成的两组共轭剪节理具有统一的剪切滑动关系，并常留下滑动的痕迹和标志，因此可以利用剪节理面上的擦痕、节理和羽列及派生张节理等所显示的剪切滑动方向来确定其共轭关系。其中尤以羽列现象最为常见和可靠（见图4-27及图4-14）。图4-27的两对共轭剪节理羽列指示的动向反映 σ_1 的方位为近南北向（P_1）及近东西向（P_2）。图4-14的一对共轭剪节理羽列指示的动向反映 σ_1 的方位大致为北西西—南东东。

(2)利用剪节理的尾端变化确定其共轭关系,两组剪节理的折尾与菱形结环所交之锐角等分线,在一般情况下即为 σ_1 的所在。图4-15(a)表明 σ_1 方位大致为北北东—南南西。

(3)利用两组剪节理相互切断错开的对应关系确定其共轭关系。如图4-25所示,其 σ_1 的方位大致为北东东—南西西。

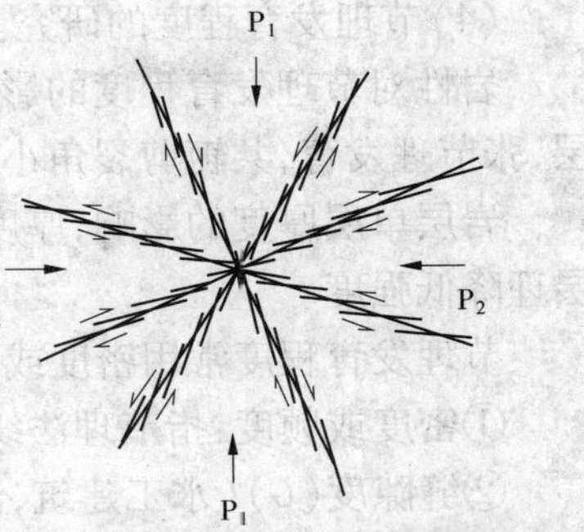

图4-27 利用剪节理羽列分类示意图

2.2 根据节理发育的总体地质特征

在一个地区或一个地段上要进行节理分类研究工作,可以根据节理的展布范围、间距大小、延伸的远近、穿透性强弱、延伸方向与岩层产状以及局部构造的变化关系等,至少可以区分出区域性节理和与某地段构造有关的局部性节理。

节理的分期与分类注意事项如下:

(1)节理的分期与分类工作必须同时进行。

(2)节理的分期与分类必须依据节理相互之间的关系及其本身的特征,而且应结合地质背景进行。

(3)节理的分期与分类工作主要应在野外进行。

任务5 节理的野外观测及室内资料整理

1 节理的野外观测

节理在自然界虽然广泛发育,但是尚未形成一套系统的研究方法。研究方法因任务不同而异,但不外乎系统的观察、测量统计,然后结合地质构造进行分析。

通常在工作之前,对航、卫片进行解释,宏观地观察认识工作区节理的特点和规律,常能收到事半功倍之效。航、卫片上可确定节理的方向、产状及其与各级构造的关系、节理的组合形式及其变化、节理发育程度、展布范围和被充填的情况。

1.1 观察点的选定

观察点视研究任务而定,一般不要求均匀布点,而是根据构造情况及节理发育情况布点,做到疏密适度。

选定观察点时还应注意:①露头良好,最好能观察到两个面,露头面积一般不小于10 m^2,便于大量测量;②构造特征清楚,岩层产状稳定;③节理比较发育,组、系相互关系明确,且观测点要选择在重要的构造部位;④一定地区各种不同的构造层,各类构造,岩体和岩石组合中的节理总是互有差异的。因此,可划分不同的节理区域,分别进行测量统计。

1.2 观测内容

(1)地质背景的观测(构造部位、地层及产状,岩性及成层性、褶皱、断裂的特点)。

(2)节理的分类和组系划分。

(3)节理的分期与分类。

(4)节理发育程度的研究。

岩性对节理发育程度的影响表现为:韧性岩层,剪节理发育,共轭剪裂角大;脆性岩层,张节理发育,共轭剪裂角小。

岩层单层厚度的影响,厚度大,节理间距大,稀疏;厚度小,节理间距小,密集;原因是层理降低强度。

节理发育程度常用密度或频度表示如下:

①密度或频度:指节理法线方向上的单位长度(m)内的节理条数,条/m;

②缝隙度(G)(水工建筑,油气勘探),密度(μ)与节理平均壁距(t)的乘积,即 $G=\mu t$;

③单位面积内长度表示:$u=l/(\pi r^2)$(r 为半径,l 为圆内节理总长度)。

(5)节理的延伸。

(6)节理的组合形式观测。

(7)节理面的观察。

(8)含矿性和充填物的观察:含矿性、充填与否、充填物。

在观察和测量过程中,对有代表性的节理形迹特征和组合关系应采集标本样品和绘制素描图或照相。

1.3 节理的观测记录

根据上述观测内容,在每个节理观测点上均要参照表4-2逐项进行记录。

表4-2 节理记录表

日期　　　　测量人:　　　　记录人:

观测点			岩层的层位,岩性,厚度,产状及所在的构造部位	垂直节理组侧线长(m)	节理条数	节理产状		节理的频度(条/m)	节理宽度(m)	节理长度(m)	节理的形态特征及伴生构造特征	充填物矿化标志及交切关系	节理的力学性质	节理分期	节理分类	标本、素描图、照片编号
编号	位置	面积				倾向	倾角									

2 节理测量资料的室内整理

在野外,通过观察节理所获得的大量原始资料,必须进行室内整理,编制相应的节理图件,然后结合地质图等图件进行分析研究,以探讨构造应力场及解决生产实际问题。为了简明清晰地反映不同性质节理的发育规律,需要将野外所测节理产状要素资料分成不同的组、系,予以整理绘图。常用的节理图件主要有节理玫瑰花图、节理极点图及节理极点等密图等。

以下简要介绍各图特点。

2.1 节理玫瑰花图

节理玫瑰花图分走向图和倾向图两种。

2.1.1　节理走向玫瑰花图

节理走向玫瑰花图，是将野外测得的节理走向资料，根据作图要求和地质情况，按其走向方位角的一定间隔分组，通过统计每组的节理数，计算每组节理平均走向而绘制的。如图4-28所示，从图上可一目了然地看出三个方位的节理最为发育，其走向为N10°—20°E、N40°—50°W、N70°—80°E三组。因此，节理走向玫瑰花图多用于直立或近于直立产状为主的节理统计整理。

2.1.2　节理倾向、倾角玫瑰花图

在节理产状变化较大的情况下，共轭剪节理的统计整理则可用倾向玫瑰花图表示。节理倾向玫瑰花图，是按节理倾向资料分组，求出各组节理的平均倾向和节理数目，用圆周方位代表节理的平均倾向，用半径长度代表节理条数制作而成的，作法与节理走向玫瑰花图相同，但用的是整圆(见图4-29)。

节理倾角玫瑰花图是按以上已分的节理倾向方位角的组，求出各组的平均倾角，用半径长度显示倾角大小，然后用节理的平均倾向和平均倾角作图，圆半径长度代表倾角，由圆心至圆周从0°~90°，找点和连线方法与倾向玫瑰花图相同，见图4-29。

倾向、倾角玫瑰花图一般重叠画在一张图上。作图时，在平均倾向线上，可沿半径按比例找出代表节理数和平均倾角的点，将各点连成折线即得。图上用不同颜色或线条加以区别(见图4-29)。

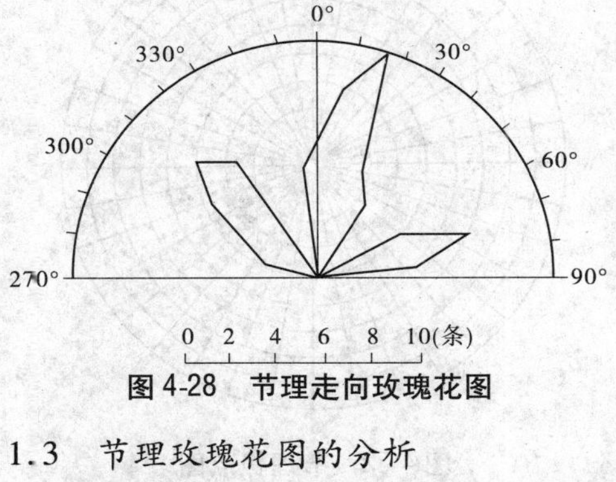

图4-28　节理走向玫瑰花图

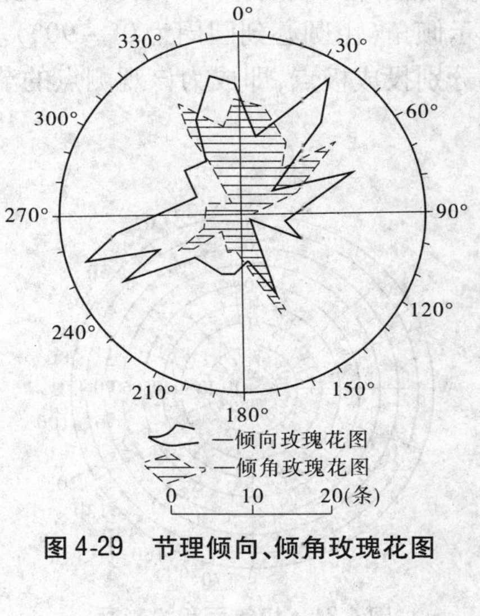

图4-29　节理倾向、倾角玫瑰花图

2.1.3　节理玫瑰花图的分析

玫瑰花图是节理统计方式之一，作法简便，形象醒目，能比较清楚地反映出主要节理的方向，有助于分析区域构造，最常用的是节理走向玫瑰花图。

分析节理玫瑰花图应与区域地质构造结合起来。因此，常把节理玫瑰花图按测点位置标绘在地质图上(见图4-30)，这样就清楚地反映出不同构造部位的节理与构造(如褶皱和断层)的关系。综合分析不同构造部位节理玫瑰花图的特征，就能得出局部应力状况，甚至可以大致确定主应力轴的性质和方向。

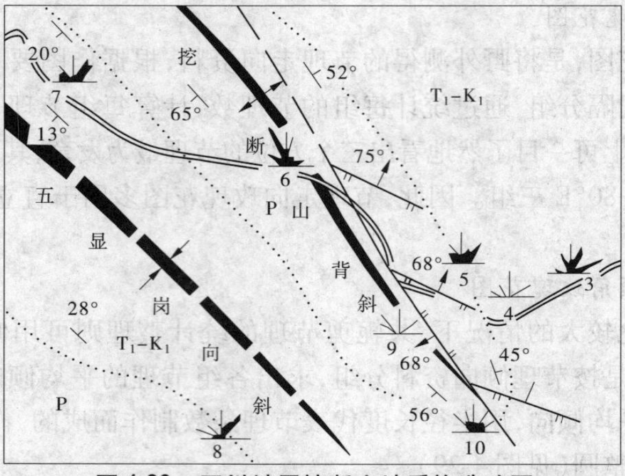

图 4-30　四川峨眉挖断山地质构造略图

2.2　节理极点图

节理极点图是用节理面法线的极点投影绘制的，网的圆周方位表示倾向，由 0°～360°，半径方向表示倾角，由圆心到圆周为 0°～90°。作图时，把透明纸蒙在网上，标明北方，当确定某一节理倾向后，再转动透明纸至东西向（或南北向）直径上，依其倾角定点，该点称极点，即代表这条节理的产状。为避免投点时转动透明纸，可用与施密特网投影原理相同的极等面积投影网（赖特网）（见图 4-31）。网中放射线表示倾向（0°～360°），同心圆表示倾角（由圆心到圆周为 0°～90°）。作图时，用透明纸蒙在该网上，把观测点上的节理都分别投成极点，即成为该观测点的节理极点图，如图 4-32 所示。

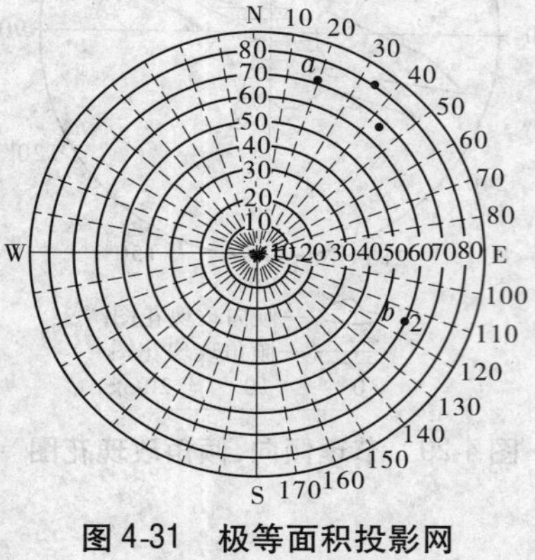

图 4-31　极等面积投影网

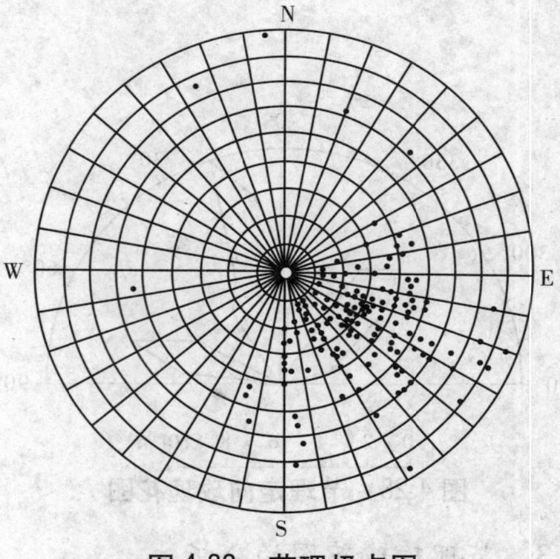

图 4-32　节理极点图

有时，为了区分不同力学性质、不同规模、不同矿化的节理与褶皱、断层的关系，可分别作图。

2.3　节理等密图

等密图是在极点图的基础上，用密度计统计节理数，通过统计、连线、整饰而成。如极点图系利用等面积网制作，则用密度计统计节理极点的密度（见图 4-33）。如极点图系利用等角距网制作，则用普洛宁网统计节理极点的密度。将节理极点的密度标在透明图上，按插入法勾绘出极点密度的等值线，并以不同符号表示出各个密度区间的节理极点百分数，由此绘制而成。图4-34是根据图4-33绘制的分析节理等密图，是根据400条节理编制的等密图。等值线间距为1%，图上可清楚地看出有三组节理：一组走向NE50°，倾角直立；一组走向SE130°，倾角直立；一组走向NE25°，倾向南东，倾角20°。前两组可能是两组直立的X形共轭节理系。然后进一步结合节理所处的构造部位，分析节理与有关构造之间的关系及其产生时的应力状态。

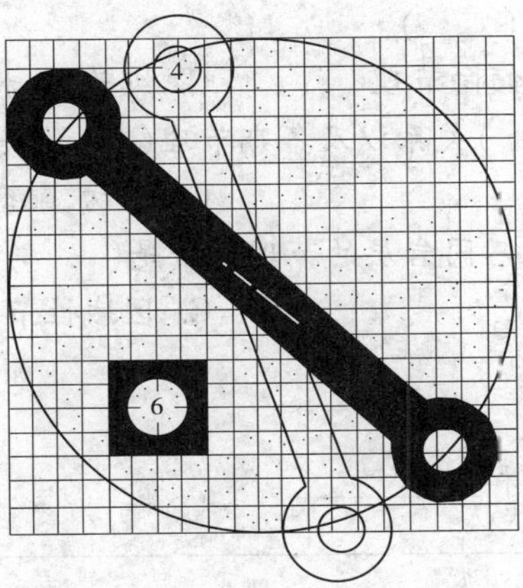

图4-33 用密度计统计节理数

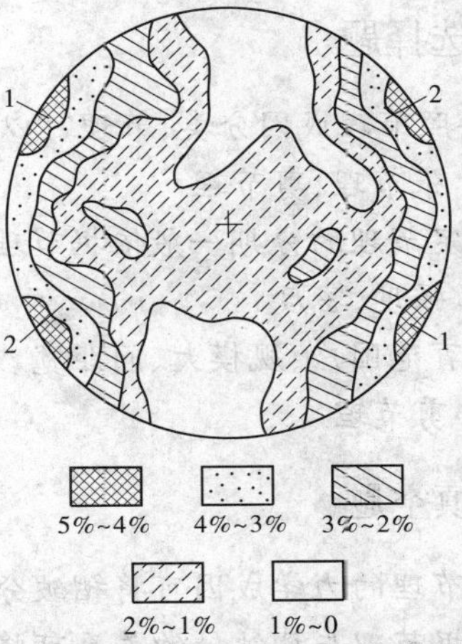

(注：百分数表示节理密度，即密度计所统计的节理数占节理总数的百分比)

图4-34 节理等密图

3 利用节理研究恢复构造应力场

前已述及，两组共轭剪节理的交线平行于中间主应力轴，它们的夹角分别为最大主应力轴 σ_1 与最小主应力轴 σ_3 所平分。根据这个原理，在对节理进行野外大量的观察和统计研究的基础上，利用两组共轭剪节理所反映的统一剪切运动关系，在吴氏网上能够比较精确地定出三根主应力轴的方位确定点应力状态。有了足够的点应力状态，即可编绘出主应力网络图，从而合理地恢复区域构造应力场，解释区域内构造的成因和阐明构造的分布和发育规律。

图4-35是利用吴氏网求出的某地的点应力状态赤平投影图。A、B两组共轭剪节理的产状系根据大量野外测量资料由等密图求出的平均统计产状：A组为52°∠85°，B组为350°∠82°。野外研究还确定二者的统一剪切运动方向是：A组左行，B组右行。*A*、*B* 两大圆的交点 *C* 与圆心 *O* 之连线 *OC* 为 σ_2 的投影，其倾伏方位为9°∠83°；另作出包含 σ_1 与 σ_2 的 *A*、*B* 二面之等分面大圆，求得与 *C* 点角距为90°的 *E* 点，*E* 点与圆心 *O* 之连线 *OE* 即为 σ_1 的投影，其倾伏方位为112°∠3°；σ_1、σ_2 大圆的极点 *F* 与圆心 *O* 之连线 *OF* 则为 σ_3 的投影，其倾伏方位为201°∠8°。从图4-35上还可

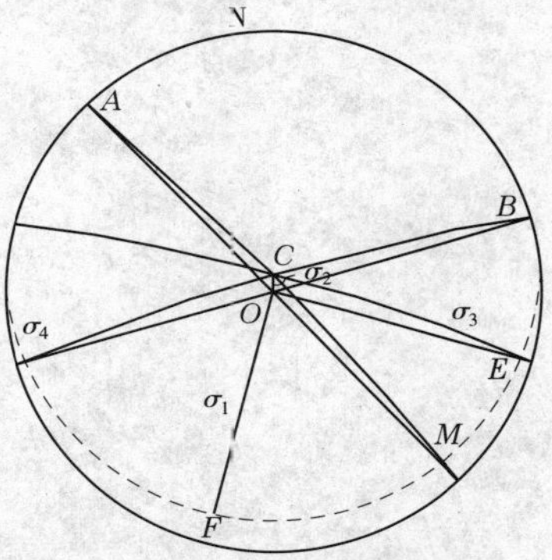

图4-35 利用吴氏网求点应力状态赤平投影图

求得剪节理与σ_1之夹角 =(180° - 包含σ_3之M、H两点角距)÷2 =31°,由此可知内摩擦角φ =(45° - α)×2 =28°。

关于利用节理测量资料编制节理图件将在项目6构造图件编制与分析中详细介绍。

项目训练

一、选择题

1. 按照节理成因分类,节理可以分为(　　)和(　　)。

A. 张节理,剪节理　　B. 走向节理,倾向节理　　C. 纵节理,横节理

2. 确定节理的分期一般依据节理组之间的(　　)关系以及各期节理(　　)关系。

A. 强度,密度　　B. 间距,范围　　C. 交切,配套

3. 发育范围广、规模大、间距宽、延伸长、可切穿不同岩层的节理通常是(　　)。

A. 剪节理　　B. 张节理　　C. 区域性节理

二、填空题

1. 按节理的力学成因可将褶皱分为__________和__________。

2. 根据节理与褶皱轴的关系可将节理分为__________、__________、__________。

3. 根据节理与岩层产状的关系可将节理分为__________、__________、__________、__________。

4. 节理整理和统计一般采用图表形式,主要有__________、__________、__________。

三、简答题

1. 节理的类型有哪些?

2. 如何区别张节理和剪节理?

项目5 断层的认识与分析

【项目提要】 断层的几何要素;断距、正断层、逆断层及平移断层的特征和组合形式;断层岩、断层的识别和位移方向的确定。

岩石因受力而破裂,沿破裂面两侧岩块有明显位移的断裂构造叫断层。断层与节理均为地壳浅层中发育的断裂构造,节理以岩石沿破裂面没有发生明显的相对位移或仅有微量位移区别于断层。断层和节理就其力学性质而言,并无本质上的差别,断层往往是节理进一步发展而形成的。

断层在地壳中分布很广泛,但其规模差异很大。大至成百上千千米,小至用显微镜才能观察研究。在垂向上,往地下深处随着温度、压力的增高,岩石由脆性变为韧性,致使地壳岩石中的断裂表现出层次性。即浅层次为脆性断裂,形成脆性断层(简称断层);在深层次则形成韧性断层(或称韧性剪切带)。

任务1 断层的几何要素

断层的几何要素:是指断层的组成部分及与阐明断层空间位置和运动性质有关的具有几何意义的要素。它包括以下几种。

1 断层面

断层面:是将岩体断开,被断岩块沿着它滑动的破裂面。它是一种面状构造,在局部地段可以是平面,但在较大范围内通常是不规则的曲面。和岩层产状一样,断层面的产状也用走向、倾向和倾角来表示。

断层破碎带:规模较大的断层的断层面常由一系列断裂面和次级破裂面组成的断层破碎带。

断层线:断层面与地面的交线叫断层线,它是断层面在地表的出露线。和岩层的地质界线一样,断层线的形态受地形、断层面产状的影响,其影响方式完全和"V"字形法则相同。因此,在大比例尺地质图上,可用"V"字形法则间接测定断层面的产状。

2 断盘

断盘:是在断层面两侧并沿断层面发生明显位移的岩块。

断层的上盘和下盘:如果断层面是倾斜的,则位于断层面上侧的一盘为断层的上盘,位于断层面下侧的一盘为断层的下盘。如果断层面是直立的,则可按断盘相对于断层线的方位来描述,如北东盘、南西盘、东盘、西盘等,并无上、下盘之分。

上升盘和下降盘：根据断层两盘的相对滑动方向，将相对上升的一盘叫上升盘，而相对下降的一盘叫下降盘。

3 位移

断层两盘岩块的相对运动既有直线运动，又有旋转运动。在直线运动中，两盘作相对的平直滑动而无旋转；在旋转运动中，两盘以断层面的某法线为轴作旋转运动。断层常常作这两种运动的综合运动，但多数断层都以直线运动为主。断层规模越大，直线运动所占的比例越大（见图 5-1）。

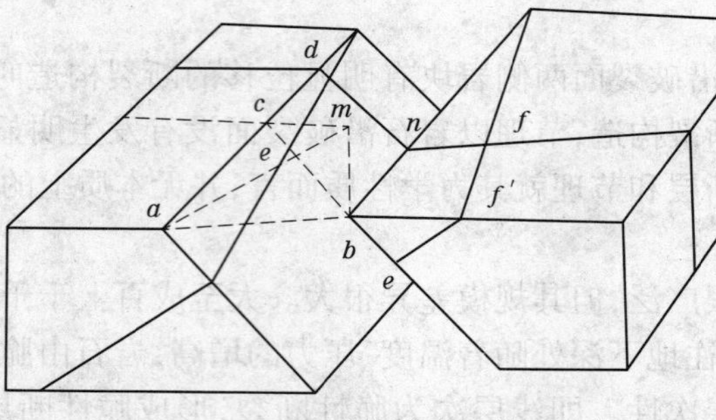

(a)断层位移立体图

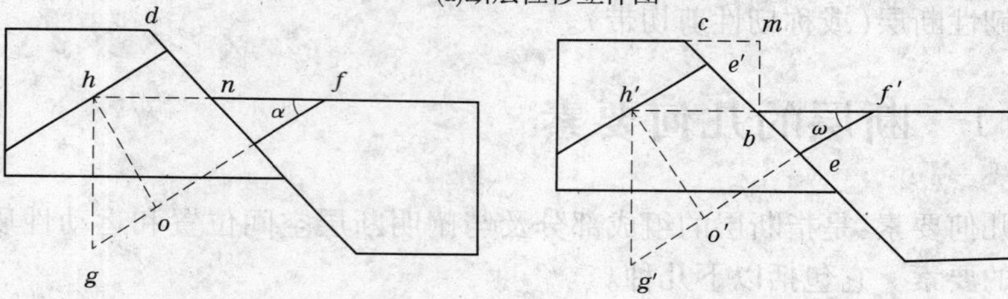

(b)垂直于被错断岩层走向的剖面图　　(c)垂上于断层走向的剖面图

ab—总滑距；*ac*—走向滑距；*cb*—倾斜滑距；*am*—水平滑距；*ho*、*h'o'*—地层断距；
hg、*h'g'*—铅直地层断距；*hf*、*h'f'*—水平地层断距；α—地层真倾角；ω—地层视倾角

图 5-1　断层位移图（据 M. P. Billings）

4 滑距

滑距（总滑距）：断层两盘的实际位移距离叫滑距。从理论上讲，它是指在断层错动前的某一点，错动后分成的两个点（即相当点）之间的实际距离（见图 5-1 中的 *ab*），又称总滑距。

走向滑距：总滑距在断层走向线上的分量叫走向滑距（见图 5-1 中的 *ac*）。

倾斜滑距：总滑距在断层倾斜线上的分量叫倾斜滑距（见图 5-1 中的 *cb*）。

但在实际工作中，很难找到真正的相当点，因此一般采用寻找相当层来近似测算断层的位移。

相当层：断层错动前的同一岩层，错动后被分为两个对应层，这种在断层两盘上的对应层叫相当层。

5　断距

断距:相当层之间的距离称断距。不同方位剖面上的断距值不同。

在垂直于被错断岩层走向的剖面上(见图5-1(b)),可测得以下三种断距:

(1)地层断距:断层两盘对应层之间的垂直距离(见图5-1(b)中的 *ho*)。

(2)铅直地层断距:断层两盘对应层之间的铅直距离(见图5-1(b)中的 *hg*)。在钻探中,当直井穿过逆断层时,在断层面上、下两个对应的岩层面之间的进尺数之差,就是铅直地层断距,现场工作中称为"落差"。

(3)水平地层断距:断层两盘相当层之间的水平距离(见图5-1(b)中的 *hf*),又称水平错开。

以上三种断距构成一定直角三角形关系,即图5-1(b)中的$\triangle hof$,其中α为岩层倾角。若已知岩层倾角和上述三种断距中的任一种断距,即可求出其他两种断距。

平错和落差:是在矿山开采的实际工作中,为便于设计竖井和水平巷的长度,在垂直于岩层走向的剖面上常常采用的断距术语(见图5-2)。

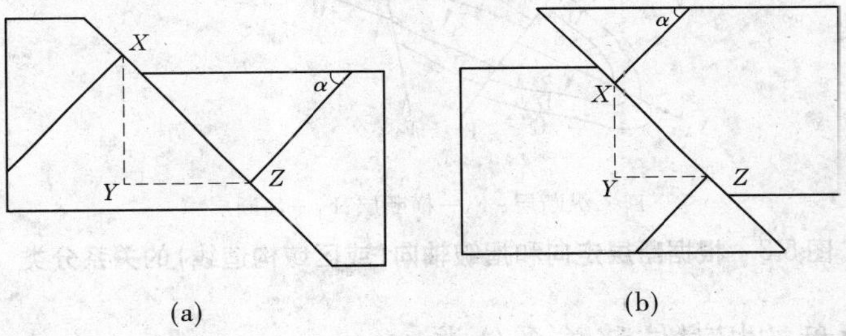

α—岩层倾角

图5-2　断层的平错和落差(垂直于岩层走向剖面)

在垂直于断层走向的剖面上(见图5-1(c)),可测得与垂直于岩层走向剖面上相当的各种断距,即$h'o'$、$h'g'$、$h'f'$。同一岩层,当岩层走向与断层走向一致时,这三种断距值在两种剖面上均相等;当岩层走向与断层走向不一致时,除铅直地层断距在两个剖面上相等外,其余断距值不相等。即图5-1(b)中的 *ho*、*hg*、*hf* 都小于在图5-1(c)中测得的数值$h'o'$、$h'g'$、$h'f'$。因为α(地层真倾角)$>\omega$(地层视倾角),故在$\triangle hog$、$\triangle hof$与$\triangle h'o'g'$、$\triangle h'o'f'$中,仅$hg = h'g'$,而$ho < h'o'$(视地层断距),$hf < h'f'$(视水平断距)。

任务2　识别断层的类别

断层的分类是一个涉及因素较多的问题,比如断层与地层产状之间的关系、断层两盘相对运动方向、断层本身产状特征等,目前广泛使用的是几何分类和成因分类。现仅就常用的几何关系分类加以介绍。

1 断层的几何关系分类

1.1 据断层走向与所在岩层走向的关系划分

(1)走向断层:断层走向和岩层走向基本一致。

(2)倾向断层:断层走向和岩层走向基本垂直。

(3)斜向断层:断层走向和岩层走向斜交。

(4)顺层断层:断层面与岩层层面基本一致。

1.2 根据断层走向和褶皱轴向(或区域构造线)的关系划分

(1)纵断层:断层走向和褶皱轴向或区域构造线方向基本一致(见图5-3中的F_1)。

(2)横断层:断层走向和褶皱轴向或区域构造线方向近于直交(见图5-3中的F_2)。

(3)斜断层:断层走向和褶皱轴向或区域构造线方向斜交(见图5-3中的F_3)。

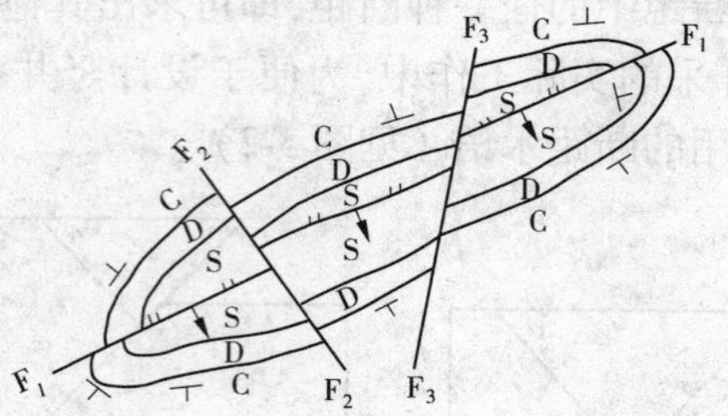

F_1—纵断层;F_2—横断层;F_3—斜断层

图5-3 根据断层走向和褶皱轴向(或区域构造线)的关系分类

2 根据断层两盘的相对位移关系分类

(1)正断层:上盘相对下降,下盘相对上升的断层(见图5-4(a))。

(2)逆断层:上盘相对上升,下盘相对下降的断层(见图5-4(b))。

(3)平移断层:断层两盘沿断层面走向方向作水平位移,规模巨大的平移断层叫作走向滑动断层(见图5-4(c))。

许多断层的两盘并不完全顺断层面的走向或倾向滑动,而是斜向滑动的,因此兼具有正(逆)—平移的双重性质。对这类断层采用复合命名法命名,如正—平移断层、逆—平移断层、平移—逆断层等复合名称,复合名称的后者表示主要运动分量,即复合命名通常是以后者为主,前者为辅的原则来进行命名的(见图5-4(d)、(e))。

正、逆、平移断层的两盘相对运动都是直移运动,但自然界中还有许多断层常常有一定程度的旋转运动。

(4)枢纽断层:断层两盘不是作直线位移,而是具有明显的旋转性,这种断层叫作枢纽断层。其显著的特点是在同一断层的不同部位的位移量不等。断层的旋转有两种方式:一是旋转轴位于断层的一端,表现为在横切断层走向的各个剖面上的位移量不等(见图5-5(a));另一种是旋转轴位于断层的中间,表现为旋转轴两侧的相对位移方向不同,一侧为上盘上升,另一侧则为上盘下降(见图5-5(b))。

(5)顺层断层:是顺着层面、不整合面等原生面滑动的断层。当层间滑动达到一定的

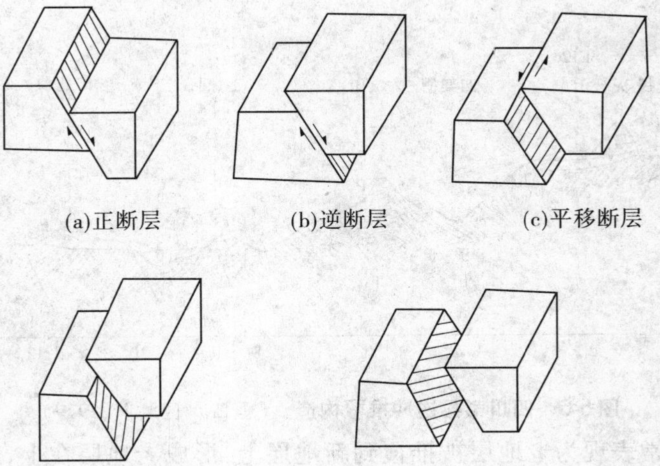

(a)正断层　(b)逆断层　(c)平移断层

(d)逆—平移断层　(e)正—平移断层

断层面上的线条代表滑动方向

图 5-4　按断层两盘相对运动划分的断层和组合性命名断层

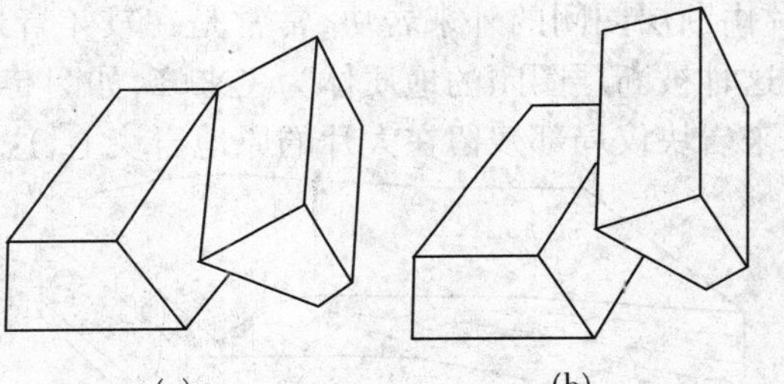

(a)　(b)

图 5-5　两种旋转的枢纽断层

规模并具有明显的断层特征时,则形成顺层断层。顺层断层一般顺软弱层发育,断层面与原生面基本一致。

前文提到的断层面,尤其是大的断层,其断面一般不会是一个平面,与我们在教科书中用块状图表示的大相径庭,实际往往很复杂。一条断层往深部追索,时而切层,遇到软弱岩层,有一段顺层,然后又切层下延的情况并不少见。初学者切莫把块状图中的形象看成放之四海皆准的模型。

3　逆断层根据断层面倾角大小分类

(1)高角度逆断层:断层面倾角大于45°的逆断层。

(2)低角度逆断层(逆冲断层):断层面倾角小于45°(一般为30°)的逆断层。

(3)逆掩断层:位移很大的低角度逆断层叫作逆掩断层。

(4)推覆构造:断层面十分低缓而推移距离在数千米以上的大型逆掩断层叫作推覆构造。如图5-6所示的四川彭县逆冲推覆构造,在较新的中生代地层之上叠置了二叠系组成的飞来峰。

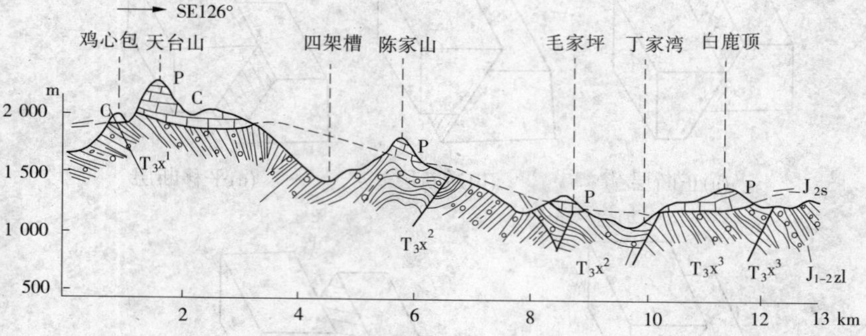

图 5-6　四川彭县逆冲推覆构造　（据四川区测队,1979）

推覆构造通常表现为老地层被推覆到新地层上,形成老地层在上,新地层在下的特征。推覆构造的上盘岩块自远处推移而来,因而叫外来岩块或推覆体;下盘岩块叫原地岩块。推覆构造的上盘岩体,由于受到剥蚀而局部露出的原地岩块,称为构造窗或天窗(见图 5-7)。构造窗具有大片较老地层中出现一小片由断层圈闭的较年青地层的特点。如果剥蚀强烈,在大片原地岩块上地势较高的地方仅残留小片孤零零的外来岩块,表现为在原地岩块中残留一小片由断层圈闭的外来岩块,常常是在较年青地层中出现一小片由断层圈闭的较老的地层,这种被断层圈闭的地质体为飞来峰,如图 5-7 所示。

如果剥蚀强烈,外来岩块仅局部残留在大片的原地岩块上,这便形成了飞来峰。

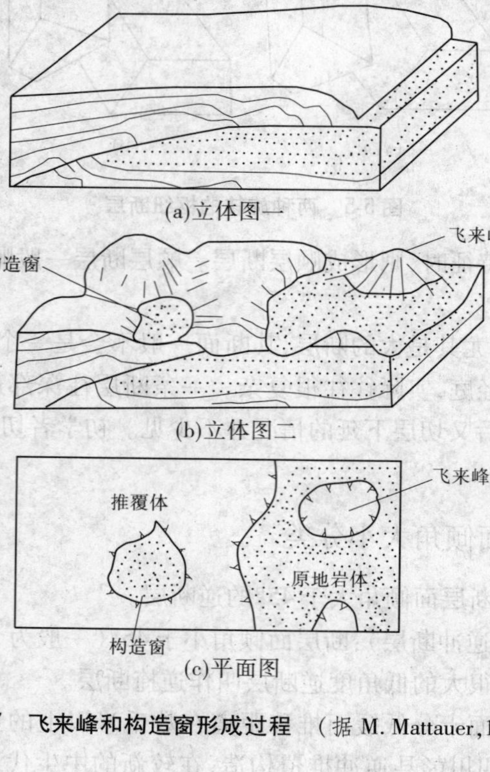

图 5-7　飞来峰和构造窗形成过程　（据 M. Mattauer,1980）

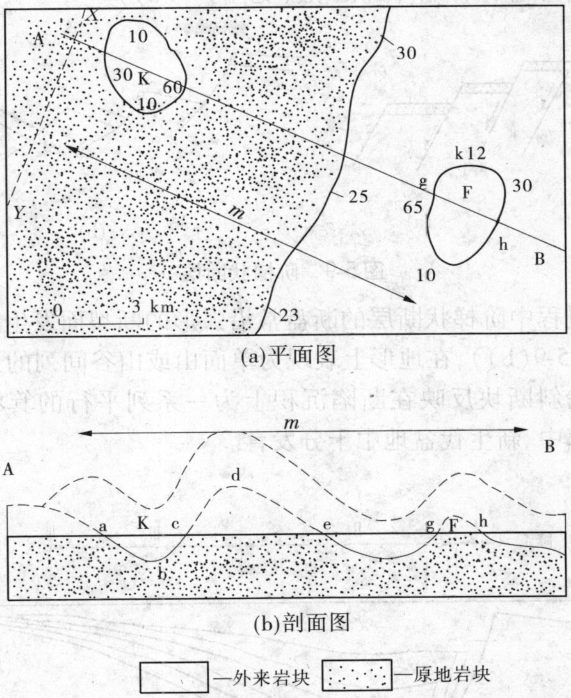

K—飞来峰；F—构造窗；X—推覆构造西界；m—最小推覆距离

图5-8 推覆构造

推覆构造的下伏原地岩块中的沉积岩系常为较好的含油岩系，可形成大型的油气藏。

推覆构造的断距一般较难计算，粗略的估计是以最前端的飞来峰与最后端的构造窗之间的距离为其最小推覆距离（见图5-8）。

无论是构造窗还是飞来峰，它们与周围原地岩块都呈断层接触关系。

4 断层的特征与组合形式

4.1 正断层

4.1.1 正断层的一般特点

断层上盘沿断层面相对向下滑动的断层称正断层。正断层的产状一般较陡，大多数在45°以上，而以60～70°最常见。正断层带内岩石破碎相对不太强烈，角砾岩多带棱角，通常断层带内没有强烈挤压形成的复杂小褶皱现象。

4.1.2 正断层的组合形式

正断层可以孤立地出现，但更多的是若干断层组合在一起，以一定的组合形式出现。按照断层在平面和剖面上的排列组合形式，可划分为以下类型：在平面上，断层可组合成平行式、斜列式、环状和放射状等形式；在剖面上，可组合成阶梯状、叠瓦状、地堑和地垒等形式。现介绍几种主要的组合类型。

4.1.2.1 阶梯状断层

由若干产状基本一致的正断层组成，各断层的上盘依次向同一方向断落，在剖面上看为阶梯状的断层组合形态，叫作阶梯状断层（见图 5-9（a））。

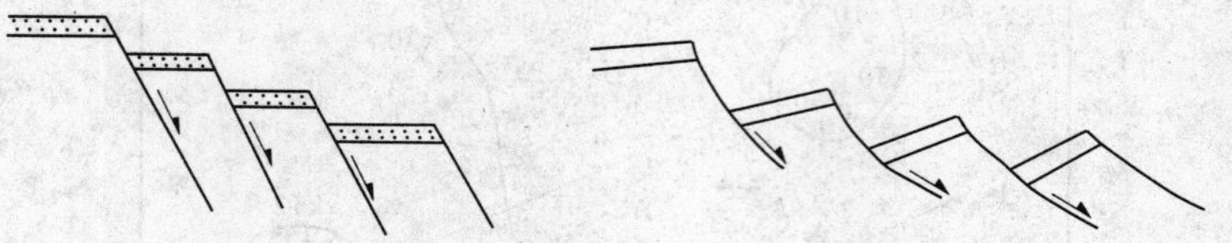

(a)　　(b)

图 5-9　阶梯状断层

在区域性抬斜过程中阶梯状断层的断盘常沿弧形的断裂面发生一定的旋转而构成阶梯状抬斜断块（见图 5-9（b）），在地形上表现为单面山或山谷间列的景观。一些在地质历史中发育的阶梯状抬斜断块反映在断陷沉积上为一系列平行的箕状构造（见图 5-10）。箕状构造在我国东部中、新生代盆地中十分发育。

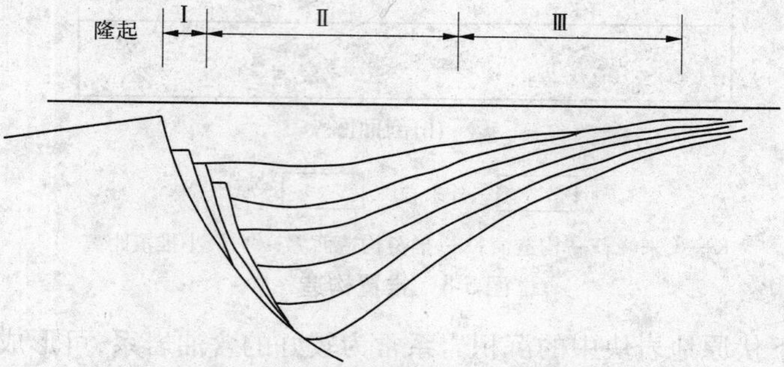

(a)箕状断陷构造结构示意图

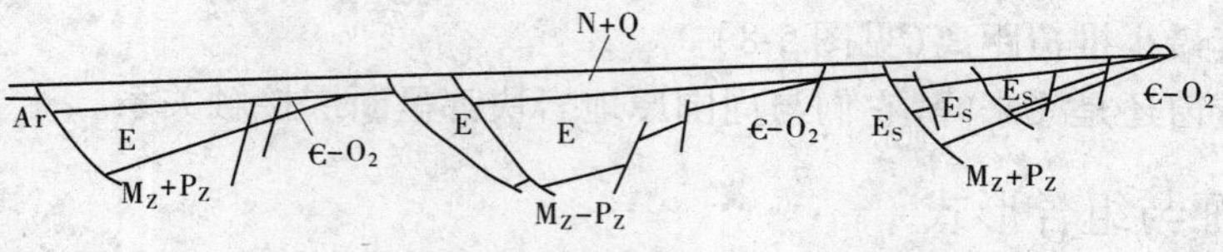

(b)山东济阳断坳中的箕状断陷构造

Ⅰ—断阶带；Ⅱ—深凹带；Ⅲ—斜坡带

图 5-10　山东济阳断坳中的箕状构造　（据石油工业出版社，1980 年）

4.1.2.2　地堑

地堑主要由两条走向基本一致的相向倾斜的正断层构成，两条断层之间有一个共同的下降盘（见图 5-11（a））。

构成大中型地堑边界的正断层往往不只是一条单一的断层，而是由数条产状相似的正断层组成一个同向倾斜的阶梯式断层系列（见图 5-12）。多数地堑是由正断层组成的，但也有少数地堑是由逆断层甚至逆冲断层组成的。巨型地堑系应属裂谷，它常控制着沉积盆地的发育（如华南地区的一些第三纪红色盆地），有的还是板块间的分界线，是板块扩张的发源地。

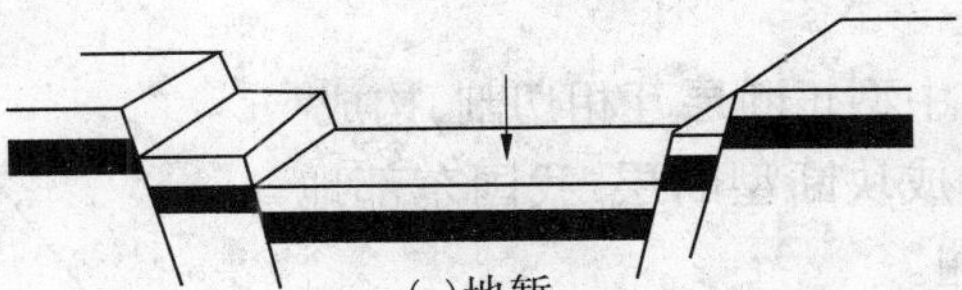

(a)地堑

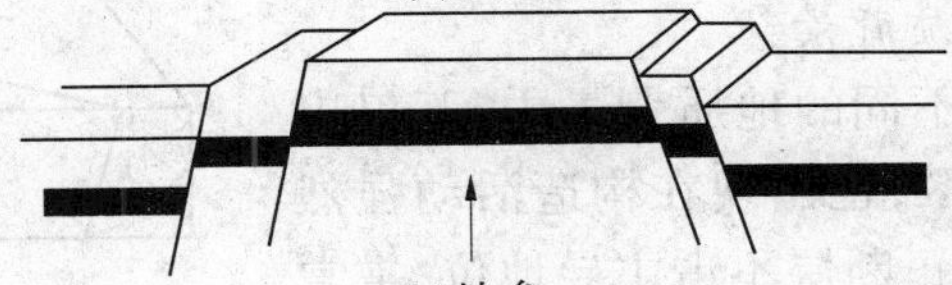

(b)地垒

图5-11　地堑和地垒

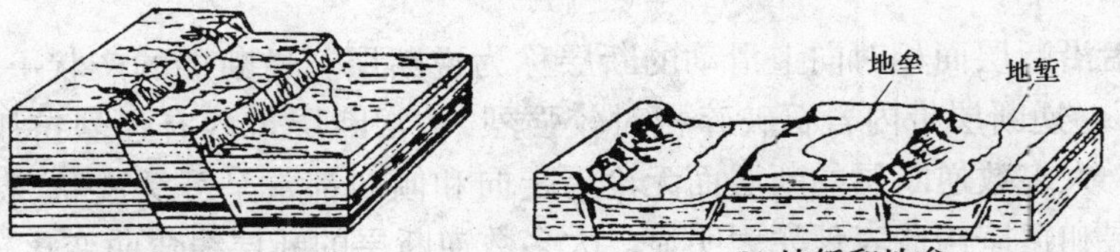

(a) 阶梯状断层　　(b) 地堑和地垒

图5-12　断层的组合类型　（引自李叔达《动力地质学原理》）

4.1.2.3　地垒

地垒主要由两条走向基本一致、倾斜方向相反的正断层构成，两条王断层之间有一个共同的上升盘（见图5-11(b)）。

组成地垒两侧的正断层可以单条产出，也可由数条产状相似的正断层组成，形成两个依次向两侧断落的阶梯状断层带（见图5-12）。

4.1.2.4　环状断层和放射状断层

若干个弧形或半环状断层围绕一个中心成同心状排列，便构成环状断层；若干条断层自一个中心成辐射状向外发散排列，即构成放射状断层（见图5-13）。环状断层和放射状断层常见于盐丘造成的穹窿构造周围，也可能出现在火山口、岩浆底辟构造（因岩浆挤入而使上覆岩层局部上升形成穹窿或短轴背斜）等处。

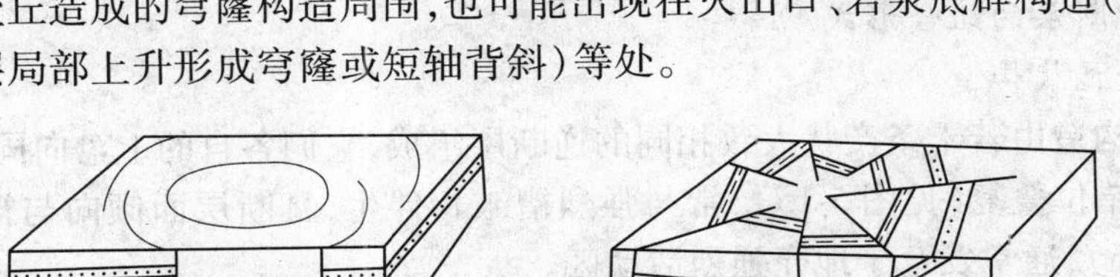

(a)环状断层　　(b)放射状断层

图5-13　环状断层和放射状断层

4.1.2.5　雁列式断层

由若干条近平行的正断层呈斜向错列展布，构成雁列式断层。雁列式断层带的走向与其排列的总体方向是30°～45°斜交，如图5-14所示。

4.1.2.6　块断型断层

两组方向不同的大、中型正断层互相切割，构成方格状和菱形断块，便构成块断型断层，我国东部地区这种组合形式比较普遍。

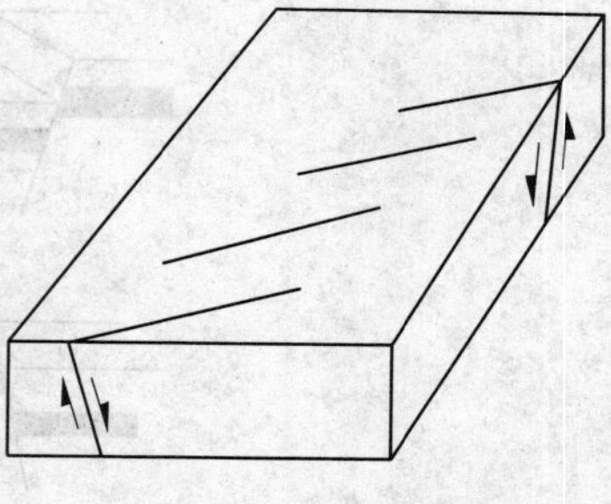

图 5-14　雁列式断层

4.1.3　正断层发育的地质背景

正断层广泛发育于不同的地质背景中，不仅出现在构造变动轻微的地区，也出现在构造活动强烈的褶皱带，但在褶皱带中正断层不占主导地位，常常作为其他构造的伴生和派生构造。而在构造变动较轻微地区，正断层及其组合常以主导形式产出。

4.2　**逆断层**

断层上盘沿断层面相对向上滑动的断层称为逆断层。逆断层的产状一般较缓，大多数在45°以下。逆断层带内岩石破碎相对较强烈，常常断层带内有强烈挤压形成的复杂小褶皱现象。大多数逆断层的断层面无论沿走向和倾向都常呈舒缓波状，特别是规摸较大的逆掩断层和辗掩构造表现尤为明显。大多数逆断层的断层线弯曲变化较大。逆断层可以单个出现，也可以在一个地区成群出现，有时由若干条走向近于平行的逆断层构成逆断层带。当其成群出现时，它们在平面上的组合形式以平行状、分叉状及雁行状等最为常见；在剖面上常以叠瓦状、反冲及对冲等形式出现。逆断层的组合类型较多。

逆断层中最常见的是逆冲断层和推覆构造，它们是地壳中最常见的断裂构造，具有重要的理论和实际意义，也是当前构造研究中最引人注目的课题。以下主要讨论逆冲断层的一般特征和其组合形式。

4.2.1　逆冲断层的一般特点

逆冲断层是位移量很大的低角度逆断层，其倾角一般在30°左右；逆冲断层常常显示出强烈的挤压现象，形成角砾岩、碎粒岩和超碎裂岩等断层岩；逆冲断层的两侧岩层常常具有强烈的变形特征。

4.2.2　逆冲断层的组合形式

4.2.2.1　叠瓦状构造

叠瓦状构造由若干条产状大致相同的逆断层组成，它们各自的上盘向同一方向冲掩，像屋瓦一样错位叠复（见图5-15），常与强烈褶皱相伴生，且断层面倾向与褶轴面倾向一致（见图5-16），通常发育于地壳强烈活动区。

图 5-15　叠瓦状构造示意图

当一系列产状大致相近的逆冲断层（断层面倾角较大）叠置在一起，其上盘依次向上

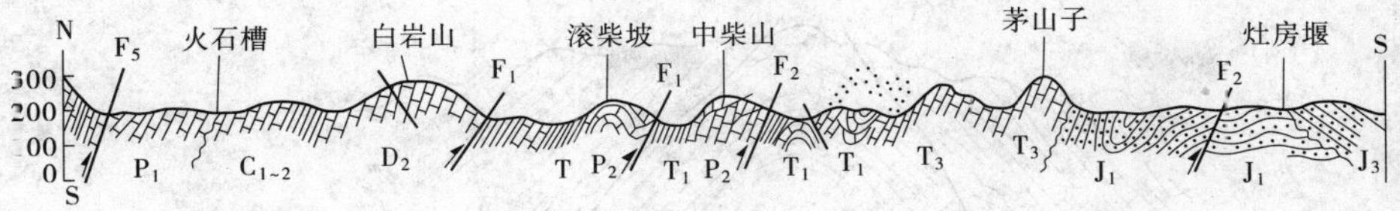

图5-16 四川龙门山区叠瓦状构造 （单位:m）

逆冲,在剖面上呈叠瓦状时,称叠瓦式逆冲断层(见图5-17)。断层面常表现为上陡下缓,凹向上方的弧形,各条断层向下常汇拢成一条主干断层,总体呈帚状。叠瓦式逆冲断层是逆冲断层最主要、最常见的组合形式,常出现在构造挤压强烈的地区。

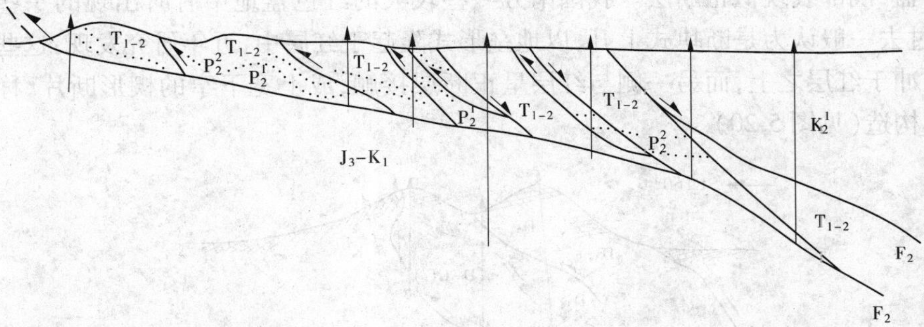

图5-17 叠瓦式逆冲断层

4.2.2.2 背冲式逆冲断层

背冲式逆冲断层由两条或两组相向倾斜的逆冲断层组成,表现为自一个中心分别向两个相反方向逆冲,一般自背斜核部向外撒开逆冲。与造山带复背斜伴生的两组逆断层,分别在两翼上产出,常常总体呈扇形(见图5-18)。

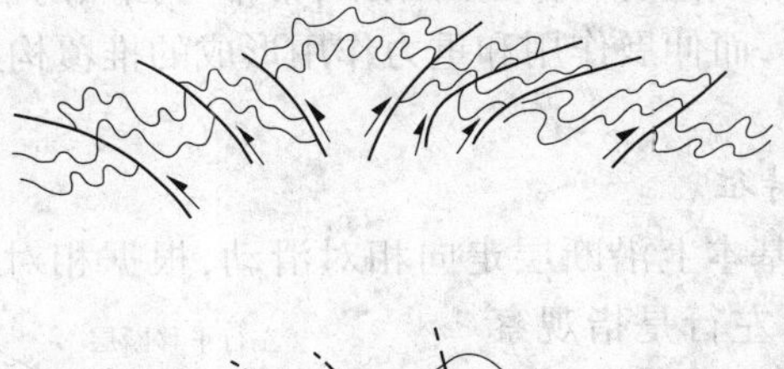

图5-18 背冲式逆冲断层

4.2.2.3 对冲式逆断层

对冲式逆断层是由两条相反倾斜,相对逆冲的逆冲断层组成。小型对冲式逆断层常与背斜构造伴生(见图5-19);大型对冲式逆断层产出于拗陷带边缘,自两侧隆起分别向拗陷带内逆冲。

4.2.2.4 楔冲式逆断层

老岩系一侧逆冲于新地层之上,另一侧则与新地层呈正断层接触,形成上宽下窄的楔

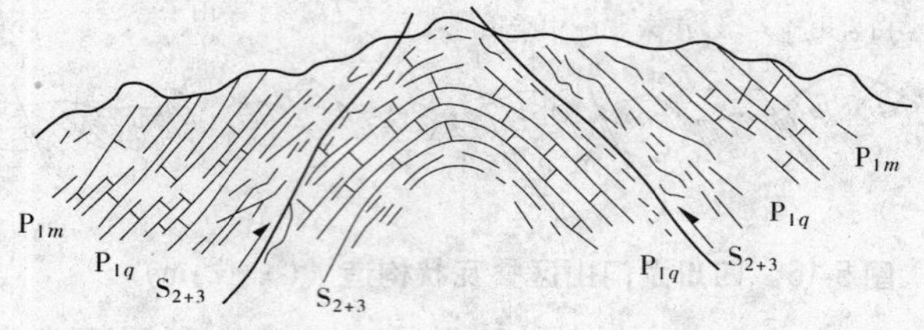

图 5-19　四川广元月明峡背斜对冲式断层

形断片。断层面是勺状弯曲的弧面，深部逆冲，浅部由于断层面倾向反过来了，逆冲楔状体成了下盘，浅部表现似正断层。我国南方一些较大的红色盆地中有时出现的一些基底老岩层，过去一般认为是断块式上升，以地垒形式隆起于红层中，近年研究发现：这些老岩层一侧逆冲于红层之上，而另一侧与红层呈正断层接触，成上宽下窄的楔形断片，称为楔状冲断体构造（见图 5-20）。

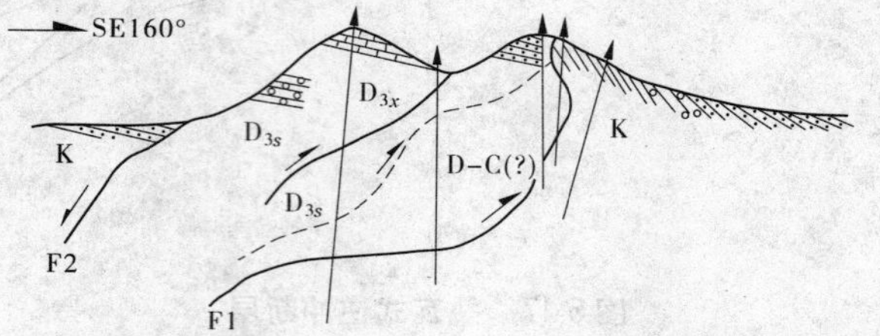

图 5-20　湖南衡阳谭子山楔状冲断体

4.2.3　逆冲断层形成的地质背景

逆冲断层及其各种组合形式分别产出于不同的地质环境中，并且以叠瓦式为最普遍的形式；逆冲断层一般是区域性挤压作用的结果；常常与强烈的褶皱运动相伴生。挤压作用形成的推覆构造叫推覆，而伸展作用和重力作用形成的推覆构造称为滑覆。

4.3　平移断层

4.3.1　平移断层的一般特征

（1）平移断层的两盘基本上沿断层走向相对滑动，根据相对滑动方向可分为左行平移断层和右行平移断层。左行是指观察者的视线垂直于断层走向观察断层时，对盘向左滑动；右行是指观察者的视线垂直于断层走向观察断层时，对盘向右滑动，如图 5-21 所示。

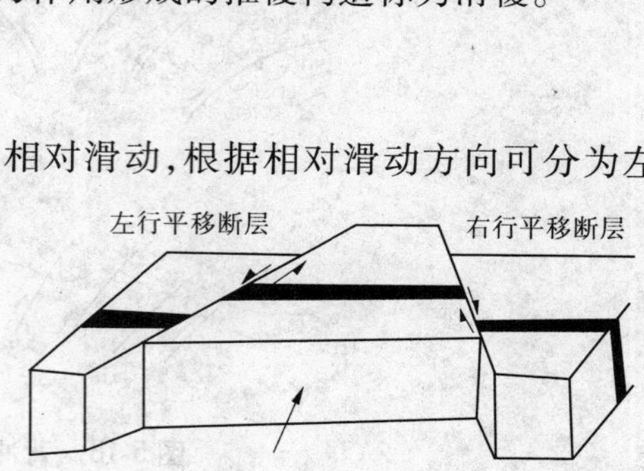

图 5-21　左行和右行平移断层

（2）平移断层的断层面一般较陡，有的甚至直立，这也与垂直运动有关。如图 5-22 平移断层中垂直运动平面示意图，图中 U 应为上升断块，D 应为下降断块。

（3）大型平移断层常常表现为强烈的破碎带、密集剪裂带、角砾岩化带及超碎裂岩带。

4.3.2 平移断层的组合形式

(1)平移断层在平面上的组合形式有平行状和雁行状。

(2)平移断层的形成过程中,两盘基本沿断层面走向方向滑动,形成左行和右行平移断层组合(见图5-21)。

(3)平移断层常与褶皱构造组合在一起,在其附近可见派生的雁列式褶皱(见图5-23)。

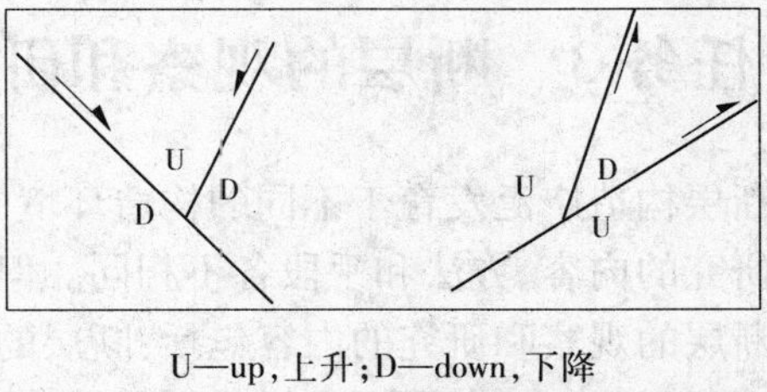

图5-22 平移断层中垂直运动平面示意图

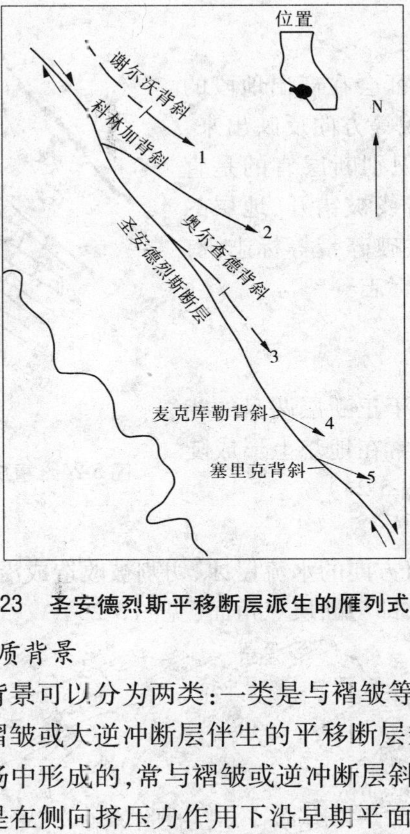

图5-23 圣安德烈斯平移断层派生的雁列式褶皱

4.3.3 平移断层形成的地质背景

平移断层发育的地质背景可以分为两类:一类是与褶皱等构造伴生的平移断层,另一类是区域性平移断层。与褶皱或大逆冲断层伴生的平移断层规模一般不大,是在形成褶皱或逆冲断层的统一应力场中形成的,常与褶皱或逆冲断层斜交或横交。

由于大多数平移断层是在侧向挤压力作用下沿早期平面X形共轭剪节理系发展而成的,因此平移断层常顺着一对共轭剪裂面发育,并斜交构造线。

横交构造线的平移断层可能是顺着张裂面发育,并是在差异力推动下形成的。其走向与褶皱轴向或纵断层走向一致的平移断层,是另一次构造运动沿早已形成的纵向断裂构造发育而成,两者不属于同一次构造运动的产物。

区域性大型平移断层又常称为走向滑动断层,世界上有许多著名的走向滑动断层,如美国西海岸的圣安德烈斯断层为一条NNW的右行平移断层,仅在大陆上的长度已超过1 500 km,累计平移幅度达648 km。

任务 3　断层的观察和研究

断层构造广泛发育于不同的构造环境中,其类型很多,形成机制各异,大小差别很大,所以研究的内容、方法和手段各不相同。但是野外观测是研究断层的基础。

断层的观察和研究的内容包括:断层的识别、断层产状的确定、断层两盘运动方向的确定、断距的确定、断层形成时代的确定以及探讨断层的组合类型、断层活动演化过程、断层的形成机制及其产出地质背景等。

1　断层的野外识别

在野外,断层活动的特征会在产出地段的有关地层、构造、岩石及地貌等方向反映出来,即所谓的断层识别标志。识别断层有的是直接标志,如地质界线或构造线被错开、地层的重复与缺失、断层面和断层破碎带等标志;有的是间接标志,如地貌水文标志等。

1.1　断层识别的地貌标志

1.1.1　断层崖

在差异升降运动中,由于正断层两盘的相对滑动,上升盘的断层面常常在地貌上形成陡立的峭壁,称为断层崖(见图 5-24)。

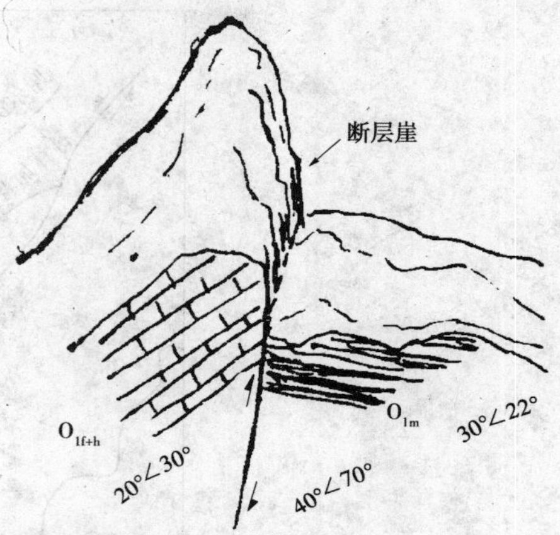

图 5-24　重庆彭水鹿角吊颈子断层剖面

1.1.2　断层三角面

断层崖受到与崖面垂直方向的水流侵蚀、切割被改造成沿断层走向分布的一系列三角形陡崖,这种三角形陡崖,即为断层三角面(见图 5-25)。

图 5-25　河南偃师五佛山断层形成的断层三角面　(据马杏垣等,1980)

1.1.3　错断山脊

有些山脉在延展方向上如遇有横向或斜向断层存在,则组成山脉的各山脊便发生相互错开,叫错断山脊。错断山脊往往是断层两盘相对位移所致,横切山岭走向的平原与山岭的接触带往往是一条较大的断层(见图 5-26)。

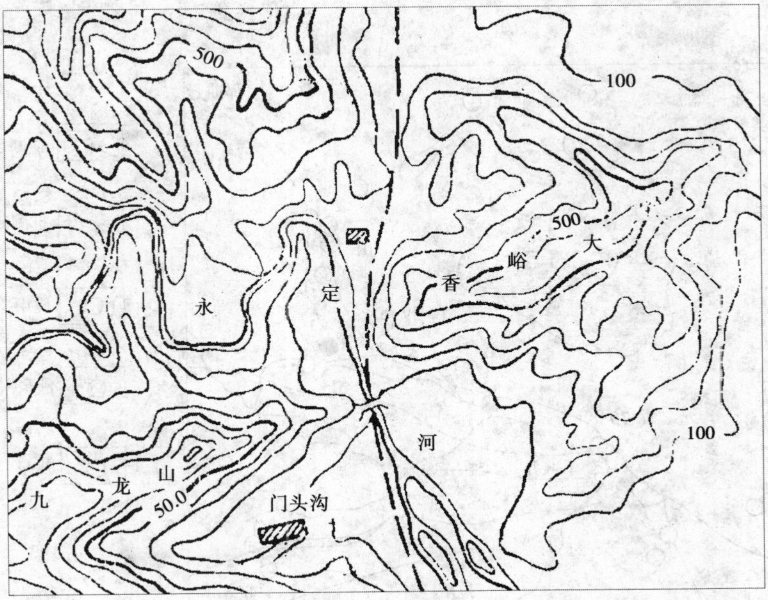

（虚线表示可能存在断层）

图5-26　北京门头沟附近地形图

1.1.4　山岭和平原的突变

有的山脉在延长方向上突然中断，为山前平原所代替，形成山岭和平原的突变，这叫切断山脊。山岭和平原的分界线反映有断层存在的可能（见图5-27）。

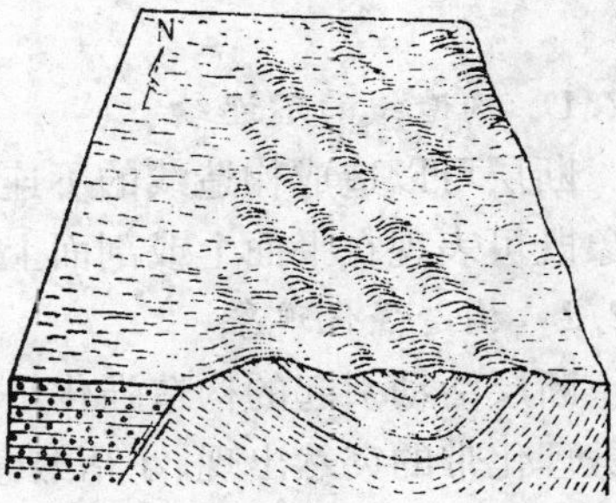

图5-27　切断山脊

1.1.5　串珠状的湖泊洼地

由断层活动引起的断陷常形成串珠状的湖泊和洼地。如北京玉泉山的泉水就是沿断层线上升的；陕西渭河地堑南侧沿秦岭北麓的大断层就有著名的临潼华清池、户县及眉县等一系列温泉出露；云南沿小江断裂带分布着草海、嵩明湖、阳宗海、滇池及抚仙湖等一系列湖泊盆地呈南北向串珠状展布。

1.1.6　泉水的带状分布

泉水的带状分布也是断层存在的标志，沿现代活动断层还会分布一系列温泉。如图5-28所示，羊八井一带，泉、上升泉、温泉顺北东走向一字排列。

1.1.7　水系特点

断层的存在往往影响水系的发育，河流遇断层有可能急剧转向，河谷也有可能被断层错开。

1.2　断层识别的构造标志

断层活动总是形成和留下许多构造现象，这些现象是判别断层可能存在的重要标志。最常见的构造标志有许多，下面分别介绍其特征。

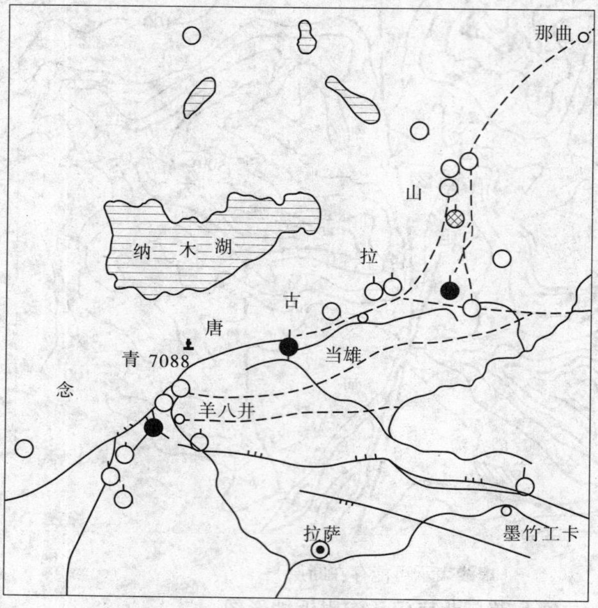

图 5-28　泉水的带状分布

1.2.1　构造线的不连续

断层可以造成构造线的不连续，主要表现为早期形成的断层被后期断层所切割，这种现象既可表现在平面上或剖面上，又可以在平面和剖面上同时表现出来，如图 5-29 所示。

1.2.2　构造强化现象

断层活动引起的构造强化是断层存在的重要依据，其中包括岩层产状的急变、节理化和劈理化带的突然出现、小褶皱急剧增加以及岩石挤压破碎、各种擦痕等。构造透镜体也是断层作用引起的构造强化的一种表现，如图 5-30 ~ 图 5-32 所示。

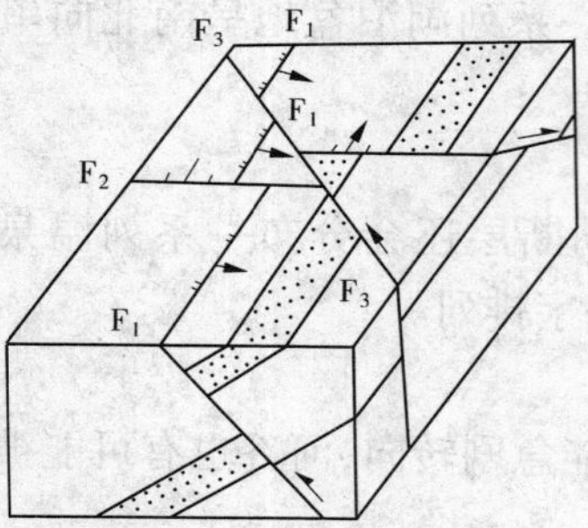

F_1—走向断层；F_2—倾向断层；F_3—斜向断层

图 5-29　断层引起的构造不连续现象

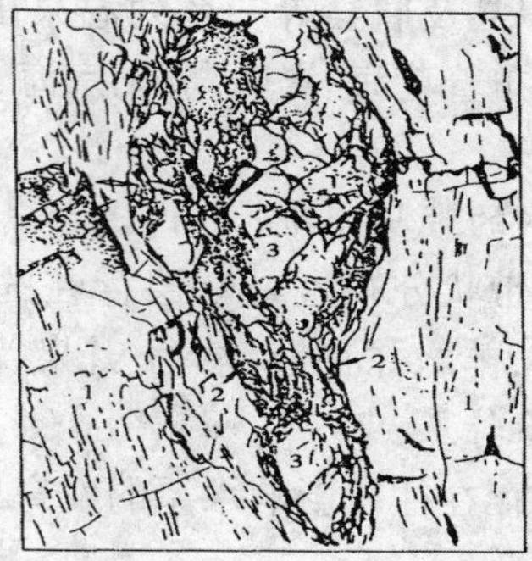

1—石英绿泥石片岩；2—绿泥石片岩；3—透镜体化石英脉

图 5-30　西藏雅鲁藏布江断裂带内的透镜体化岩石

（据宋鸿林摄，范崇彦素描，1978）

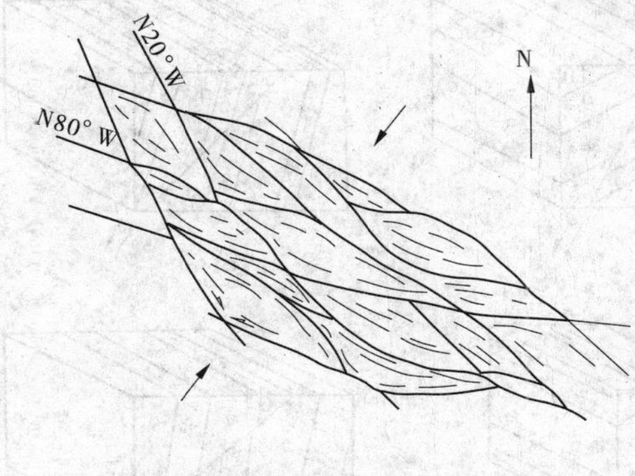

图5-31 南京小九华挤压断层带中构造透镜体平面素描

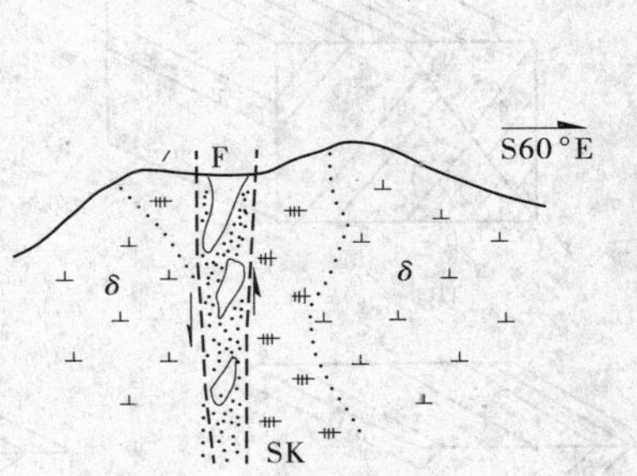

图5-32 南京伏牛山挤压断层带剖面

1.2.3 断层两侧的复杂小褶皱

断层带中或断层两侧,由于构造作用力的强烈作用,致使在断层附近发育有许多小褶皱,这些小褶皱通常是紧闭的,其在成因上与断层作用密切相关,并在几何上与断层有一定关系(见图5-33)。

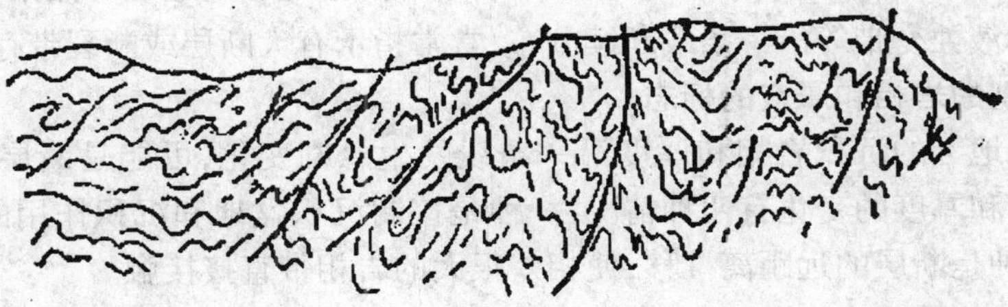

图5-33 断层带附近的褶皱现象

1.3 断层识别的地层标志

一套顺序排列的地层,由于走向断层的影响常常造成两盘地层的缺失和重复。缺失是指地层序列中的一层或数层在地面上断失的现象。重复是原来顺序排列的地层部分或全部重复出现。由于断层的性质不同,断层与岩层的倾向、倾角不同,可以造成以下六种重复和缺失情况,见表5-1和图5-34。

表5-1 走向断层造成的地层重复和缺失

断层性质	断层倾斜与地层倾斜的		
	二者倾向相反	二者倾向相同	
		断层倾角大于岩层倾角	断层倾角小于岩层倾角
正断层	重复(a)	缺失(b)	重复(c)
逆断层	缺失(d)	重复(e)	缺失(f)
断层两盘相对动向	下降盘出现新地层	下降盘出现新地层	上升盘出现新地层

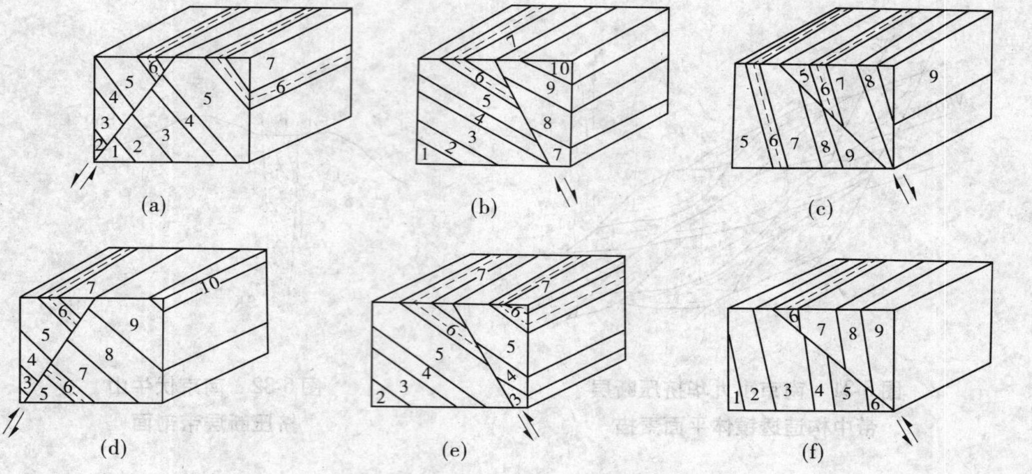

(a)、(c)、(e)为地层重复，(b)、(d)、(f)为地层缺失

图 5-34　走向断层造成的地层重复和缺失

1.4　断层识别的岩浆活动和矿化作用的标志

大断层尤其是切割很深的大断裂常常是岩浆和热液运移的通道和储聚场所。如果岩体、矿化带、热液蚀变带等沿一条线断续分布，常常指示有大断层或断裂带存在。

1.5　断层识别的岩相和厚度的标志

如果一个地区的沉积岩相和厚度沿一条线发生急剧变化，可能是断层活动的结果。断层引起岩相和厚度的变化有两种情况：一种是控制沉积盆地和沉积作用的同沉积断层的活动；另一种是断层的远距离推移，使相差很大的岩相带直接接触。

1.6　断层面产状的测定

断层面产状是决定断层性质的重要因素，在观察和研究断层时，应尽可能测量其产状。出露于地表的断层可以直接用罗盘测量其产状；如果断层面比较平直、地形切割强烈且断层线出露良好，可以根据断层线的“V”字形来判定断层面产状。没有出露的断层，只能用间接的方法测定其产状。隐伏断层的产状，主要根据钻孔资料，用三点法求出。

断层伴生和派生的小构造也有助于判定断层的产状。如断层伴生的节理带和劈理带，一般与断层面近一致，而断层派生的同斜紧闭褶皱带、片理化断层岩的面理以及定向排列的构造透镜体带等，常与断层面成小角度相交。这些小构造变形愈强烈、愈压紧，说明与断层面愈接近。但这些小构造有产状易变的性质，应经过大量测量并进行统计分析，以确定其代表性的产状并加以利用。

尤其是逆冲断层的断层面，由于岩石可能沿两组交叉剪切面发生破裂，在断层发育过程中经进一步的挤压和摩擦而形成波状弯曲；或是大断层形成前由分散的先期出现的初始小断裂逐渐联合而形成的，因联合方式不同而常成波状起伏或台阶式。因此，在确定断层面产状时，要充分考虑到断层产状沿走向和倾向可能发生的变化。

在对断层面产状测定时，由于不同深度物理条件对断裂的影响以及多期变形等，会影响断层产状及产状的变化。区域性逆冲断层以及一些正断层，常表现为上陡下缓的形式；

切割很深的大断裂，其产状总是具有一定的变化，如隆起边缘的大断层，地表常为低角度逆冲断层，向深处倾角可逐渐变大，甚至直立（见图5-35）。因此，不要简单地把局部产状作为一条较大断裂的总的产状，也不能认为某类断层一定具有某种固定形态。

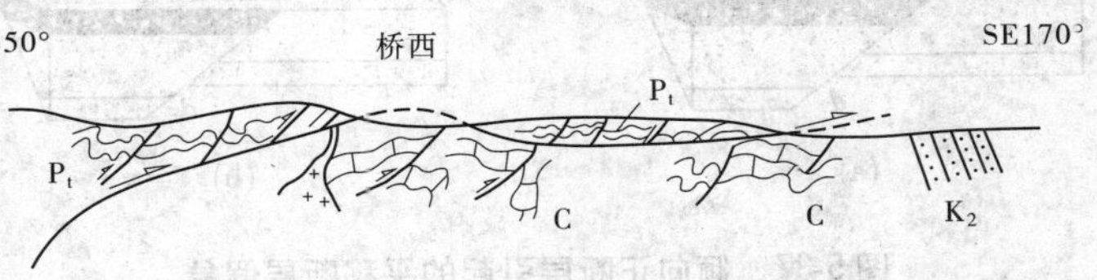

图5-35 江西宜丰九岭隆起南缘逆冲断层向地下变为高角度断层

1.7 断层效应

在实际工作中，由于岩层与断层复杂的交切关系以及两盘滑动引起的标志层在平面和剖面上的视错动，常常难以从标志层的相对视错动上正确判定两盘的相对滑动或断层的性质。尤其是斜向断层和横向断层容易引起标志层的视错动。例如倾向正断层，在平面上可能造成平移滑错觉。我们将这种由于斜向断层和横向断层引起的标志层的视错动称为断层效应。

产生视错动的主要原因在于未能从主体和实际位移等因素来全面分析两盘的运动。如图5-36是一个被一条横向平移为主的断层切断的背斜，但在两翼的纵剖面上却分别显示正断层和逆断层的错觉。下面从几个不同的方面对这个问题加以讨论。

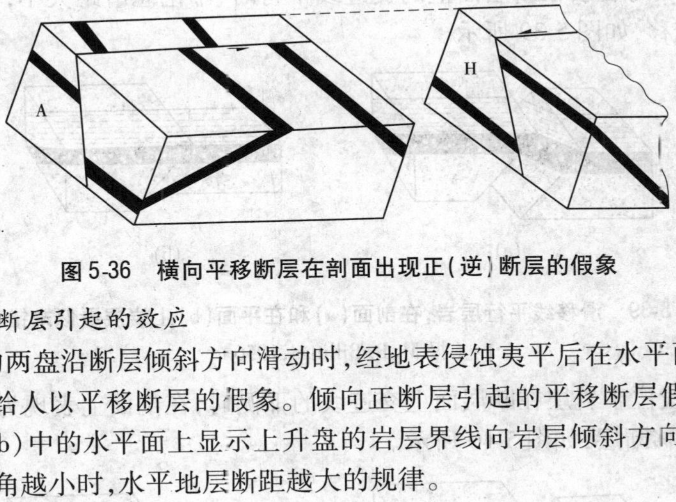

图5-36 横向平移断层在剖面出现正（逆）断层的假象

1.7.1 正（逆）断层引起的效应

倾向断层的两盘沿断层倾斜方向滑动时，经地表侵蚀夷平后在水平面上两盘岩层表现为水平错移，给人以平移断层的假象。倾向正断层引起的平移断层假象如图5-37所示。在图5-37(b)中的水平面上显示上升盘的岩层界线向岩层倾斜方向错动，具有总滑距越大、岩层倾角越小时，水平地层断距越大的规律。

1.7.2 平移断层引起的效应

倾向断层的两盘顺断层面走向滑动时，剖面上会表现为正（逆）断层。如图5-38所示，向岩层倾向平移错动的一盘在剖面上表现为上升盘。铅直地层断距随总滑距和岩层倾角的增大而增大。

在野外观察断层时，对于倾向正（逆）断层和倾向平移断层应综合岩层水平面和剖面的错移情况来进行正确判断。

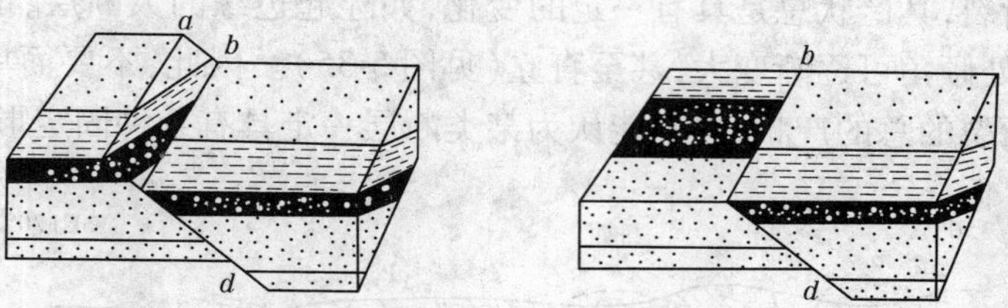

(a)　　(b)

图 5-37　倾向正断层引起的平移断层假象

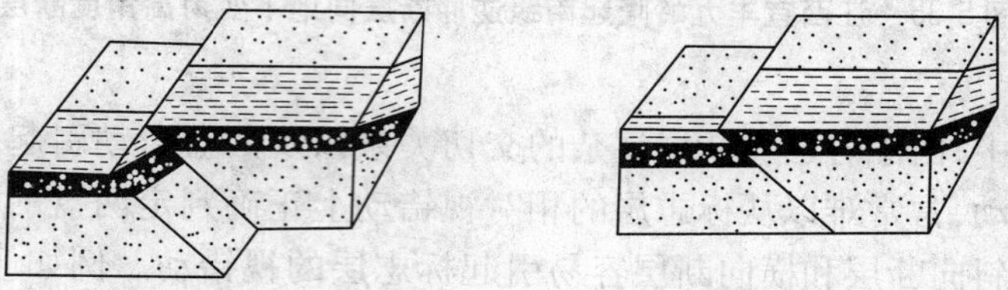

(a)　　(b)

图 5-38　倾向平移断层在剖面上引起的逆断层的假象

1.7.3　平移—正(逆)断层和正(逆)—平移断层引起的效应

当倾向断层的上盘沿断层面斜向下滑时,会出现三种效应:

(1)当滑移线与岩层在断层面上的交迹线平行时,不论总滑距大小,在平面或剖面上岩层好像没有错移,如图 5-39 所示。

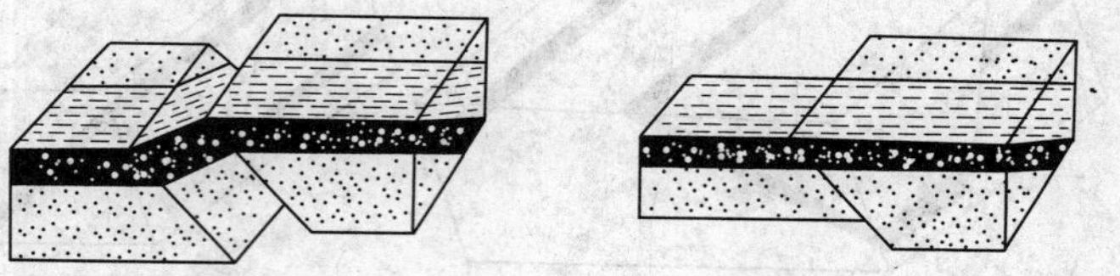

(a)　　(b)

图 5-39　滑移线平行层岩,在剖面(a)和在平面(b)上岩层看似未错动

(据 M. B. Billings,1956)

(2)当滑移线位于岩层在断层面上交迹线的下侧时,在剖面上表现为正断层,而在平面上则表现为平移断层,如图 5-40 所示。

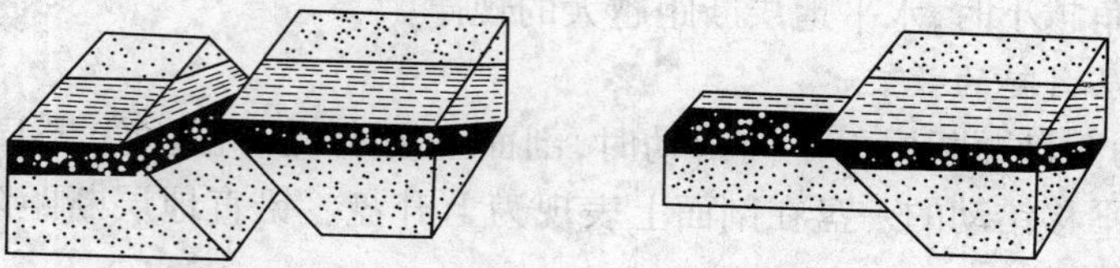

(a)　　(b)

图 5-40　滑移线位于岩层在断层面上交迹线的下侧

(3)如果滑移线位于岩层在断层面上交迹线的上侧,则在剖面上表现为逆断层(见

图5-41(a)),在平面上表现为平移断层(见图5-41(b))。

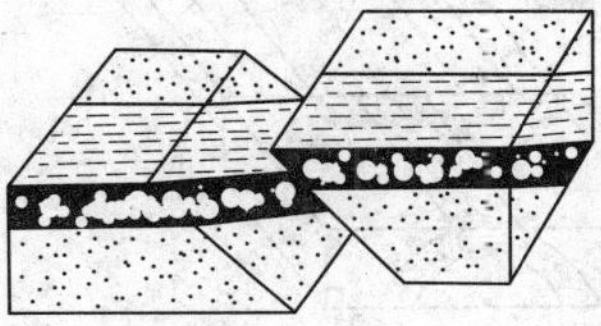

(a) (b)

图5-41 滑移线位于岩层在断层面上交迹线的上侧

1.7.4 横断层错断褶皱引起的效应

褶皱被横断层切断后,在平面上有两种表现,一是断层两盘中褶皱核部宽度的变化,二是褶皱轴迹的错移。

如果横断层完全沿断层走向滑动,则核部在两盘的宽度相等,但核部错开。

如果横断层错断的褶皱为背斜,两盘沿断层倾斜方向滑动,则上升盘核部变宽(见图5-42(a));如果横断层错断的褶皱为向斜,则上升盘核部变窄(见图5-42(b))。如果沿断层面斜向滑动,不仅褶皱核部宽度发生变化,而且被错开。

(a) (b)

图5-42 褶皱被横断层切断后两盘核部宽度的变化和轴迹错移

断层是否具有平移性质,主要依据褶皱轴迹在平面上的错移情况来判断,被横向正断层切断的直立褶皱,两盘中的迹线仍连成一线,无平移滑动,如图5-43所示。反之,表明有平移分量。如果褶皱是斜歪的或倒转的,倾斜的轴面被横断层切断,若沿断层面倾斜滑动,被夷平后两盘在平面上表现出轴迹错移(见图5-42),轴迹在两盘被错开的距离随倾角增大而减小。如果轴面倾斜的褶皱被横断层切断并夷平后,在平面上两盘轴迹仍在一直线上,表明断层两盘沿着轴面在断层面上的迹线滑动既有顺断层面走向滑动的分量,又有顺断层面倾斜滑动的分量。

总之,断层两盘位移分量的大小和方向、两盘倾斜滑动分量的大小、褶皱轴面倾角这三个变量及其相互关系,决定褶皱轴迹是否错移及错移方向和距离。因此,在分析断层时,应根据断层面产状、两盘位移大小和方向、岩层和褶皱的产状及其相互关系等,结合有关构造、地形切割进行整体分析。

1.8 断层两盘相对运动方向的确定

断层运动是复杂的,一定规模的断层常常经历了多次脉冲式滑动。一条断层的活动

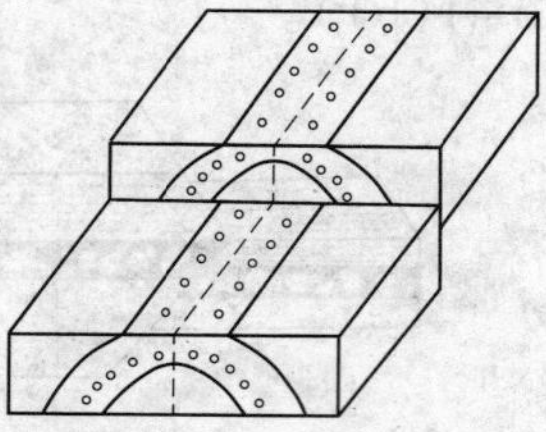

图 5-43　被横向正断层切断的直立褶皱

性质或一定阶段的活动性质常常又具有相对稳定性，这种运动总会在断层面上或其两盘留下一定的痕迹，如擦痕等。具体可以根据下面一些特征来判断断层的两盘相对运动方向。

1.8.1　两盘地层的新老关系

两盘地层的新老关系是判断断层相对错移的重要依据，对于走向断层，老地层出露盘常为上升盘，如图 5-34(a)～(e)所示。但如果地层倒转，或断层倾角小于岩层倾角，则老地层出露盘是下降盘，如图 5-34(e)、(f)所示。如果横断层切割褶皱，对背斜来说上升盘核部变宽，下降盘核部变窄；对于向斜，情况刚好相反。

1.8.2　牵引构造

地层断层两盘紧临断层的岩层常常发生明显的弧形弯曲，这种弯曲叫作牵引褶皱。褶皱弧形弯曲的突出方向指示本盘的运动方向，如图 5-44 所示。

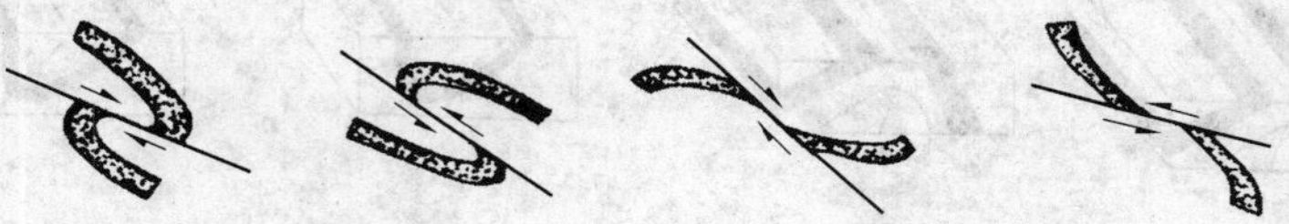

图 5-44　断层带中的牵引褶皱及其指示的两盘滑动方向

在水平岩层或缓倾斜岩层中的正断层下降盘，还可发育一种逆（或反）牵引构造，多以背斜形式出现，岩层弧形弯曲突出方向指示对盘的运动方向，如图 5-45 所示。逆牵引褶皱是由于正断层面是一个上凹的曲面，断层上盘沿断层面下滑时，因向下断面倾角变小而在上部出现裂口，为弥合这个空间，上盘下降的拖力使岩层弯曲，从而形成逆（或反）牵引构造（见图 5-45(a)）。这种逆（或反）牵引构造多发生在脆性岩层中，常会使岩层破裂而形成反向断层（见图 5-45(b)），其弯曲的方向与正牵引构造刚好相反。

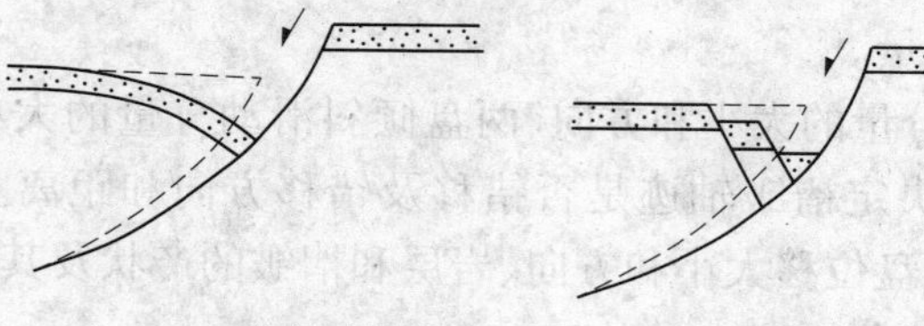

(a)逆牵引构造　　　　(b)反向断层

图 5-45　逆牵引构造和反向断层

1.8.3 擦痕和阶步

擦痕和阶步是断层两盘相对错动时在断层面上留下的痕迹。

擦痕表现为一组比较均匀的平行细纹;阶步则表现为一组与擦痕大致垂直的阶块。在硬而脆的岩石中,擦痕面常被磨光,有时附有铁质、硅质等薄膜,以致形成光滑如镜的面,称为摩擦镜面。

阶步也是断层两盘相对错动时在断层面上留下的痕迹。阶步的陡坎一般面向对盘的运动方向。但有时阶步的陡坎指示本盘运动方向,则称为反阶步。

擦痕和阶步能指示断盘运动方向。擦痕有时表现为一端粗而深、一端细而浅的"丁"字形,其细而浅端一般指示对盘运动方向,如图5-46所示。

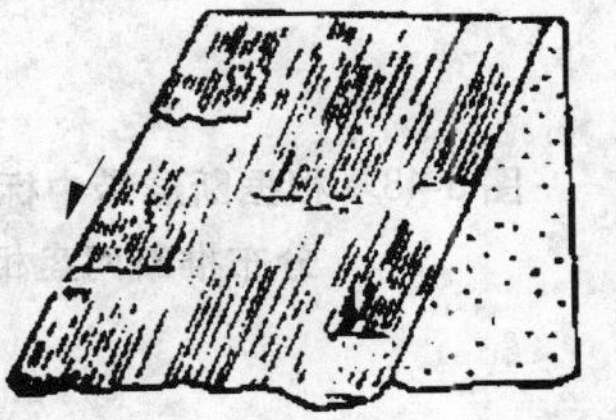

(a) 阶步

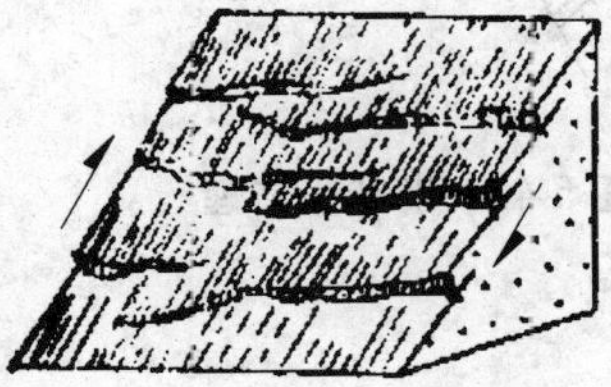

(b) 反阶步

图5-46 阶步和反阶步

1.8.4 羽状节理

在断层两盘相对运动过程中,在断层一盘或两盘的岩石中常常产生羽状排列的张节理和剪节理。这些派生的节理与主断层斜交。

羽状张节理与主断层常成45°相交,其锐角指示节理所在盘的运动方向,如图5-47所示。

羽状剪节理有两组,一组与主断层成大角度相交,另一组成小角度相交,后者锐角指示本盘运动方向(见图5-47)。

1.8.5 断层两侧小褶皱

由于断层两盘的相对错动,断层两侧岩层有时形成复杂的紧闭小褶皱。这些小褶皱轴面与主断层常成小角度相交,其所交的锐角指示对盘运动方向。

1.8.6 断层角砾岩

如果断层切断并挫碎某一标志性岩层或矿层,根据该层角砾在断层带内的分布可以推断两盘相对位移方向。如图5-48所示指示上盘上升。

有时断层角砾岩成规律性排列,这些角砾长轴与断层所夹锐角指示对盘运动方向。

2 断层的井下识别

据国内外资料,绝大多数油气田和煤田都受到断层的影响。因此,研究井下断层对油气田和煤田的勘探和开发工作有重要的实际意义。

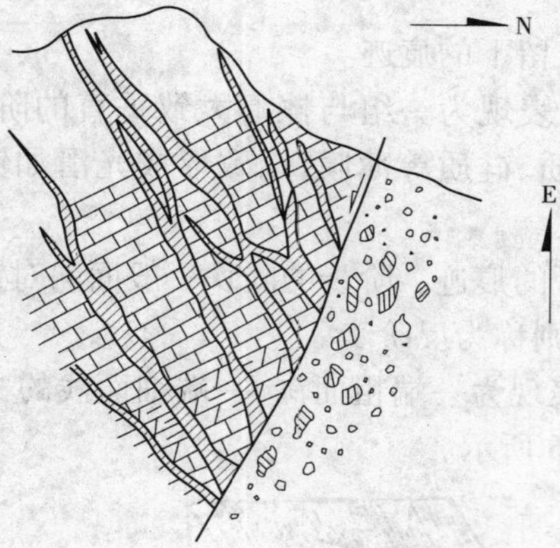

图 5-47 羽状张节理

图 5-48 根据断层带中标志层角砾的分布推断两盘相对动向

根据以下标志,可综合判断井下是否有断层的存在。

2.1 根据井下地层的缺失和重复

在钻井过程中,一般来说如果发现有地层缺失,预示井下钻遇了正断层;如发现有地层重复,可能钻遇了逆断层。如图 5-49 所示一勘探线剖面,其地层及构造情况由钻孔 1、2、3 控制而显示,地层层序正常而连续,由老至新分别为 1 ~ 8 层。其中,2 井钻遇了 1 ~ 8 层的所有地层,显示了完整的地层层序,这是一个正常剖面;邻近与之相对比的 1 号井钻遇的地层由新到老分别是 8、7、5、4、3、2、1,缺失地层 6 层,这种短距离内地层的缺失,可以判断 1 井钻遇了正断层(F_1);3 井与正常剖面对比钻遇的地层由新到老分别是 5、4、3、2、5、4、3,重复出现地层 5、4、3 层,可以判断 3 井钻遇了逆断层(F_2)。

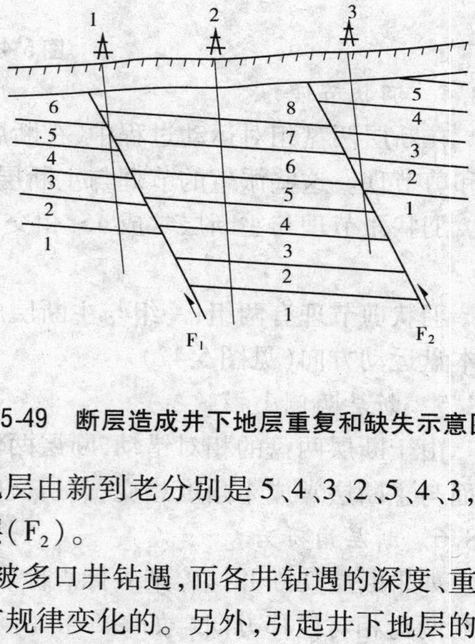

图 5-49 断层造成井下地层重复和缺失示意图

要注意的是:在通常情况下,同一个断层总是被多口井钻遇,而各井钻遇的深度、重复或缺失的层位各不相同,并且是按一定的方向作有规律变化的。另外,引起井下地层的重复和缺失除逆断层和正断层外,还会有其他构造因素影响。

2.1.1 钻遇地层重复

2.1.1.1 逆断层造成的地层重复

当钻遇同一逆断层时,与之相关的各邻井地层重复。如表 5-2 所示为某剖面钻孔钻遇逆断层的规律变化表。

表5-2 某剖面钻孔钻遇逆断层的规律变化

A井	B井	C井	D井	E井	F井
8	8	7	7	6	6
7	7	6	6	5	5
6	6	5	5	4	4
8	5	4	4	3	3
7	**7**	**6**	3	2	2
6	**6**	**5**	**6**	**5**	1
5	**5**	**4**	**5**	**4**	**5**
4	4	3	**4**	**3**	**4**

表5-2中，A、B、C、D、E、F井是同一剖面的相邻井，钻遇地层的结果均表现有重复现象（表中黑体为重复地层）。A、B井均重复7、6地层；B、C井均重复6、5地层；C、D井均重复6、5、4地层；D、E、F井均重复5、4地层。钻遇重复地层的层位逐渐变老，钻遇重复地层的井深逐渐变深，这样的地层重复递变规律表明是逆断层造成的结果。

2.1.1.2 倒转背斜引起地层重复

钻遇倒转背斜时，也会引起井下地层重复，但是这种重复规律与逆断层有所不同，它表现一种对称性重复，如图5-50所示。

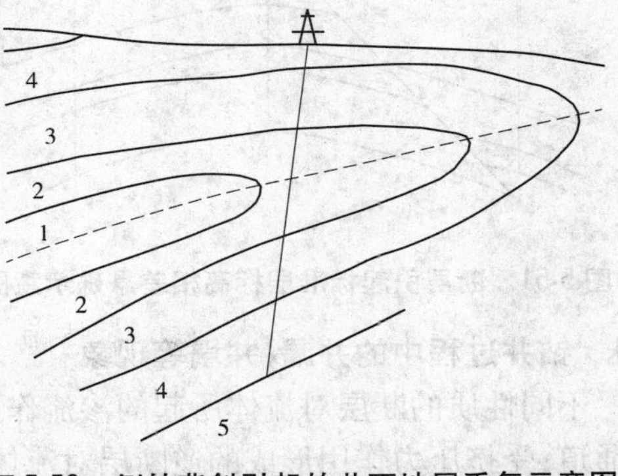

图5-50 倒转背斜引起的井下地层重复示意图

2.1.2 钻遇地层缺失

2.1.2.1 正断层造成的地层缺失

与逆断层相反，当钻遇地层缺失时，缺失层位逐渐变新，钻遇缺失地层的井深逐渐变浅，这样的地层缺失递变规律表明是正断层造成的结果。

2.1.2.2 不整合引起的地层缺失

当钻井过程中，各井钻遇以下地层层序时可以判断井下有不整合存在。如表5-3所示为某剖面钻孔钻遇不整合的规律变化。

表5-3 某剖面钻孔钻遇不整合的规律变化

A井	B井	C井	D井	E井	F井
7	7	7	7	7	7
6	6	6	6	6	6
5	4	3	3	4	3
4	3	2	2	3	2
3	2	1	1	2	1

表5-3中，各井都存在7、6层，除A井完整外，其余各井在6层下均缺地层5层，或更

老的地层4层,这是剥蚀作用强烈所致。6层分别覆盖在4、3层位上,这样的钻遇现象表明有不整合的存在。

2.2 根据标准层标高的变化确定断层

若相邻的井中地层层序正常,但相邻两井中标准层的标高相差极为悬殊,可能预示在两口井之间存在着未钻遇的断层,如图5-51所示。

应当注意的是:这种分析方法在钻井资料较多的情况下应用比较可靠;在钻井资料较少的情况下,会有许多干扰因素影响。如地层产状突变的单斜岩层、背斜的一翼出现扭曲所引起等,这要结合地震资料和区域地质资料,注意邻井标志层标高的悬殊情况。因此,利用标准层标高的变化确定断层应非常慎重。

2.3 近距离内同层厚度突变

相邻两井钻遇同一地层时,对于岩性单一的层段,如发现其厚度突变(增厚或减薄),如图5-52所示,是断层存在的可能标志之一。

用此方法应注意的是:在沉积时,由于地壳升降不均或沉积盆地基底起伏也会造成同层厚度突变,因此也要非常慎重地具体分析。

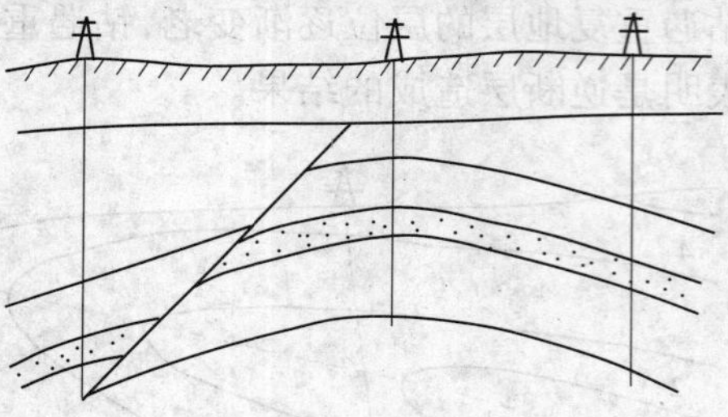

图5-51 断层引起标准层标高相差悬殊示意图

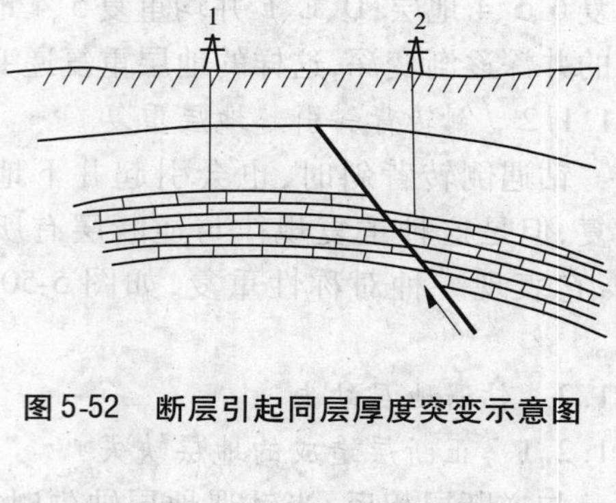

图5-52 断层引起同层厚度突变示意图

2.4 钻井过程中的井漏、井塌等现象

不同性质的断层对流体所起的渗流作用不同,受张力作用的正断层是流体运移的良好通道;受挤压力作用形成的逆断层对流体起封隔作用。因此,当钻井中钻遇正断层的断层面时,泥浆会大量漏失,出现井漏异常。由于断层的存在,钻至断层附近岩层会发生跨塌,岩心上会有擦痕、断层角砾岩或岩石有揉搓现象。这些现象都说明可能有断层存在。

在同一层内,流体性质的差异、油气层的折算压力不同以及油水或油气界面不一致等,也都是判断断层存在的标志。

判断井下断层,必须利用各种资料综合考虑,不能凭某个单一资料和数据下结论。

3 断层的描述

一条断层的描述内容一般包括:

(1)断层名称:地名+断层类型,或断层编号。

(2)位置:断层位于图区某方位、褶皱构造的某翼部或某山脊等地形处。

(3)断层在平面上的展布情况:延伸方向(断层面走向两端的延伸方向);通过的主要地点、延伸长度等。

(4)断层产状及与两盘地层产状的关系:断层面产状、断层两盘出露的地层及其产状，地层重复和缺失以及两盘相对位移方向。

(5)地质界线错开特征和断距的大小。

(6)断层与其他构造的关系。

(7)断层的形成时代及力学成因等。以星岗地区中部的 F_2 逆断层为例：星岗地区中部的 F_2 横向逆断层位于北山坡东侧近山脊—王村—星岗一线，断层呈北北东向展布，断层北端在北山坡处与 K_1 地层对接，被角度不整合所截，南端延出图外，图内全长约 6.5 km。断层面倾向北西，倾角 65°。上盘（即上升盘）为石炭系各统地层以及组成松村背斜的奥陶系、志留系地层，下盘（即下降盘）为二叠系各统地层和上、下石炭统地层以及构成石家向斜的志留系中、上统地层和核部的泥盆系下统地层组成。上盘地层逆冲叠复于下盘地层之上，水平地层断距 1 250 ~1 500 m，由北向南逐渐增大。断层走向与褶皱轴向近于直交，为一横向断层。断层中部错断一早期形成的 F_3 走向逆断层。断层形成时代为晚二叠世（P_2）之后，早白垩世（K_1）之前。

4 断层岩

断层岩是断层带中或断层两盘岩石在断层作用中被改造形成的，是具有特征性结构、构造和矿物成分的岩石。因此，它也是断层存在的一个重要标志。

根据断层的性质不同，断层岩主要种类有角砾岩、碎裂岩或碎斑岩、糜棱岩及超糜棱岩、碎粉岩、假玄武玻璃、断层泥片理化岩等。

4.1 断层角砾岩

断层在错动过程中，将断层面附近或断层带中的岩石破碎成大小不等的角砾，这些角砾被研磨成细粒或粉末的基质（填隙物）所胶结，成为一种特殊的角砾岩。角砾粒径一般在 2 mm 以上，角砾和基质成分均保持原岩特点，但角砾外部有时有擦痕和磨光镜面。

断层角砾出现在各类型断层的破碎带中。正断层形成的角砾岩特点是角砾形状不规则，棱角显著，分布杂乱，无定向性排列，角砾之间多空隙，如图 5-53(a)所示。

逆断层形成的角砾岩，其角砾多具次圆状，大小不一，一般均成定向排列，填隙物多为断层泥、砂或显微破碎物，角砾多成透镜状变形且有定向排列或雁列式排列，如图 5-30、图 5-53(b)所示。填隙物有时也显示定向排列或围绕角砾排列的特点，甚至发育成劈理，如图 5-30 所示。

平移断层的构造角砾岩特点大体与逆断层相同，唯其角砾棱角磨圆度好、大小均匀。

角砾岩的种类很多，如不整合面上的底砾岩、层间砾岩、河床滞留沉积砾岩、火山角砾岩、同生角砾岩、膏盐角砾岩、岩溶角砾岩等，在野外工作中应注意区分。

断层角砾岩与其他角砾岩区分的主要标志是看角砾与围岩是否有同源关系，是否顺层发育，是否有磨擦、搓碎现象等。

4.2 碎裂岩或碎斑岩

碎裂岩是被断层两盘研磨得更细的断层岩，碎裂岩成分是由原岩的岩粉或细粒或原岩的矿物碎粒组成的。在偏光显微镜下，岩石具有压碎结构。碎裂岩中如残留一些较大矿物颗粒，则构成碎斑结构，这种岩石可称为碎斑岩。碎裂岩的颗粒一般在 0.1 ~2 mm，主要见于逆断层及平移断层中。

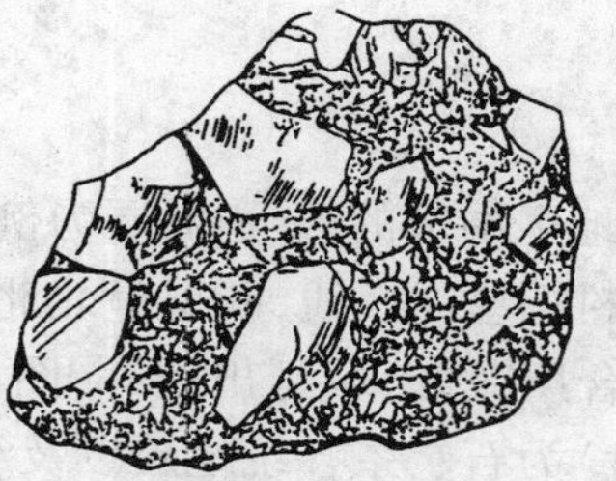

(a) 苏州—正断层构造角砾岩
标本素描图 （据孙岩、韩克从）

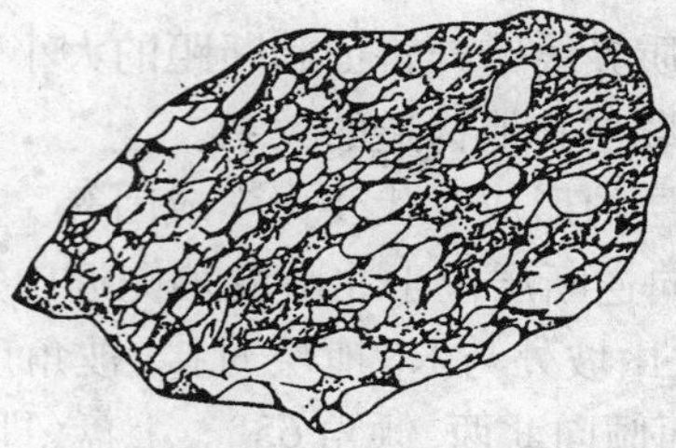

(b) 苏州—逆掩断层中构造角砾岩
标本素描图 （×1/2，据孙岩、韩克从）

图 5-53 断层角砾岩

4.3 糜棱岩及超糜棱岩

在断层带中其相邻岩石及矿物颗粒被压碎碾磨成微粒和残留碎斑，这些微粒和残留碎斑因其定向排列形成糜棱结构，具有糜棱结构的岩石称糜棱岩。糜棱岩因碾碎物成分和颜色的深浅不同、碾磨程度的差异，可形成条纹状构造或层状的外貌，如图 5-54 所示。

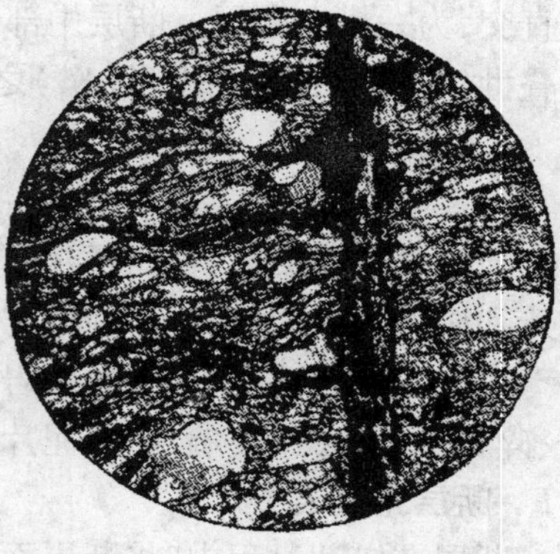

图 5-54 糜棱岩

超糜棱岩是在高度压碎作用下经熔融而形成的隐晶质岩石，外表很象黑曜岩或致密状玄武岩，是一种特殊类型的糜棱岩。一般呈数厘米厚的小透镜体或细脉产出于糜棱岩中，常见于逆断层及平移断层中。

4.4 碎粉岩

碎粉岩的岩石颗粒被研磨得极细，粒度比较均匀，一般在 0.1 mm 以下，这种岩石也可称为超碎裂岩。

4.5 假玄武玻璃

如果岩石在强烈研磨和错动过程中局部发生熔融，而后又迅速冷却，会形成外貌似黑色玻璃质的岩石，称为玻化岩，或称假玄武玻璃。玻化岩往往成细脉分布于其他断层岩中。

4.6 断层泥

如果岩石在强烈研磨中成为泥状，单个颗粒一般不易分辨，仅含少量较大碎粒，这种未固结的断层岩可称为断层泥。对比原岩成分与断层泥成分，发现两者不尽相同，这说明断层泥的细粒化不仅有研磨作用，而且有压溶作用等。

4.7 片理化岩

与糜棱岩比，片理化岩具有显著的重结晶、变质现象，其内有大量的具片状构造的新生变质矿物，片理化岩实际上是重结晶程度较高的糜棱岩。

由于断层的形成因素较多，在同一条构造带中可以发育多种构造岩，甚至多种构造岩呈有规律的分带现象。

5 断层活动时间的确定

断层作用的时间性涉及断层形成和活动的时间以及断层长期活动问题。断层是在一定的构造作用力的作用下而形成的,自然界构造力作用的复杂性、多期性以及长期作用的特点,使得断层的形成也是非常复杂的,其形成时间常常很难准确地确定。

(1)断层一般是在一定构造运动中形成的,对于这些基本上于一次构造运动中形成的断层,可以利用断层与同期变形的地层和褶皱等的相互关系来确定其形成时期。例如一断层切割一套较老的地层,而其上又被另外一套较新的地层以角度不整合接触所覆盖,则该断层的形成时间是在不整合面下伏的最新地层形成以后和上覆地层中最老的地层形成之前这一时间区间内。

(2)如果断层被岩墙岩脉充填,而且岩墙岩脉有错断迹象,则岩体侵入于断层形成或活动时期。利用放射性同位素法测定岩体时代,从而确定出断层的形成时代或活动时代。

(3)如果断层被岩体切断,断层则形成于岩体之前;若断层切断岩体,则断层活动晚于岩体。

(4)如果断层与被其切断的褶皱成有规律的几何关系,很可能两者是在同一次构造运动中形成的。查明这次构造作用的时期,也就确定了断层的形成时期。

断层一般形成于某一构造运动时期,也可与某一沉积盆地的沉积作用同时活动,而重力滑动断层则可以在地质发展的任一阶段形成和发育。因此,研究时应对具体断层进行具体分析。

6 断层长期活动的分析

地壳上一些区域性大断裂大多是经历过长期活动的。有些断层可以在活动一定时期后静止,以后再活动。有一些断层甚至现在仍然在活动,如我国的郯庐断裂、美国的圣安德烈斯断层。

岩浆活动是分析确定断层是否有长期活动的一个依据。长期多次活动的大断裂往往成为多期岩浆带,所以研究岩浆活动的期次,也为断裂的长期活动提供了重要依据。

7 同沉积断层

同沉积断层是与沉积作用同时进行的构造变动,又称生长断层。它主要发育在沉积盆地边缘,尤其是大、中型断陷盆地的边缘。在沉积盆地形成发育的过程中,盆地不断沉降,沉积作用不断进行,盆地外侧不断隆起,这些作用都是由于控制盆地边缘断层的不断活动而发生的。

8 断层形成机制

当岩石受力超过强度极限时,岩石就要发生破裂,从而逐渐形成断层。正断层通常是由水平拉伸或铅直方向上隆起形成的;逆断层一般是在水平挤压力下而发育的;平移断层则是由于剪切应力作用而形成的。

项目训练

一、名词解释

断层、滑距、断距、正断层、逆断层、平移断层

二、判断题

1. 阶梯状断层是由产状大致相同的若干条正断层所组成的断层组合。(　)
2. 叠瓦状断层是由产状大致相同的若干条逆断层所组成的断层组合。(　)
3. 叠瓦状断层是由产状大致相同的若干条正断层所组成的断层组合。(　)
4. 地层缺失一定是断层造成的。(　)
5. 地层重复一定是褶皱造成的。(　)
6. 顺层断层是指断层产状与所在岩层产状一致。(　)
7. 顺层断层是指断层倾角与所在岩层倾角一致。(　)

三、简答题

1. 什么是断层？它与节理的主要区别是什么？
2. 简述断层的几何要素及其组成部分。
3. 简述断层的分类依据及其类型。
4. 试述断层的识别标志。
5. 试述识别断层的地貌标志。
6. 试述识别断层的构造标志。
7. 断层的组合类型有哪些？
8. 什么叫构造窗？什么叫飞来峰？它们的形成条件是什么？
9. 如何确定断层活动的时间？
10. 试分析断层效应。
11. 简述确定断层两盘相对运动的标志。
12. 试述推覆构造的形成机制及其研究意义。

项目6　构造图件的分析与编制

任务1　地质图的基本知识及读水平岩层地质图

1　目的和要求

（1）明确地质图的概念，了解地质图的图式规格。
（2）了解阅读地质图的一般步骤和方法。
（3）掌握水平岩层在地质图上的表现特征。

2　预习内容

（1）复习测量学有关读地形图的知识。
（2）预习项目1中“水平岩层”部分。

3　试验用图和用品

（1）试验用图：凌河地形地质图、南涧镇地形地质图。
（2）试验用品：铅笔、橡皮、小刀、三角板、量角器、方格纸等。

4　试验方法说明

4.1　地质图的概念及图式规格

以图6-1或选用正式出版的1∶20 000地质图或其他比例尺地质图作样本，介绍地质图的图式规格。

4.1.1　地质图

将一定范围内地壳的地质内容（包括有不同时代的地层、岩系、地质构造等）在地面上的分布情况，按一定的比例尺缩小，投影到平面图（通常带有地形等高线，即地形图）上，并用规定的符号、色谱、花纹予以表示的图件就是地质图（见图6-1太阳山地区地质图）。地质图是具体反映某一地区的地质现象的图件，然而一张地质图，是不可能把某一地区所有的地质现象都表示出来的，所以必须根据不同的要求，编制不同的地质图件来反映与表现各种不同的地质现象。

地质图的编制，首先必须是通过野外现场观察，对区内地层、岩石、岩浆活动、变质作用和构造变动等情况进行综合调查研究。再以规定的线条把各种地质界线（包括地层界线、岩体界线、断层线、不整合界线等）勾画出来，把岩层和断层等的产状标记上去，对各时代地层和各类型岩浆岩涂以各种统一规定的颜色，对各种岩相（岩浆岩、变质岩）

地层 界	地层 系	地层 统	地层 阶	地层代号	厚度(m)	岩性符号	层序	岩性简述	化石	地貌	水文	矿产
新生界	第四系			Q	0~20		11	河流淤积：卵石及砂子		有时构成阶地		
中生界	白垩系			K	155		10	砖红色粉砂岩,胶结物为钙质,有交错层	鱼化石		裂隙水	
中生界	侏罗系	上统		J_3	135 30 75		9	煤系:黑色页岩为主,夹有灰白色细粒砂岩,中下部都有可采煤系一层厚50 m				可作炼焦用
中生界	侏罗系	中统		J_2	233		8	浅灰色中粒石英砂岩,间或夹有薄层绿色页岩,砂岩具有洪流之交错层		常成陡崖		有沥青显示
								角度不整合				
中生界	三叠系	上统		T_3	180		7	灰白色白云质灰岩,夹有紫色泥岩一层厚5 m 灰岩中有缝合线构造	Halobia Spirifera			
中生界	三叠系	中统		T_2	265		6	紫红色泥灰岩中夹鲕状石灰岩互层		风化后成平缓山坡	在顶部岩层面有水渗出	
								灰绿岩岩墙		呈凹地		
								平行不整合				
古生界	二叠系	上统		P_2	356		5	浅色豆状石灰岩夹有页岩	LvHonia oldhamina Paral eletes Gallowaiinella	在顶部顺层有溶洞出现		
古生界	二叠系	下统		P_1	110		4	暗灰色纯灰岩	Misellina Cryplospirifer			可作水泥原料
古生界	石炭系	上统		C_3	176		3	浅灰色石灰岩,有燧石结核排列成层				
古生界	石炭系	中统		C_2	210		2	黑色页岩夹细砂岩				
古生界	石炭系	下统		C_1	600		1	灰白色石英砂岩,中夹页岩及煤线				玻璃原料

(a)太阳山综合地层柱状图1:15 000

图 6-1　地质图格式

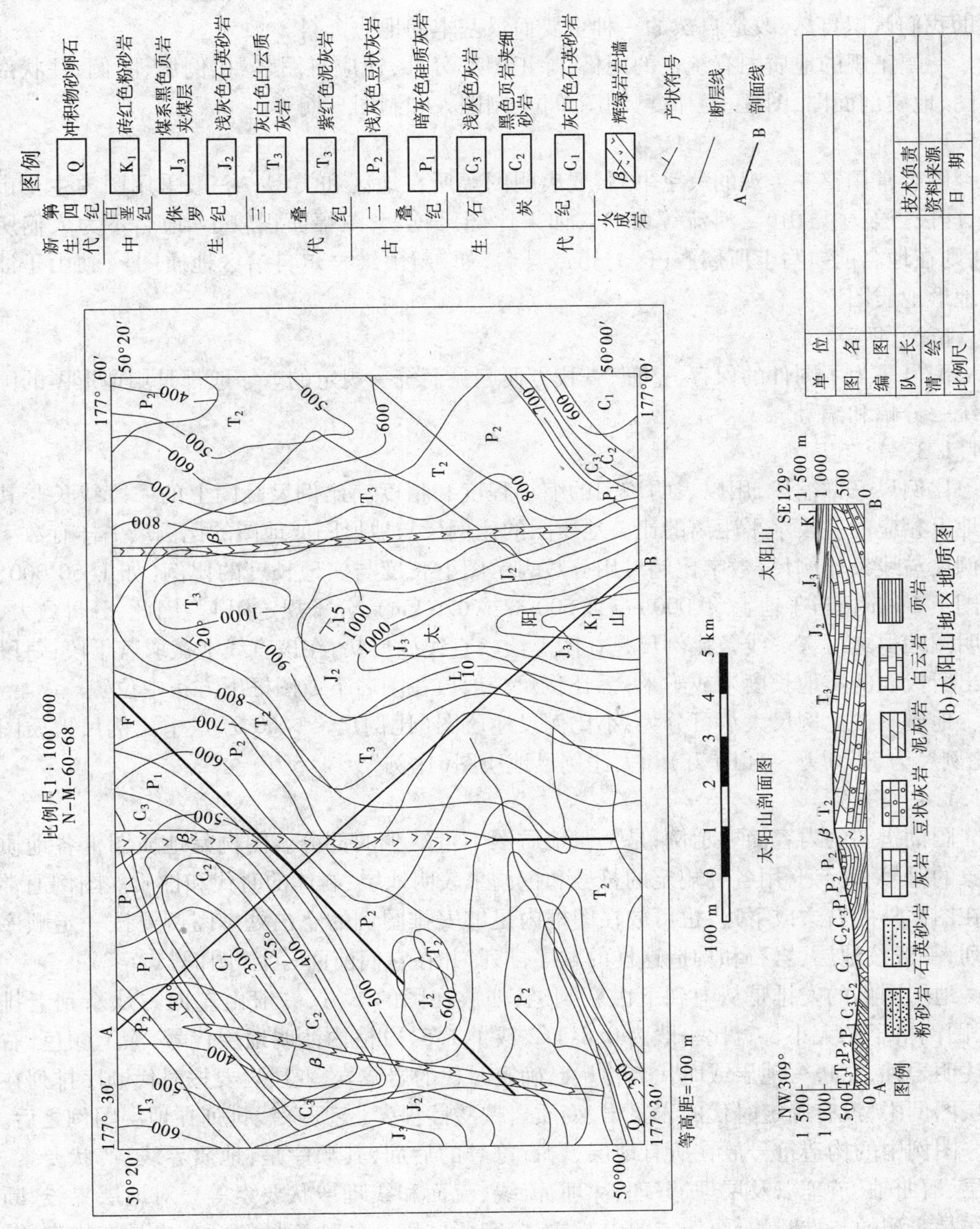

(b)太阳山地区地质图

续图6-1

和蚀变、矿化现象加以各种规定的符号、花纹。

地质图不仅反映野外各种地表地质现象，还将区内地层、岩石、构造等方面形成、发展的一定时间、空间规律反映出来，包括能反映地下一定深度的地质构造。因此，地质图是帮助我们认识自然、改造自然的一种重要而最基本的地质资料。

一幅正规的地质图有统一的规格，除正图部分外，还应有图名、比例尺、图例、柱状剖面图、地质剖面图、图框、经纬度、制图单位、制图人和制图日期等。

4.1.1.1 图名

图名常用整齐美观的大字书写，要表明图幅所在地区和类型。一般采用图内主要市镇、居民点及主要山岭、河流等命名。如果比例尺较大，图幅面积较小，地名不为人们所知，则在地名前要写上所属省(区)、市或县名，如《新疆维吾尔自治区地质图》《独山子油田地形地质图》。

4.1.1.2 图号

图号是为了图件的保存、整理、查找方便起见而统一规定的。一般都是用地形图的国际统一分幅和编号。

4.1.1.3 比例尺

比例尺又称缩尺，用以表明该图的缩小程度和精度。比例尺是图上的一段线长与其实地上相应的一段水平距离的比。地质图的比例尺与地形图或地图的比例尺一样有数字比例尺与线条比例尺，数字比例尺用分数表示图上长度与实地长度的比例(如1∶50 000，即图上1 cm相当于地上50 000 cm或500 m或0.5 km)，分子规定用1。因此，分母愈大，表明图缩得愈厉害。线条比例尺是在图上绘一直线如尺状，在该直线上截取若干段，每段标出所代表的实地长度米或千米)。比例尺一般放在图名下或图框下方正中位置。

地质图按比例尺大小可分为：小比例尺地质图(比例尺＜1∶50万)、中比例尺地质图(比例尺为1∶20万～1∶10万)和大比例尺地质图(比例尺＞1∶5万)。

4.1.1.4 图例

图例指图的内容简要示例，是一张地质图不可缺少的部分。图例是地质图上各地质现象的符号和标记，用各种规定的符号和色调来表明地层、岩体的时代和性质。图例通常放在图框外的右边或下边，也可放在图框内足够安排图例的空白处。图例要按一定顺序排列，一般按地层、岩石和构造这样的顺序排列，并在它们前面写上“图例”二字。

地层图例的安排是从上到下由新到老；如放在图的下方，一般由左向右从新到老排列，图例格子的大小长宽比一般为0.8∶1.2或1∶1.5，方格内注明地层代号，涂上颜色，右边注明岩性，左边写地层或时代名称。已确定时代的岩浆岩、变质岩要按时代顺序排列在地层图例中，没有确定时代的岩浆岩、变质岩按酸性程度、变质深浅排列在地层图例之后。

图例中的构造符号放在所有地层、岩石符号的后面，其顺序是：地质界线、产状要素、断层、褶曲轴、节理以及层理、劈理、片理、流线、流面和线理产状要素等。对地层界线、断层线是实测的与推断的，图例与图内一样，应有所区别。各种符号的颜色也是有规定的，除不同的地层用不同颜色外，地质界线用黑色，断层线用鲜红色，地形等高线用棕色，河流用浅蓝色，城镇和交通网用黑色。

图例是指示读图的基础，从图例可以了解图区出露的地层及其时代、顺序，地层间有无间断,以及岩石类型、时代等,如图6-1所示的太阳山剖面图。

凡是图内表示出的地层、岩石、构造及其他地质现象就应无遗漏有图例,图内没有的就不应列上图例。地形图的图例一般不标注在地质图上。

4.1.1.5 图框

图框分内框和外框,外框用粗实线,内框用细实线。两框之间用数字注明经纬度并按规定画出经纬线格。图框外左上侧注明编图单位,右上侧写明编图日期;下方左侧注明编图单位、技术负责人及编图人;右侧注上引用资料(如图件)单位、编制者及编制日期。也可上述内容列绘成"责任表"放在图框外右下方,或图框内空白处。

4.1.2 地质剖面图

正规地质图均附有一幅或几幅切过图区主要地层、构造的剖面图,如图6-1所示的太阳山剖面图。它有代表性地和最醒目地概略揭示了本区的地质构造特征。这种图通常是地质人员根据所掌握的资料以及自己对该地区的认识在室内根据地形地质图编绘成的。在按地形图切制成的地形起伏剖面上,还要按地质界线位置及地层产状绘上地质的内容。这种剖面图通常附在地质图的下方。

当单独绘剖面图时,则要标明剖面图图名,如周口店(指图幅所在地区)太平山—升平山地质剖面图。如为图切剖面并附在地质图下面,则以剖面标号表示,如Ⅰ—Ⅰ′地质剖面图或A—A′地质剖面图。剖面在地质图上的位置用细线标出,两端注上剖面代号,如Ⅰ—Ⅰ′或A—A′等。在相应剖面图的两端也相应注上同一代号。

剖面图的比例尺应与地质图的比例尺一致,如剖面图附在地质图的下方,可不再注明水平比例尺,但垂直比例尺应表示在剖面两端竖立的直线上,按海拔标示。剖面图垂直比例尺与水平比例尺应一致,如放大,则应注明。

剖面图两端的同一高度上注明剖面方向(用方位角表示)。剖面所经过的山岭、河流、城镇等地名应在剖面上方所在位置注明。为醒目美观,最好把方向、地名排在同一水平位置上。

剖面图的放置一般南端在右边、北端在左边,东右西左,南西和北西在左边,北东和南东端在右边。

剖面图与地质图所用的地层符号、色谱应一致。如剖面图与地质图在一幅图上,则地层图例可以省去。

剖面图内一般不要留有空白。地下的地层分布、构造形态应该根据该处地层厚度、层序、构造特征适当推断绘出,但不宜推断过深。

4.1.3 地层柱状图

地层柱状图是以柱状剖面形式系统表示工作区各地质时代地层的岩性、厚度和接触关系的一种图件(如图6-1中所示的太阳山综合地层柱状图)。正式的地质图或地质报告中常附有工作区的地层综合柱状图。地层柱状图可以附在地质图的左边,也可以绘成单独一幅图。比例尺可根据反映地层详细程度的要求和地层总厚度而定。图名书写于图的上方,一般标为"××地区综合地层柱状图"。

综合地层柱状图是按工作区所有出露地层的新老叠置关系恢复成水平状态切出的一个具有代表性的柱子。在柱子中表示出各地层单位或层位的厚度、时代及地层系统和接触关系等。一般只绘地层(包括喷出岩),不绘侵入体。也有将侵入岩体按其时代与围岩接触关系绘在柱状图里。用岩石花纹表示的地层岩性柱子的宽度,可根据所绘柱状图的长度而定,使之宽窄适度,美观大方,一般以 2 ~4 cm 为宜。

地层柱状图格式见太阳山地区地质图(见图 6-1)。图内各栏可根据工作区地质情况和工作任务而调整。如"化石"一栏有时可并入"岩性简述",有时"水文地质"和"地貌"可略去。

4.2 阅读地质图的一般步骤和方法

4.2.1 看图名和方位

从图名、图幅代号和经纬度可了解该图幅的地理位置和图的类型。例如,《新疆维吾尔自治区地质图》《新疆维吾尔自治区第四纪地质图》等,图名列于图幅上方图框外正中部位,经纬度标于图框边缘。一般地质图图幅是上北下南,左西右东,特殊情况也有用箭头指示方位。一幅地质图一般是选择图面所包含地区中最大居民点或主要河流、主要山岭等命名的。

4.2.2 分析图内的地形特征

有的地质平面图往往绘有等高线,可以据此分析山脉的延伸方向、分水岭所在、最高点、最低点、相对高差等。如无等高线,可以根据水系的分布来分析地形特点,一般河流总是从地势高处流向地势低处,根据河流流向可判断出地势的高低起伏状态。

4.2.3 看比例尺

比例尺一般注在图框外上方图名之下或下方正中位置。比例尺反映了图幅内实际地质情况的详细程度,比例尺愈大,制图精度愈高,反映地质情况也愈详尽。

此外,图框的右下方注明编图单位或人员、编图日期及资料来源,以了解资料的新旧和质量。

4.2.4 读图例

地质图上各种地层、岩层的性质和时代以及构造等都有统一规定的颜色和符号。

一幅地质图上,有其所表示的地质内容和图例。图例通常放在图框外的右边,也放在图框内的空白处。图例包括地层图例和构造图例两方面。

地层图例是把该图幅出露的地层由新到老、从上到下顺序排列,用标有各种地层的相应符号和颜色的长方形格子表示,长方格子的左边注明地层时代系统,右边注明主要岩性;岩浆岩体的图例按酸性到基性的顺序排列在地层图例之下。

构造图例就是用不同线条、符号所表达的地质构造的内容和意思,如岩层的产状要素、断层的种类等,构造图例常放在地层图例之后。地形图例一般不标在地质图上。

4.2.5 读地层柱状图

地层柱状图也叫综合地层柱状图,置于图框外的左侧,它是按工作区所出露的地层新老叠置关系综合出来的、具有代表性的柱状剖面图。柱状图中地层自上而下、由新到老顺序排列,各地层的岩性用规定的花纹表示,另栏注明各地层单位的厚度和相邻地层的接触关系;喷出岩或侵入岩按其时代与围岩接触关系绘在柱状图里。柱状图的左栏是界、系、统、阶或群、组、段、带等地层单位,并注有相应的地层代号。柱状图的右栏是简要的岩性描述,有关化石、地貌、水文和矿产等,可各设专栏,也可一并放在岩性描述栏中。

前面几个步骤,初学者往往以为是走形式,但在实际工作中,却是非常重要的好习惯:读图是任务需要,自然是目的明确的,仔细察看图名、比例尺等,就是要挑选符合自己目的的图幅,并根据编制单位和时间,确定自己该从这幅图中获得哪些信息。

在读柱状图时更应该调动出自己的全部知识,从图中所列各地层单位的厚度、岩性、化石等图文中解读出丰富的地质历史信息,把柱状图当作该地区的简明地质历史来读。

4.2.6 读地质剖面图

地质剖面图就是在地质图上选一条尽可能穿越不同地形、地层和构造状况的有代表性的直线,把该线段上的地形、岩层和构造等用二维的垂直断面图的形式表示。

地质剖面图置于图框外的下方,一幅地质图可设一个或若干个地质剖面图,剖面图的图名以剖面线上主要地名命名,写在图的上方正中,或以剖面线代号表示,剖面线代号就是用细线条画出在地质图上的线段两端的代号,如 A—B 等,它表明地质剖面图在地质图上的位置。

地质剖面图的比例尺有水平比例尺和垂直比例尺两种,水平比例尺一般与地质图的比例尺一致,垂直比例尺表示在剖面两端竖立的直线上,按海拔标示。

各地层的代号标注在剖面线出露的相应地层的上面或下面,地层的符号(花纹)和色谱应与地质图一致,其图例放在地质剖面图框的下方正中。

剖面图的两端上方要注明断面线方向,用方位角表示。剖面线所经过的主要山岭、河流、村镇等地名应注在断面地形上相应的位置。

4.2.7 地质图的综合分析

在熟悉了上述各种图例的基础上,即可转向图面观察。一幅地质图所反映的地质内容是相当丰富的,从观察内容来说,先从地形入手,然后观察地层、岩性、构造、地貌等;从观察方法来说,采用一般—局部—整体的分析步骤,首先了解图幅内一般概况,然后分析局部地段的地质特征,逐渐向外扩展,最后建立图幅内宏观地质规律性的整体概念。

分析图内的地形特征,如果是大比例尺地质图,往往带有等高线,可以据此分析山脉的一般走向、分水岭所在、最高点、最低点、相对高差等。如果是不带等高线的小比例尺地质图,一般只能根据水系的分布来分析地形的特点,如大河流的主流总是流经地势较低的地方,支流则分布在地势较高的地方;顺流而下地势越来越低,逆流而上越来越高;位于两条河流中间的分水岭地区总是比河谷地区要高等。了解地形特征,可以有助于了解地层分布规律、地貌发育与地质构造的关系等。

分析地质内容应当按照从整体到局部再到整体的方法,首先了解图内一般地质情况,例如:①地层分布情况,老地层分布在哪些部位,新地层分布在哪些部位,地层之间有无不整合现象等,对于柱状图上标明有不整合关系的地层,要仔细查看,尤其是下伏地层的分布和变形状况;②地质构造总的特点是什么,如褶皱是连续的还是孤立的、断层的规模大小、断层发育在什么地方、断层与褶皱的关系怎样、断层是与褶皱方向平行还是垂直或斜交等;③火成岩分布情况,火成岩与褶皱、断层的关系怎样。

褶皱构造的表现为:地层对称分布,中间地层较新为向斜;地层对称分布,中间地层较老为背斜。如地层依次出露顺序为 C—D—S—D—C,中间地层较老,为背斜构造。

断层在地质图上用红线表示,红色虚线表示推测断层。在地质图上,地层错开是断层的重要标志。

把各个局部联系起来，进一步了解整个构造的内部联系及其发展规律，主要包括：①根据地层和构造分析，恢复全区的地质发展历史；②地质构造与地貌发育的关系等。

4.3 读水平岩层地质图

水平岩层是同一层面上各点的海拔相同或基本相同的岩层。未经变动且保持原始状态的沉积岩层一般都是水平的。变形极其轻微的地台盖层，其岩层往往成水平或近水平产出，如图6-2所示。

图6-2　河北涞源白石山水平岩层

水平岩层在地质图上出露的特征是：

(1)在地形地质图上，岩层的地质界线与地形等高线平行或重合(见图6-3)。

(2)在山顶或孤立山丘上的地质界线呈封闭的曲线，在沟谷中呈尖齿状条带，其尖端指向上游(见图6-3)。

(3)在岩层未发生倒转的情况下，一套水平岩层的老岩层在下，新岩层在上。若地形切割轻微，地面只出露最新地层。如果地形切割强烈、沟谷发育，则在低洼处出露较老的地层，自低谷至山顶地层时代依次变新(见图6-4)。

(4)岩层顶、底面之间的垂直距离是岩层的厚度，水平岩层的厚度即其顶、底面的标高差(见图6-5)。

(5)岩层出露宽度是其顶、底面出露线之间的水平距，水平距的大小取决于岩层厚度和地面坡度。厚度一致的岩层出露宽度取决于坡度，坡度大则出露宽度小，坡度小则出露宽度大；坡度一致时，出露宽度取决于厚度，厚度大则出露宽度大，厚度小则出露宽度小，如图6-5所示；在陡崖处，水平岩层顶、底界线投影重合成一线，造成地质图上岩层发生“尖灭”的假象。

5 作业

阅读、分析凌河地形地质图(见本项目后附图1)或南涧镇地形地质图(见本项目后附图2)，判别哪些地层是水平岩层的地层，求凌河地形地质图中 K_1 的厚度。

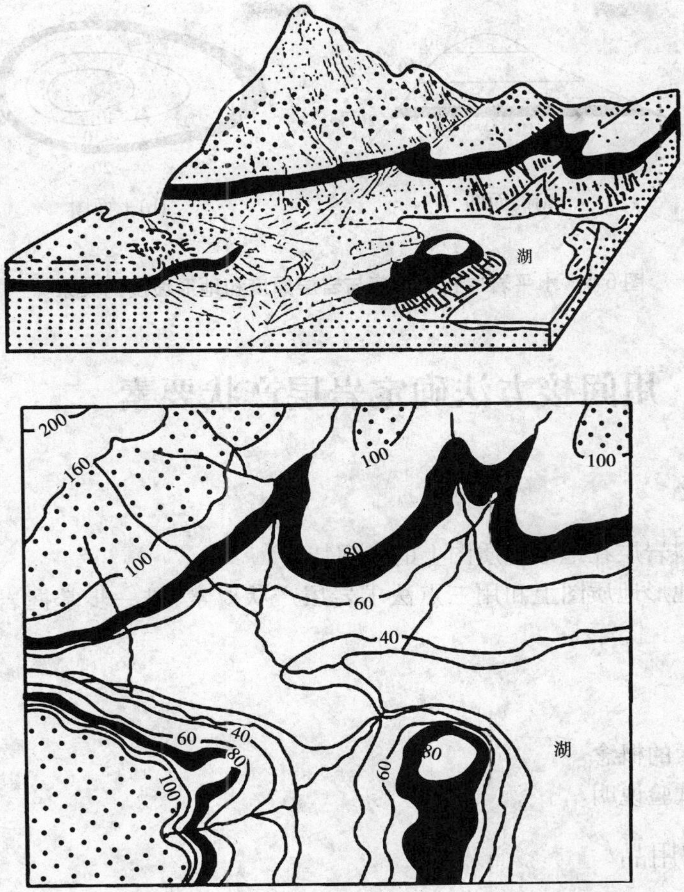

图 6-3　水平岩层露头分布特征

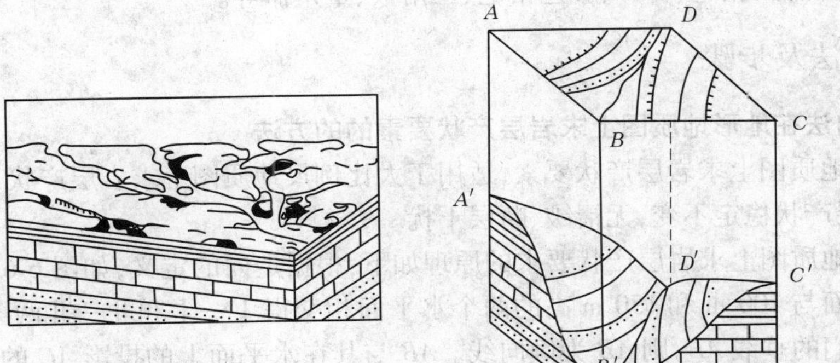

(a)地形切割轻微时，地面只出露新岩层　(b)地面切割强烈，地形起伏时，水平岩层的出露情况

图 6-4　水平岩层的分布特征

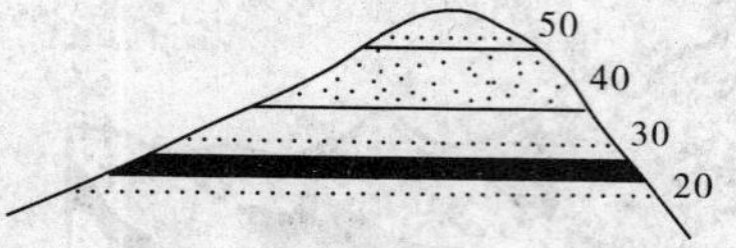

(a)剖面图

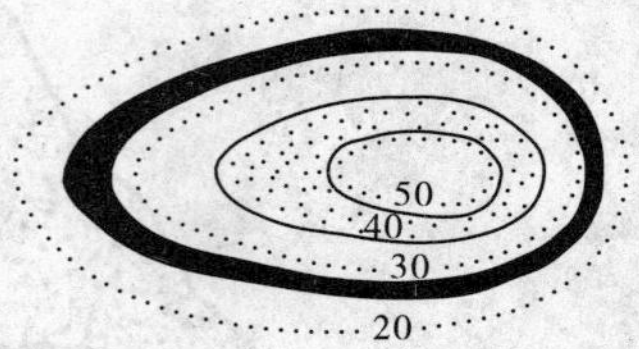

(b)平面图

图 6-5 水平岩层露头宽度与岩层厚度和地形坡度的关系

任务 2 用间接方法确定岩层产状要素

1 目的和要求

(1)掌握倾斜岩层在地形地质图上的表现特征。

(2)学会在地形地质图上和用三点法求岩层产状要素,进一步掌握岩层产状要素的概念。

2 预习内容

(1)产状要素的概念。

(2)预习本试验说明。

3 试验用图和用品

(1)试验用图:凌河地形地质图、嘉阳坡地形地质图、松溪地形地质图。

(2)试验用品:铅笔(2H)、彩色铅笔、三角板、量角器等。

4 试验方法及步骤

4.1 用走向法在地形地质图上求岩层产状要素的的方法

在地形地质图上求岩层产状要素,适用于大比例尺地质图上求岩层产状,而且在测定范围内,岩层产状稳定不变,无褶皱、断层干扰。

在地形地质图上求岩层产状要求的原理如下:根据走向的定义,如图 6-6(a)所示,某砂岩层上层面与 100 m 和 150 m 高的两个水平面相交得 Ⅰ—Ⅰ 和 Ⅱ—Ⅱ 两条走向线,沿上层面作它们的垂线 *AB*,则 *AB* 为倾向线。*AB* 与其在水平面上的投影 *AC* 的夹角 α 即为岩层的倾角,$\vec{CA}$ 方向为倾向。在直角三角形 *ABC* 中,*BC* 为两条走向线的高差。因此,从这个透视图中不难看出,只要能作出同一层面不同高程的相邻两条走向线,再根据其高程和平距就可以求出岩层在该处的产状要素。

如图 6-6(b)所示,在地形地质图上求岩层产状要素的作用步骤如下:

(1)将砂岩层的上层面界线与 100 m 和 150 m 两条等高线的交点 Ⅰ、Ⅰ 和 Ⅱ、Ⅱ 分别相连，得走向线Ⅰ—Ⅰ和Ⅱ—Ⅱ。

(2)从150 m高程的走向线Ⅱ—Ⅱ上任一点C作一垂线，与100 m高程的走向线Ⅰ—Ⅰ交于A点，则$\overrightarrow{CA}$代表倾向，倾斜方向由高指向低。根据两条走向线高差50 m，按地质图比例尺截取BC线段(如1 cm = 50 m)，可得直角三角形ABC。

(3)用量角器量出$\angle BAC$的度数即为岩层倾角α，或按地质图比例尺求出AC长度，已知BC为50 m，可由$\tan\alpha = \frac{BC}{AC}$求出$\alpha$，并量出$\overrightarrow{CA}$的方位角即为岩层的倾向。

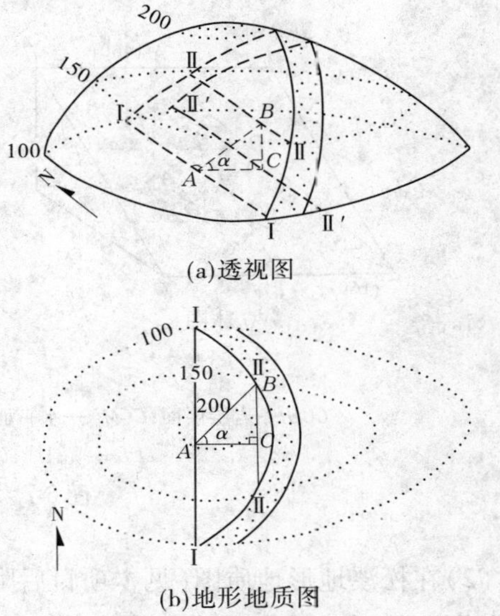

图6-6　在地形地质图上求岩层产状要素　(单位:m)

4.2　三点法求岩层产状要素的方法

当岩层产状平缓(倾角只有几度)而罗盘不便测量或岩层深埋地下不能直接测量时，可以测出岩层面的标高，或者利用钻探得到的层面标高资料，然后运用三点法求岩层产状要素。

4.2.1　应用三点法求岩层产状的前提条件

(1)三点要位于同一层面上，但又不在一条直线上。

(2)三点的方位、相互间水平距离和标高(或高差)为已知，并且三点相距不太远。

(3)在三点范围内岩层面平整，产状无变化，无褶皱和断层。

4.2.2　三点法的要点

如图6-7(a)所示，只要在最高点A和最低点C的连线上，找到与B点等高的一点D，就可以作出走向线BD；过另一点C作出与BD平行的另一条走向线CF，并根据两条走向线各自高程和水平距离，求出倾向和倾角，如图6-7(b)所示。具体作法如下：

(1)求等高点：如图6-7(b)所示，从最低点C作任意辅助线CS，根据A、C两点间的高差按一定的等高距将其平分。用等比例线段法在AC线上求出与B点等高的D'。

(2)求倾向：连接$D'B'$即高程为360 m走向线，并过C点作$D'B'$的平行线CF，即高程为160 m走向线。在$D'B'$上任取点O作垂线与CF相交于F点，则OF为倾向线。倾斜方向由高至低(箭头方向)，并用量角器量其方位角值(如图6-7(b)所示为180°，即倾向S180°)。

(3)求倾角：按平面图比例尺，在$B'D'$走向线上截取OE'等于B、C两点的高差，连接$E'F$，则$\angle OFE'$为地层倾角α，以量角器量其值。

5　作业

(1)在凌河地形地质图(见本项目后附图1)上求下石炭统(C_1)顶面或底面的产状。在嘉阳坡地形地质图(见本项目后附图3)上求C_1^2顶面或底面的产状。

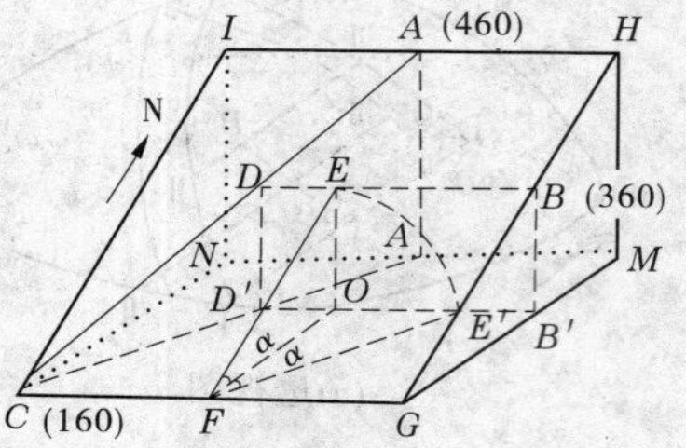

(a)立体图

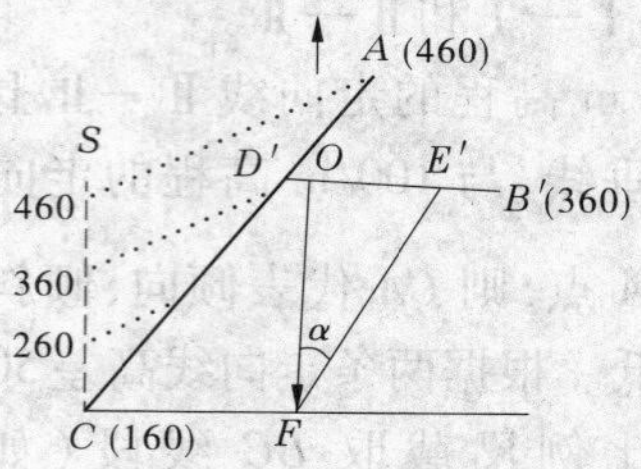

(b)平面图

CGHI—岩层层面；*CGMN*—水平面(160 m 高程)；*DB*、*D'B'*、*CF*—走向线；

EF—倾斜线；*OF*—倾向线；α—倾角

图 6-7　三点法求产状

(2)在松溪地形地质图(见本项目后附图 4)上，根据：①已知某赤铁矿层为一倾斜矿层，产状稳定，有三个钻孔各见矿深度为：ZK_2 为 60 m、ZK_3 为 40 m、ZK_5 为 80 m，用三点法求该矿层产状；②在设计钻孔 ZK_9 处，预计打多深即可达该赤铁矿层顶面？(提示：钻孔中铁矿层顶面高程等于钻孔地面位置高程减去见矿深度)

任务 3　读倾斜岩层和不整合接触地质图并作剖面图

1　目的和要求

(1)认识倾斜岩层和不整合接触关系在地质图上的表现特征，学会用"V"字形法则分析倾斜岩层的产状。

(2)学习编绘倾斜岩层地质剖面图的方法。

2　预习内容

(1)前文中"倾斜岩层露头形态"及"不整合类型"的内容。

(2)本次试验说明。

3　试验用图和用品

(1)试验用图：凌河地形地质图、嘉阳坡地形地质图。

(2)试验用品：铅笔(2H)、三角板(或直尺)、量角器、方格纸等。

4　试验方法及步骤

4.1　分析倾斜岩层在地质图上的表现特征

倾斜岩层在大比例尺地形地质图上，表现最明显的特征是岩层界线与地形等高线相交,在山脊和沟谷处弯曲成“V”字形,并有一定规律,即所谓“V”字形法则。

(1)相反相同法则——岩层倾向与地形坡向相反时,地质界线形成的“V”字与地形等高线形成的“V”字尖端指示的方向相同,沟谷处都指向山顶,山脊处都指向山脚。但地质界线的“V”字比地形等高线的“V”字要开阔一些,或者说地质界线“V”字尖端曲线的曲率比地形等高线“V”字尖端曲线的曲率小一些,如图6-8所示。

(2)相同相反法则——岩层倾向与地形坡向相同,且倾斜岩层的倾角大于地形的坡度角时,地质界线形成的“V”字与地形等高线形成的“V”字尖端指示的方向相反,地质界线在沟谷处指向山脚,在山脊处指向山顶,如图6-9所示。

(3)相同相同法则——岩层倾向与地形坡向相同,且倾斜岩层的倾角小于地形的坡度角时,地质界线形成的“V”字与地形等高线形成的“V”字尖端指示的方向相同,沟谷处都指向山顶,山脊处都指向山脚,但地质界线的“V”字比地形等高线的“V”字要紧闭一些或者说地质界线“V”字尖端曲线的曲率比地形等高线“V”字尖端曲线的曲率大一些,如图6-10所示,这是与相反相同法则的区别所在。

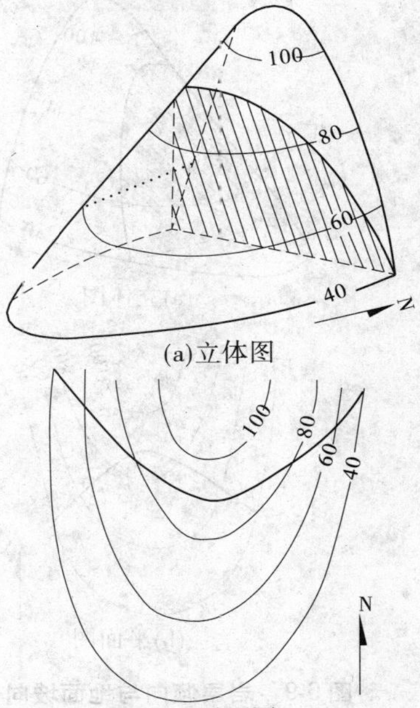

图6-8　岩层倾向与地面坡向相反

上述三种情况,反映出倾斜岩层地质界线形态主要由岩层倾角大小以及岩层倾向和地面坡向的关系这两个因素来决定。通过读图来应用这一规律,掌握岩层产状与地形及其相互关系对岩层地质界线形态影响的分析方法,有助于建立岩层产状立体形态和露头投影形态的关系,对填绘和阅读大、中比例尺地质图很重要。

4.2　认识不整合在地质图上的表现特征

根据地质图上出露的地层时代、层序,如在图区内在两个不同时代的地层之间存在地层缺失,即两地层时代层序不连续,而两地层产状一致,露头线基本平行,则为平行不整合;如两地层产状不平行,较新地层的底面界线截过不同时代的较老地层界线,则为角度不整合,如图6-11所示。

4.3　绘制倾斜岩层地质剖面图

4.3.1　地质剖面图的概念

地质剖面图是沿一定方向反映地下一定深度的地质构造形态的图件。一幅完整的地质图都应附有1~2条通过全区主要构造的剖面图,与地质图配合使用,能更清晰、形象地反映剖面所经过的地区地下构造情况。地质剖面图是地质图不可缺少的辅助图件,也是编制构造图的基本图件。

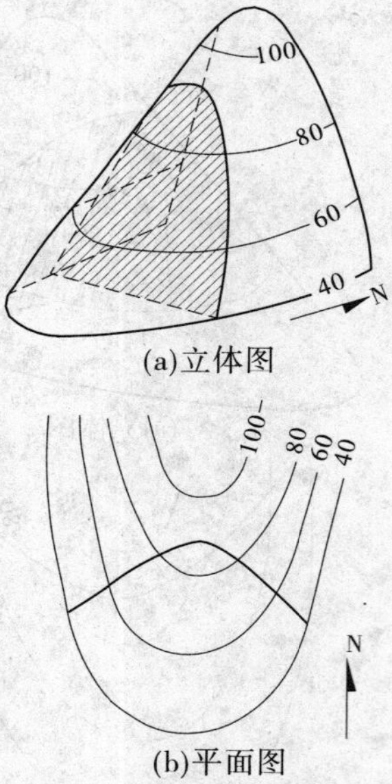

(a)立体图

(b)平面图

图 6-9　岩层倾向与地面坡向一致，岩层倾角大于地面坡度角

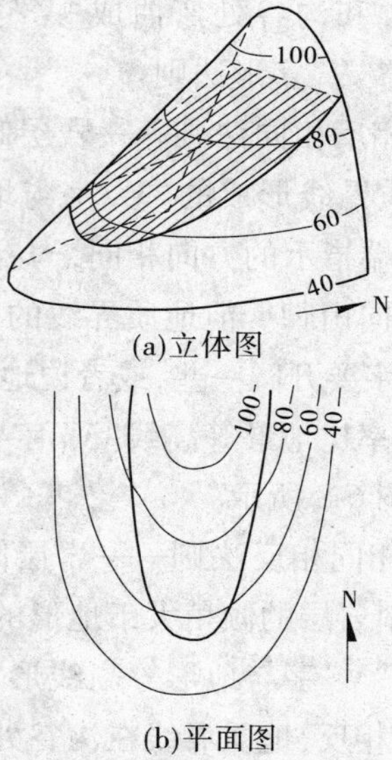

(a)立体图

(b)平面图

图 6-10　岩层倾向与地面坡向一致，岩层倾角小于地面坡度角

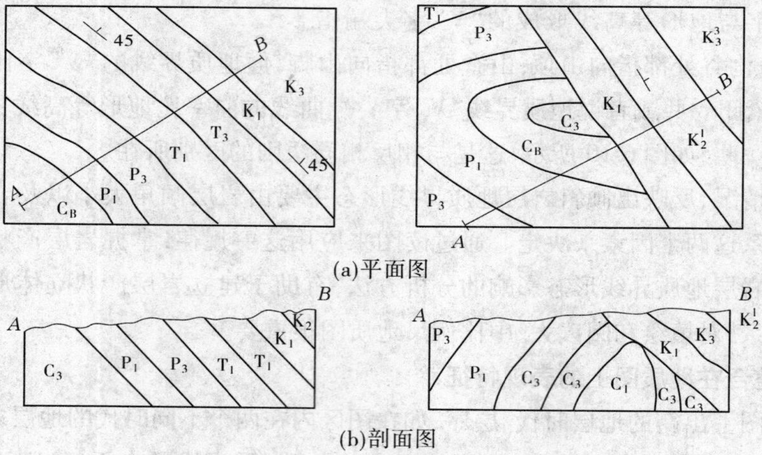

(a)平面图

(b)剖面图

图 6-11　不整合在地质图和剖面图上的表现

由于地质剖面图和岩层产状或褶曲轴的关系不同，可分为横剖面图和纵剖面图两种。一般所说的剖面图常常是指横剖面图。

横剖面图是指垂直于褶曲长轴或岩层走向所编制的铅直剖面图。

纵剖面图是指垂直于褶曲短轴或平行岩层走向所编制的剖面图。

4.3.2　地质剖面图的规格

如图 6-12 所示，地质剖面图的规格包括以下几方面要求：

(1)图名：说明剖面所在位置，以剖面所通过的主要地名来命名(以山、河、城镇等名字命名)。

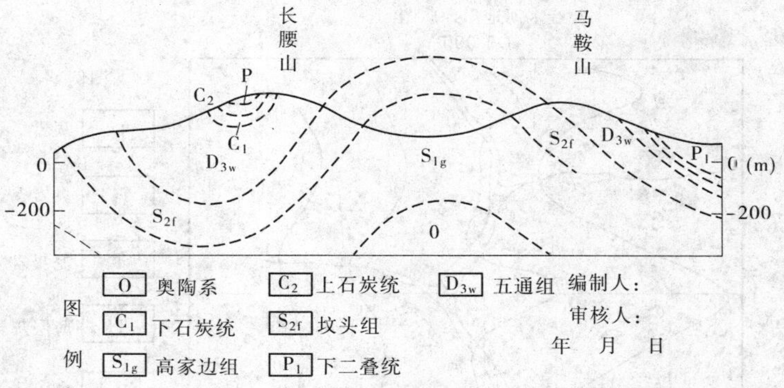

图6-12　地质剖面图规格

(2)比例尺：剖面图有垂直比例尺和水平比例尺，水平比例尺与相应的地质图相同，垂直比例尺表示方法是画成尺子状，竖立在所画剖面的两边。其高度起点应从剖面所经地区中最低标高以下的地方开始(可不必从零开始)。垂直比例尺大小应和水平比例尺一致。只在岩层倾角小于5°时才能放大，放大倍数在剖面上处注明。

(3)图例：意义同地质图。若剖面图附在地质图下，可不必画图例。

4.3.3　地质剖面图的绘制方法和步骤

地质剖面图的绘制方法和步骤如下：

(1)选择剖面位置。在分析图区地形特征、地层的出露、分布和产状变化以及构造特点的基础上，要使所作的剖面尽量垂直于区内地层走向，通过地层出露较全和图区主要构造部位，或者选在阅读地质图所需要作剖面的地方。选定后，将剖面线标定在地质图上。

(2)绘地形剖面。在绘图纸(以方格纸为好)上画出剖面基线，长短与剖面相等，两端画上垂直线条比例尺(一般与地质图比例尺一致)，按等高间距作一系列平行于基线的水平线(用方格纸作剖面只注明标高位置)。基线标高一般取比剖面所过区域最低等高线高度再低1～2个间距，然后以基线高程为起点，按等高距依次注明每条平行线的高程并将基线与地质图上剖面线放平行。最后将地质图上的剖面线与地形等高线各交点一一投影到相应高程的水平线上(或剖面标高位置)，按实际地形用平滑曲线连接相邻点即得出地形剖面。

(3)完成地质剖面。将地质图上的剖面线与地质界线(地层分界线、不整合线、断层线等)的各交点投影到地形剖面曲线上(如图6-13中的虚点线)。根据各岩层倾向和倾角，在各岩层出露点绘出分层界线。当剖面与走向斜交时，则应按剖面方向的视倾角绘分层界线。根据在地质图上地质构造的特征在剖面图上恢复各构造。

(4)绘制岩性花纹。

(5)整饰剖面图。按剖面图的规格填上各项内容，即得一张完整的地质剖面图。

5　作业

(1)读凌河地形地质图(见本项目后附图1)和嘉阳坡地形地质图(见本项目后附图3)，分析图区岩层产状、露头分布特征("V"字形)及露头宽度变化，认识地层接触关系。

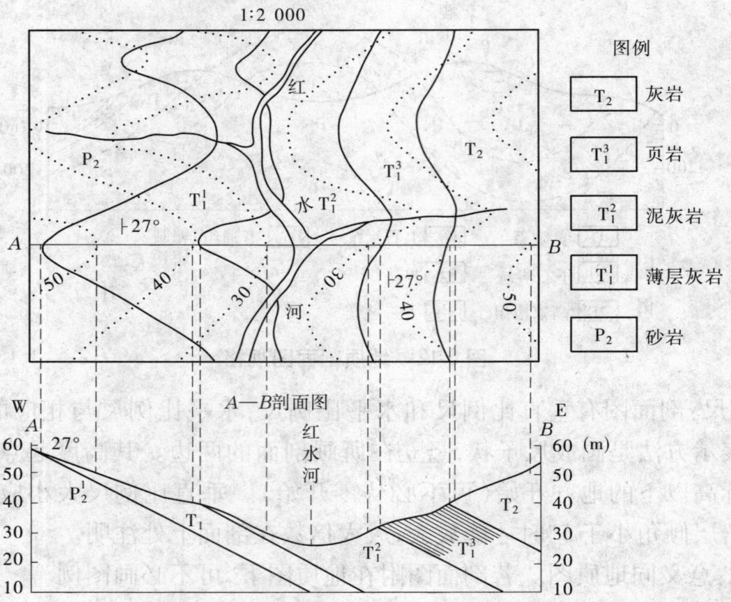

图 6-13 绘制倾斜岩层剖面的方法示意图

(2)绘制凌河地形地质图中 *A—B* 地质剖面图。

任务4 读褶皱区地质图

1 目的与要求

读褶皱发育区地质图及描述褶皱,编制褶皱发育区地质图的图切剖面。

2 说明

2.1 褶皱形态分析

分析褶皱发育区地质图,首先要确定背斜与向斜,进而再分析褶皱形态、组合类型及形成时代。分析时,除遵循一般的读图方法外,具体步骤可从以下几方面着手,但对于不同类型的褶皱,其重点又有所不同。

2.1.1 区分背斜和向斜

首先根据地层的对称重复以及地层新老关系和产状区分背斜与向斜。若核部为老地层,两翼依次为新地层者,为背斜;若核部为新地层,两翼依次为老地层者,为向斜。

2.1.2 确定两翼产状

分析两翼产状是认识褶皱形态的关键。根据褶皱两翼产状及其变化,确定轴面和枢纽产状。两翼产状可从地质图上直接读出。在大例尺的地形地质图上,两翼产状也可根据地质界线与等高线的关系求出岩层产状。对于小比例尺地质图,地形的影响可以忽略,岩层的露头宽度常可用来估测岩层的倾角大小。

2.1.3 判断轴面产状

根据两翼的倾向、倾角大致判断轴面产状。若两翼倾向相反、倾角近相等，表示轴面直立；若两翼倾角不等，轴面是倾斜的。在斜歪和倒转褶皱中背斜的轴面均与缓翼倾向一致。

2.1.4 枢纽产状的确定

当地形近平坦褶皱两翼平行延伸时，表示两翼岩层走向平行一致，则褶皱枢纽是水平的；如两翼岩层走向不平行，两翼同一岩层界线交会或呈弧形弯曲，说明该褶皱枢纽是倾伏的；背斜两翼同一岩层地质界线交会的弯曲尖端指向枢纽倾伏方向，向斜两翼同一岩层地质界线交会的弯曲尖端指向扬起方向(见图6-14)。另外，沿褶皱延伸方向核部地层出露的宽窄变化，也能反映出枢纽的产状。核部变窄的方向是背斜枢纽倾伏方向，或为向斜枢纽扬起方向。

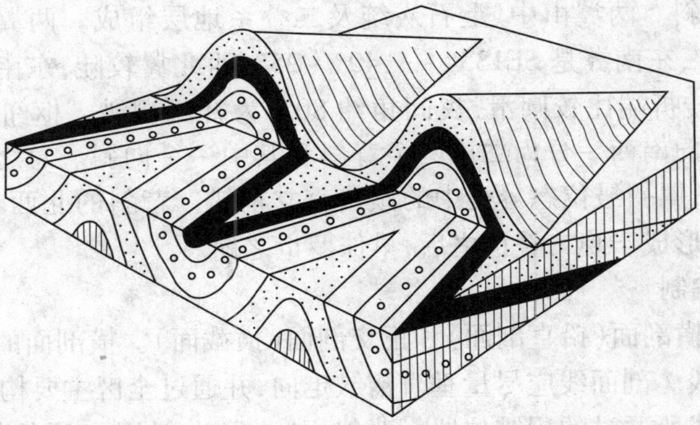

图6-14 倾伏背斜和向斜

在地形起伏很大的大比例尺地质图上，褶皱岩层界线受“V”字形法则的影响，岩层界线弯曲不一定反映枢纽起伏。枢纽水平的褶皱，会因地形起伏的影响，表现出两翼交会。此时，从褶皱两翼产状、褶皱岩层界线分布形态与岩层产状和地形的关系等方向综合起来分析，才能正确认识枢纽产状。

2.1.5 转折端形态的认识

在地形较平坦或小比例尺的地质图上，褶皱倾伏处(扬起处)的轮廓大致反映褶皱转折端的形态。这与斜切断面和横切断面的关系可以相比。

2.1.6 翼间角和褶皱紧闭程度的判定

根据两翼岩层的倾向与倾角，可大致地估测出翼间角的大小，再根据其翼间角的大小范围对褶皱紧闭程度作出定性描述。

2.1.7 轴迹和平面轮廓的确定

将褶皱各相邻岩层的倾伏端点(或扬起端点)连线，即是轴迹。轴迹所示方向表示褶皱的延伸方向，轴迹的长短表示褶皱在平面上的大小。褶皱两翼同一岩层的出露线沿轴迹方向的长度与垂直轴迹方向的宽度之比即褶皱的长宽比。按长宽比可将褶皱分为长轴、短轴和等轴三种类型。

2.1.8 褶皱组合类型的识别

在逐个分析区内背斜、向斜之后，按轴迹排列规律确定褶皱组合类型：平行线列、雁列褶皱或其他类型。

2.1.9 褶皱形成时期的确定

主要根据地层间的角度不整合接触关系来确定褶皱的形成时代。不整合面以下褶皱岩层最新地层时代之后与不整合面以上最老地层时代之前的褶皱形成时代。

2.2 褶皱描述

褶皱的描述包括以下内容：褶皱名称（地名＋褶皱类型）、分布地点及范围、延伸方向、核部及两翼地层、两翼产状及其变化、转折端形状、褶皱的位态分类、次级褶皱特征、与周围其他构造的关系以及褶皱形成时代等。现以暮云岭背斜为例来说明。

如本项目后附图5所示，暮云岭背斜，位于图幅中西部暮云岭一带、呈NE—SW向延伸；核部由下石炭统组成，宽约500 m，长约2 750 m，平面上成不规则的长椭圆形，长宽比约为5∶1，近线形背斜。两翼由中、上石炭统及二叠系地层组成。两翼产状是：西北翼是NW315°∠60°～55°，东南翼是SE135°－∠40°～25°；西北翼较陡，东南翼较缓，轴面向南东倾，倾角约80°，转折端比较圆滑，翼间角约80°，为开阔褶皱。枢纽向NE、SW两端倾伏，中部隆起，背斜向南西一分为二成两个背斜和其中一个向斜。总之，本褶皱为一转折端圆滑的斜歪背斜，属褶皱位态分类中的倾伏直立褶皱。背斜的北西和南东两翼与相邻的向斜连接。背斜形成于晚二叠世之后，早侏罗世之前。

2.3 褶皱剖面的编制

褶皱剖面包括横剖面（铅直剖面）和正交剖面（横截面）。横剖面的编制方法如下：

（1）选择剖面线。剖面线应尽量垂直褶皱走向，并通过全区主要构造。

（2）标出剖面线所通过的褶皱位置。背斜用“∧”、向斜用“∨”符号表示。要把次一级褶皱轴延长与剖面相交，用同样方法标出次一级褶皱位置（见图6-15）。

（3）绘出地形剖面。

（4）绘出褶皱形态。将剖面线上的地质界线和褶皱轴迹的交点投影到地形剖面上，在投地质界线点和画褶皱构造时应注意以下几点：①剖面切过不整合面和第四系时，先画不整合面以上的地层和构造，然后画不整合以下地质界线。其画法为在地质图上把不整合面以下的对层分界线按其延伸趋势延至剖面线上相交于某点（见图6-15中的M点），将此点投影于不整合面得一交点，从此点绘出不整合以下地层的界线和构造。②剖面线切过断层时，先画断层，然后再画断层两侧的地层和构造。③剖面线与地层走向斜交时，应将岩层倾角换算成视倾角。④作图顺序应从褶皱核部开始，依次绘出两翼上各层，当各层倾角相差较大时，应使岩层厚度保持不变而调整局部产状，使之逐渐过渡与主要产状协调一致（见图6-16）。

（5）恢复褶皱转折端的形态。应考虑褶皱是平行褶皱还是相似褶皱。在平行褶皱中，岩层厚度在整个褶皱中保持不变，而在相似褶皱中转折端处岩层应有所加厚。对于转折端是圆滑还是尖楞，应根据其地质图上表现的形态近似地确定。对于转折端深部的位置，如为轴面直立褶皱，根据枢纽倾伏角作纵向切面，求出到所作剖面处核部地层枢纽的深度，然后结合两翼倾角及枢纽位置绘出转折端（见图6-17）。在一般情况下。转折端深

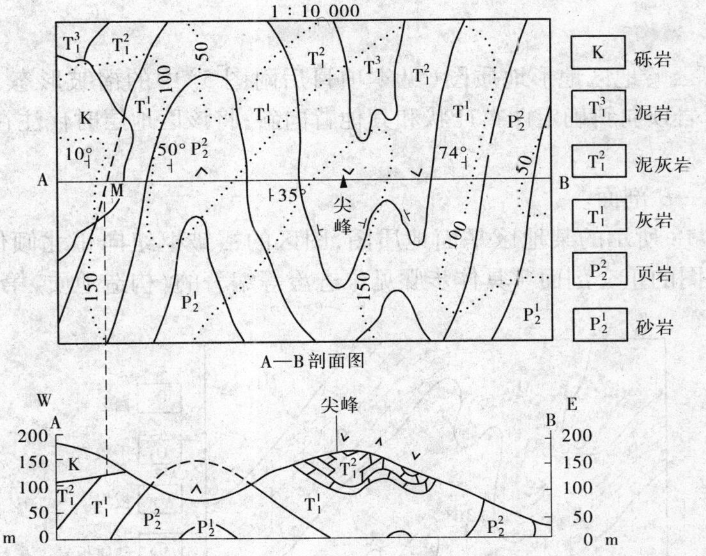

图 6-15　褶皱构造剖面图的绘制

(a)校正前　(b)校正后

图 6-16　根据同一岩层厚度不变校正同翼岩层产状

部位置可根据两翼产状和褶皱形态,作合理的推测。

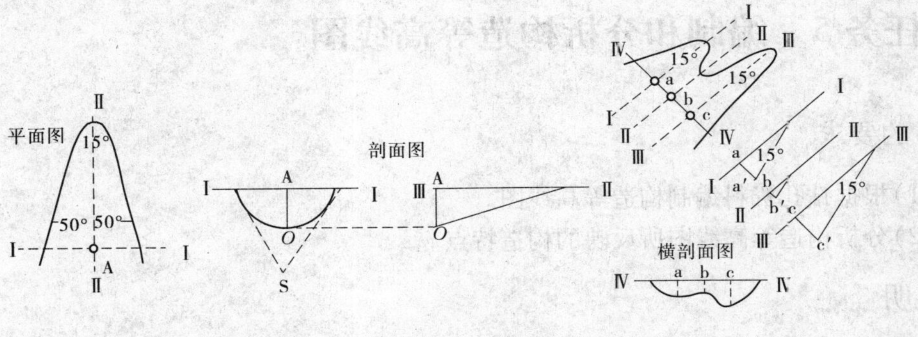

图 6-17　绘制褶皱转折端深部位置的方法

(6)按剖面规格加以整饰。

3 作业

(1)分析暮云岭地区地形地质图(见本项目后附图5)中的褶皱形态、组合形式和形成时代;描述青岩顶向斜确定两翼产状和其他背向斜;将该区地层时代注在背向斜的相应部分。

(2)绘制 A—B 剖面。

(3)如图6-18所示的某地区平面地质图,图区的褶皱枢纽向正北倾伏,其倾伏角为30°。试绘制该图的正交剖面。具体步骤见朱志澄等编著的《构造地质》第九章第六节。

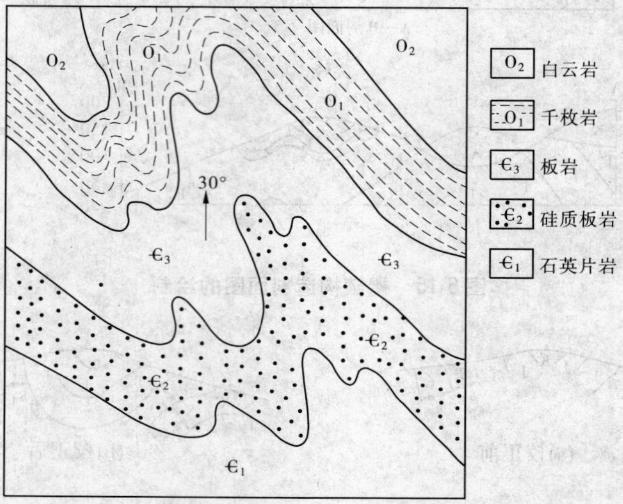

图6-18 某地区平面地质图

任务5 编制和分析构造等高线图

1 目的要求

(1)根据钻孔资料编制构造等高线图。

(2)分析构造等高线图所反映的构造特点。

2 说明

根据等高线表现地面起伏的地形图绘制原理,用等高线反映一特定岩层的顶面或底面的起伏形态的一种构造图称为构造等高线图,也称构造等值线图。这种构造图定量地、醒目地反映了地下构造,特别是褶皱构造形态。这是油气田、煤田和一些层状矿床的勘探和开采中经常编绘的一种重要图件。

2.1 编绘构造等高线图的方法

2.1.1 换算目的层层面标高

所谓目的层,是指选定用来反映地下构造的一个特定的岩层或矿层。要绘目的层面的等高线,就必须测定或换算出它在各处的标高,如图6-19所示。每个钻孔口地面标高减去到达目的层面的孔深,即得出每个钻孔处目的层的标高。如钻孔A地面标高是350 m,到目的层面的孔深是375 m,则在A点目的层面标高为25 m。

2.1.2 将计算结果标在图上相应位置

如图6-20所示,“555”“5”为孔号,“55”为该点目的层面标高。

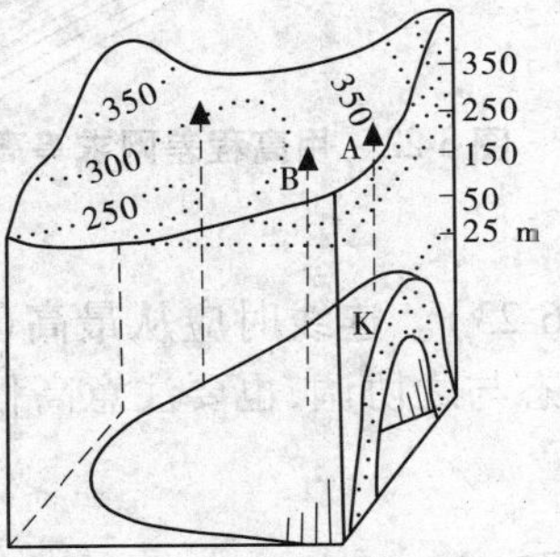

图6-19 换算目的层层面标高示意图

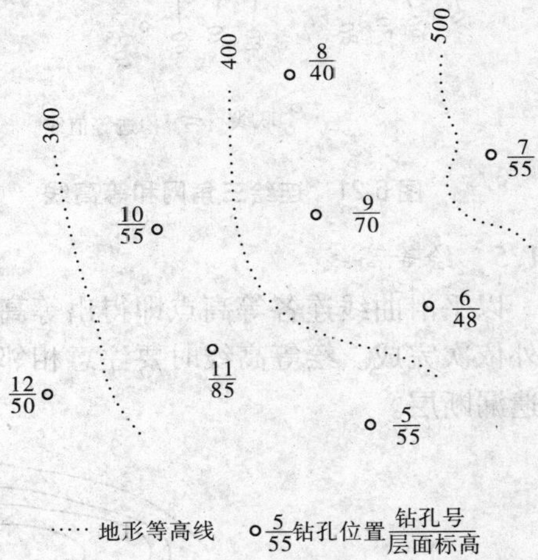

图6-20 分析目的层层面高程变化的特点

2.1.3 分析目的层层面高程变化规律

找出层面的最高点或最低部位,或高程突变位置(可能是断层存在的显示),分析层面高程变化趋势,初步确定背斜或向斜以及枢纽轴线或脊线、槽线方位。如图6-21所示,以11号孔为中心,附近各点高程变化特点是:朝北西和南东方向变低,向北东方向也逐渐降低,可以判断这一个枢纽向北东倾伏的背斜,沿11—9—7的连线应大致是背斜枢纽或脊线的位置。

2.1.4 用插入法求等高距点

从最高点(或最低点)开始,向周围距离较短、高差较大的点连线。用透明方格纸作高程差线网,按所规定的等高线距,用内插法求出钻孔连线间的等高距点。

如图6-32所示,2号孔层层面标高为65 m,3号孔层面标高为82 m,二者高差17 m。按等高线间距为10 m,应在两孔之间线段上求出70 m和80 m两高程点位置。将差线网盖在图上,使其某一基线与2号孔吻合,此基线即为65 m,用大头针固定2号孔,转动高程差线网,使自基线起算与3号孔标高相等的网上的一条线与3号也重合,则等高差线网中相对应的70 m和80 m线与2—3连线的交点,即为所求的等高线点。

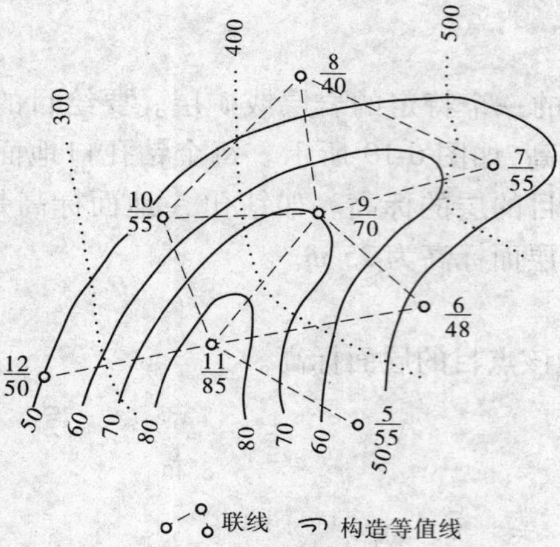

图 6-21　连绘三角网和等高线

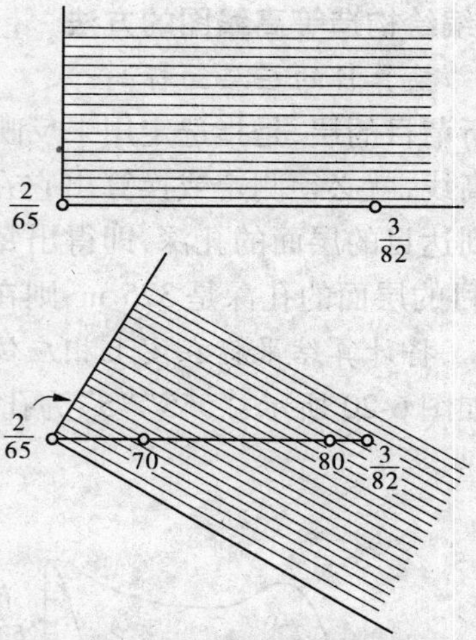

图 6-22　用高程差网求等高线点

2.1.5　绘等高线

以平滑曲线连各等高点即得出等高线图(见图 6-23)。连线时应从最高(或最低)线向外依次完成。绘等高线时要注意相邻等高线的形态与之协调,也要注意高程的突变,以免遗漏断层。

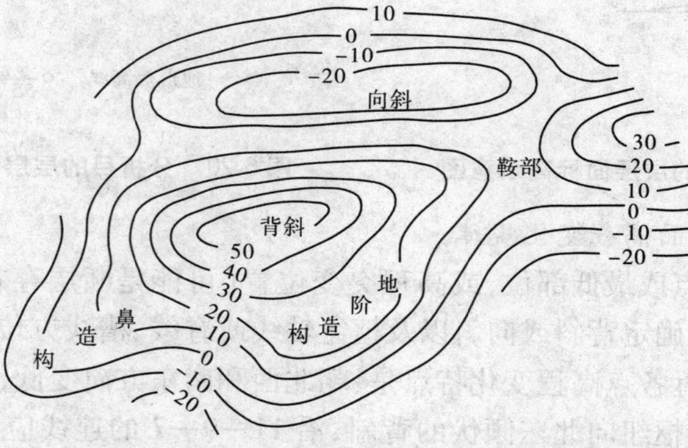

图 6-23　褶皱形态在构造等高线图上的表现

2.2　分析构造等高线图

根据构造等高线图可以认识和分析由目的层面的起伏形态所反映的构造特征。

2.2.1　构造类型

如图 6-23 所示,从等高线圈闭形状和高程变化直接地、定量地表现出背斜、向斜和一些褶皱形态变化的细节。若出现等高线的错开或重叠等异常现象,则为断层(见图 6-24)。

2.2.2　构造的产状变化

等高线延伸方向表现岩层走向及其变化,等高线的疏密反映了岩层倾角的陡缓,用作图法可在构造等高线图上求出层面各点的产状。用实线和虚线及二者的重叠表示出岩层产状正常和倒转(见图 6-25)。等高线沿轴向的疏密及高程变化,反映枢纽或脊(槽)线的

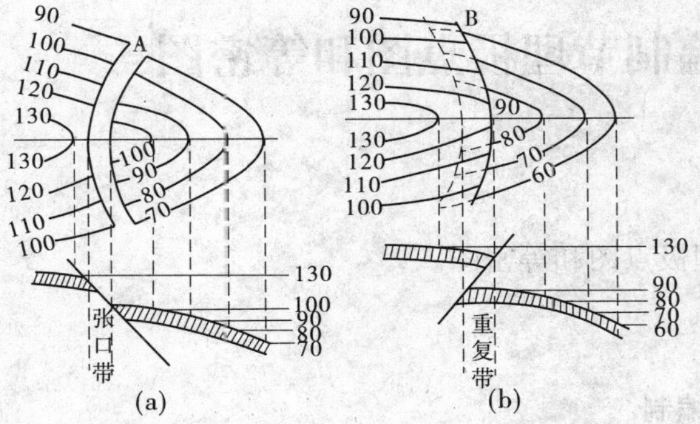

图 6-24　断层在构造等高线图上的表现

纵向起伏变化。

2.2.3　构造组合

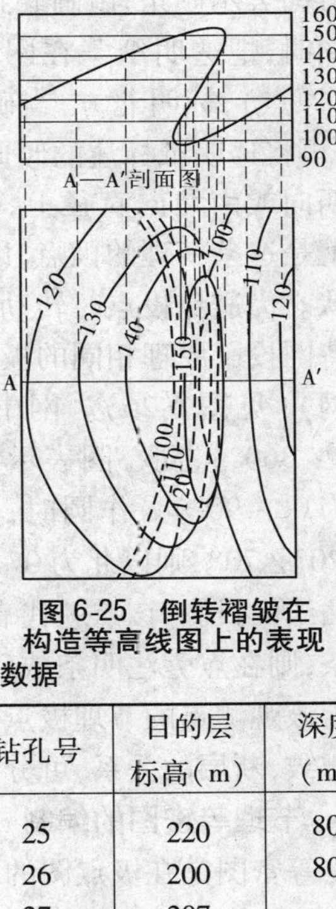

图 6-25　倒转褶皱在构造等高线图上的表现

在较大区域的构造等高线图上，可以看到地下的褶皱及褶皱与断层的组合关系。在资料较丰富、编绘较精细的构造图上，还可以反映出次级构造形态。

3　作业

（1）编制凉风垭地区地形图（见本项目后附图 6）中侏罗统介壳灰岩顶面构造等值线图。凉风垭地区由钻孔资料所得该灰岩顶面标高、钻孔地面高程和灰岩顶面的深度，列于表 6-1 中。

（2）按以上说明，分析编绘出的构造等高线图上的构造形态。

表 6-1　凉风垭地区 J_2 介壳灰炭深度顶面标高数据

钻孔号	深度（m）	目的层标高（m）	钻孔号	深度（m）	目的层标高（m）	钻孔号	目的层标高（m）	深度（m）
1	180	70	13	207		25	220	80
2	195	80	14	223		26	200	80
3	235	60	15	220	70	27	207	
4	305	40	16	220	60	28	175	70
5	249		17	200	70	29	155	
6	210		18	240	90	30	215	90
7	170	100	19	205	10	31	200	70
8	190	70	20	196	0	32	248	62
9	200	70	21	207	70	33	264	56
10	170	100	22	178	95	34	270	50
11	190		23	198		35	185	56
12	233	60	24	195				

任务 6　编制节理极点图和等密图

1　目的要求

编制和分析节理极点图和等密图。

2　说明

2.1　节理极点图的编制

节理极点图通常是在施密特网上编制的,网的圆周方位表示倾向,由 0°～360°,半径方向表示倾角,由圆心到圆周为 0°～90°。作图时,把透明纸蒙在网上,描上基圆和中心(原点),标明北方,当确定某一节理倾向后,再将透明纸标注的倾向转到施密特网上东西向或南北向直径上,依其倾角定点,该点就是这条节理的极点,即代表这条节理的产状。为避免投点时转动透明纸,可用与施密特网投影原理相同的极等面积投影网(赖特网)(见图 6-26)。网中放射线表示倾向(0°～360°),同心圈表示倾角(由圆心到圆周为 0°～90°)。作圆时,用透明纸蒙在该网上,投影出相应的极点。如一节理产状为 NE20°∠70°,则以北为 0°,顺时针数 20°即倾向,再由圆心到圆周数 70°(倾角)定点,为节理法线的投影,该点就代表这条节理的产状(见图 6-26 中的 *a* 点)。若产状相同的节理有数条,则在点旁注明条数(见图 6-26 中的 *b* 点)。把观测点上的节理都分别投成极点,即成为该观测点的节理极点图。有时,为了区分不同力学性质、不同规模、不同矿化的节理与褶皱、断层的关系,可分别作图。

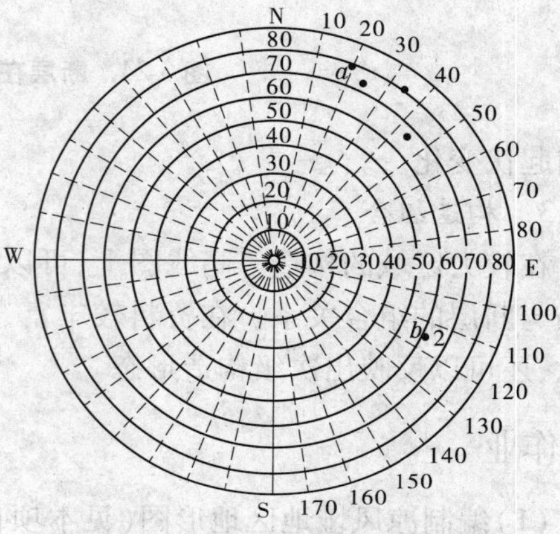

图 6-26　极等面积投影图

2.2　节理等密图的编制

等密图是在极点图的基础上编制的。其编制步骤如下:

(1)在透明纸极点图上作方格网(或在透明纸极点图下垫一张方格纸),平行 E—W、S—N 线,间距等于大圆半径的 1/10,如图 6-27 所示。

(2)用密度计统计节理数。

①工具。中心密度计是中间有一小圆的四方形胶板,小圆半径是大圆半径的 1/10;边缘密度计是两端有两个小圆的长条胶板,小圆半径也是大圆半径的 1/10,两个小圆圆心连线,其长度等于大圆直径,中间有一条纵向窄缝,利于转动和来回移动,如图 6-27 所示。

②统计。先用中心密度计从左到右、由上到下顺次统计小圆内的节理数(极点数),并注在每一方格"十"中心,即小圆中心上;边缘密度计统计圆周附近残缺小圆内的节理数。将两端加起来(正好是小圆面积内极点数),记在有"十"中心的那一个残缺小圆内,

小圆圆心不能与“十”中心重合时，可沿窄缝稍作移动和转动。如果两上小圆中心均在圆周，则在圆周的两个圆心上都记上相加的节理数。

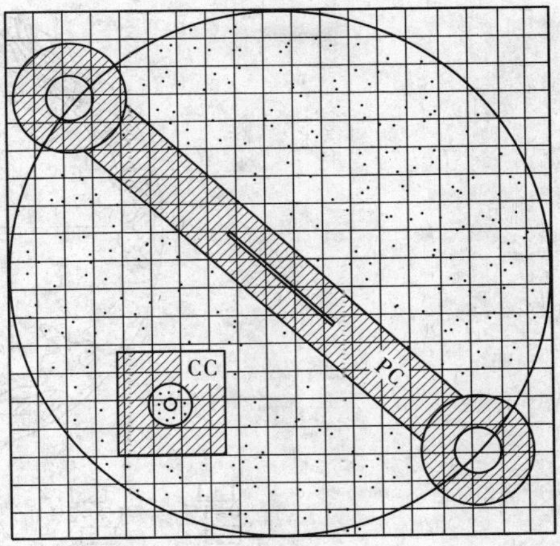

图 6-27　用密度计统计节理极点数

③连线。统计后，大圆内每一小方格“十”中心上都注上了节理数目，把数目相同的点连成曲线（方法与连等高线一样），即成节理等值线图（见图 6-28）。一般是用节理的百分比来表示，即小圆面积内的节理数，与大圆面积内的节理总数换算成百分比。因小圆面积是大圆面积的 1/100，其节理数亦成比例。如大圆内的节理数为 60 条，某一小圆内的节理数为 6 条，则该小圆内的节理比值相当于 10%。

在连等值线时，应注意圆周上的等值线，两端具有对称性（见图 6-29）。

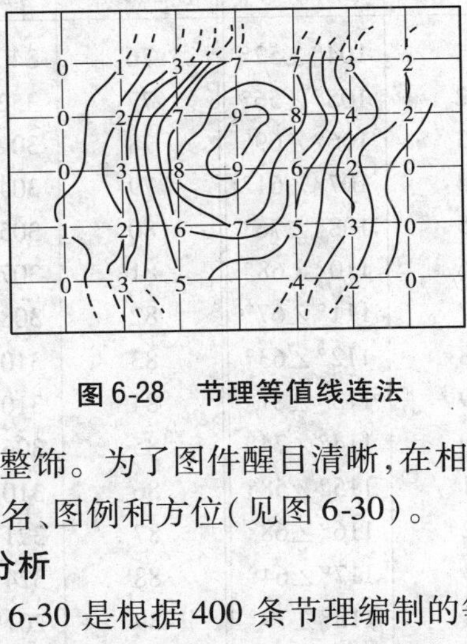

图 6-28　节理等值线连法

图 6-29　圆周上等值线连法

④整饰。为了图件醒目清晰，在相邻等值线（等密线）间着以颜色或画以线条花纹，写上图名、图例和方位（见图 6-30）。

2.3　分析

图 6-30 是根据 400 条节理编制的等密图。等值线间距为 1%，图上可清楚地看出有两组节理：第 1 组走向 NE60°，倾角直立；第 2 组走向 SE120°，倾角直立；第 1 组与第 2 组构成 X 共轭节理系。然后进一步结合节理所处的构造部位，分析节理与有关构造之间的关系及其形成时的应力状态。

节理等密图的优点是表现比较全面，节理的倾向、倾角和数目都能得到反映。尤其反映出节理的优势方位，缺点是作图工作量较大。

3　作业

根据表 6-2 节理测定的产状资料（共 100 个节理）用极等面积投影网编制节理极点图，进而编制节理等密图。测点处岩层产状为 NE25°∠69°。

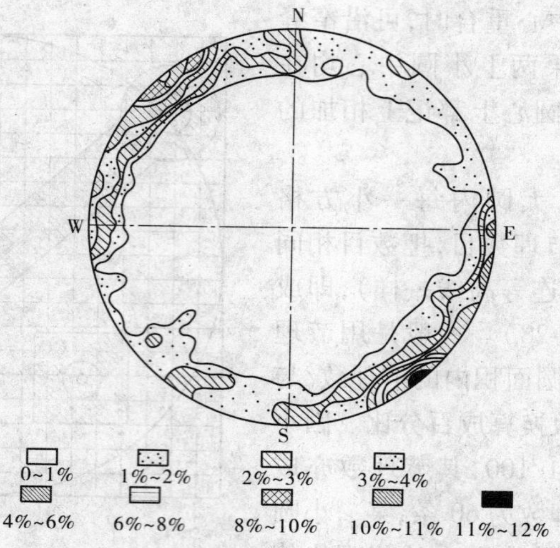

图 6-30　节理等密图

表 6-2　某观测点节理测量记录表

观测点	岩层产状	观测点	岩层产状	观测点	岩层产状	观测点	岩层产状
1	13°∠61°	26	196°∠69°	51	104°∠52°	76	340°∠60°
2	19°∠76°	27	196°∠74°	52	105°∠56°	77	352°∠71°
3	20°∠71°	28	201°∠60°	53	106°∠69°	78	302°∠82°
4	5°∠81°	29	202°∠66°	54	107°∠61°	79	304°∠76°
5	22°∠78°	30	206°∠85°	55	108°∠76°	80	305°∠60°
6	24°∠73°	31	208°∠62°	56	110°∠68°	81	307°∠68°
7	46°∠66°	32	212°∠72°	57	111°∠67°	82	308°∠78°
8	26°∠81°	33	216°∠64°	58	112°∠63°	83	310°∠62°
9	27°∠74°	34	218°∠60°	59	113°∠81°	84	310°∠72°
10	28°∠78°	35	220°∠70°	60	114°∠74°	85	306°∠62°
11	30°∠69°	36	200°∠70°	61	115°∠58°	86	310°∠79°
12	16°∠78°	37	279°∠72°	62	116°∠68°	87	321°∠78°
13	14°∠64°	38	285°∠70°	63	117°∠64°	88	324°∠60°
14	12°∠70°	39	286°∠78°	64	118°∠79°	89	201°∠76°
15	20°∠81°	40	288°∠74°	65	119°∠54°	90	203°∠73°
16	18°∠66°	41	290°∠60°	66	120°∠74°	91	204°∠76°
17	24°∠66°	42	291°∠61°	67	121°∠60°	92	207°∠79°
18	22°∠63°	43	292°∠80°	68	122°∠73°	93	205°∠69°
19	32°∠74°	44	293°∠70°	69	123°∠78°	94	208°∠66°
20	36°∠66°	45	296°∠57°	70	125°∠62°	95	191°∠61°
21	38°∠76°	46	297°∠76°	71	126°∠74°	96	199°∠78°
22	38°∠70°	47	298°∠64°	72	128°∠68°	97	198°∠69°
23	36°∠60°	48	300°∠59°	73	190°∠62°	98	196°∠81°
24	21°∠68°	49	301°∠72°	74	144°∠66°	99	192°∠85°
25	22°∠57°	50	302°∠68°	75	103°∠64°	100	195°∠78°

任务7 分析断层地区地质图

1 目的要求

(1)在地质图上分析断层。

(2)分析逆冲断层发育地区地质图。

2 说明

2.1 断层发育区地质特征的概略分析

分析该区出露的地层,建立地层层序;判定不整合的时代;研究新老地层分布及产状;确定区内褶皱形态及轴向以及断层发育状况。

2.2 断层性质的分析

2.2.1 断层面产状的判定

断层线是断层面在地面的出露线,因此它和倾斜岩层的露头线一样,可根据其在地形地质图上的"V"字形,用作图法求出断层面的产状。如图6-31中的断层线在河谷中呈指向下游的"V"字形,说明断层倾向南西,通过作图求得断层产状是SW230°∠40°。

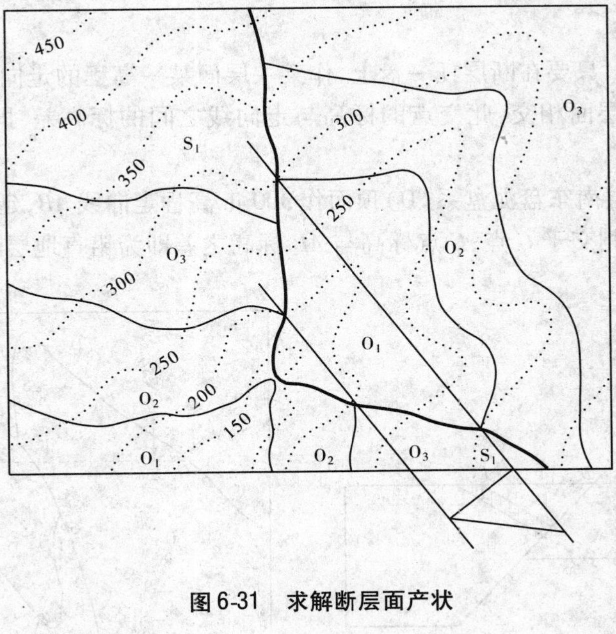

图6-31 求解断层面产状

2.2.2 两盘相对位移的判定

断层两盘相对升降、平移并经侵蚀夷平后,如两盘处于等高平面上,则露头和地质图上一般表现出以下规律:

(1)走向断层或纵断层,一般是地层较老的一边为上升盘,但当断层倾向与岩层倾向一致，且断层倾角小于岩层倾角，或地层倒转时，则上升盘是新地层。

(2)横向或倾向正(或逆)断层切过褶皱时，背斜核部变宽或向斜核部变窄的一边为升盘；如为平移断层，则两盘核部宽窄基本不变。

(3)倾斜岩层或斜歪褶皱被横断层切断时，如果地质图上地层界线或褶皱轴线发生错动，它既可以是正(或逆)断层造成，也可以是平移断层造成，这时应参考其他特征来确定其相对位移方向。若是由正(或逆)断层造成的地质界线错移，则岩层界线向该岩层倾向方向移动的一盘为相对上升盘。若是褶皱，则向轴面倾斜方向移动的一盘为上升盘。

确定了断层面产状和断层相对位移方向，就可确定断层的性质。如图6-31中的断层面倾向西南，西南盘(上盘)地层相对较新，为下降盘，所以是一条上盘下降的正断层。

2.3 断层时代的确定

2.3.1 根据角度不整合

断层一般发生在被其错断的最新地层之后，而在未被错断的上覆下整合面以上的最老地层之前。

2.3.2 根据与岩体或其他构造的相互切割关系

被切割者的时代相对较老。

2.4 断距在地质图上的计算

在大比例尺地形地质图上，如果两盘岩层产状稳定，可以求垂直地层走向方向的各种断层。

2.4.1 求垂直断距

由图6-32可知，只要在断层任一盘上，作某一层面某一高程的走向线，延长穿过断层线与另一盘的同一层面相交，此交点的标高与走向线之间的标高差，即为铅直地层断距 h_g。

图6-33中，断层南东盘泥盘系(D)顶面作300 m高程走向线 AB，延长过断层线，使之与另一盘同一层面相交于 G 点，G 点标高与 AB 标高之差即为铅直地层断距 h_g。

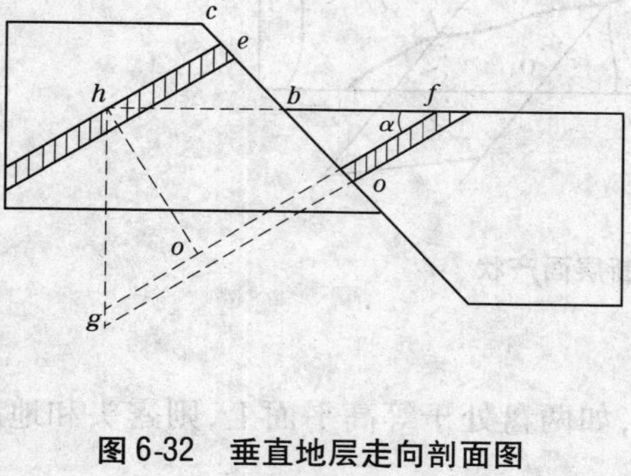

图6-32 垂直地层走向剖面图

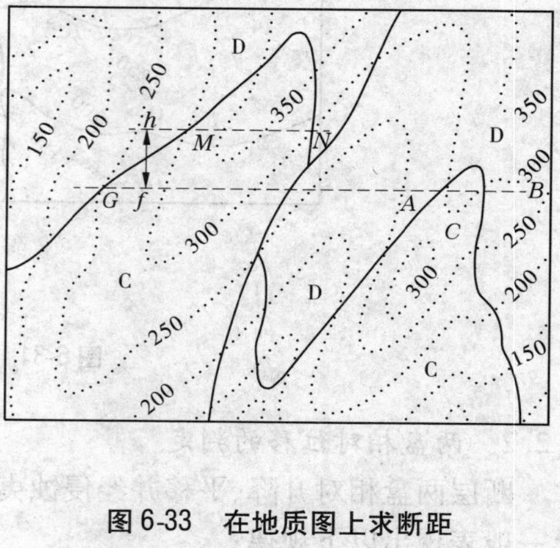

图6-33 在地质图上求断距

2.4.2 求水平断距

由图6-32可知，在垂直岩层走向的剖面上，过断层两盘同一层面上等高的 h、f 两点之间的水平距离 h_f，即为水平断距。在图6-33中的断层两盘，绘出同一层面等高的走向线，两走向线间的垂直距离即为水平地层断距 h_f，或由公式 $h_g = h_f\tan\alpha = h_0/\cos\alpha$ 求出。

2.4.3 求地层断距

地层断距 h_0 可知公式 $h_0 = h_g\cos\alpha$ 计算而得出。

上述断距的计算，是以岩层错断后，两盘产状不变化为前提的，即断层面未发生旋转。

2.5 断层的描述

一条断层的描述内容一般包括：断层名称（地名+断层类型，或用断层编号）、位置、延伸方向、通过主要地点、延伸长度、断层面产状、两盘出露地层及产状（地层重复、缺失及地质界线错开等特征）、两盘相对位移方向、断距大小、断层与其他构造的关系、断层形成时代及力学成因等。

如金山镇地质图（见本项目后附图5）西部的纵断层，描述如下："奇峰－雨峰纵向逆冲断层：位于奇峰和雨峰之东侧近山脊处，断层走向NE—SW，两端分别延出图外，图内全长约180 km。断层面倾向NW，倾角20°~30°。上盘（上升盘）为组成奇峰－寸峰背斜的石炭系各统地层，下盘（下降盘）为下二叠统和上石炭统地层，构成一个不完整的向斜。上升盘的石炭系各统岩层逆掩于下二叠统和上石炭统地层之上。地层断距约800 m。断层走向与褶皱轴向一致，基本上为一纵向断层。断层中部为两个较晚期的横断层所错断。断层形成时代与同方向、同性质的桑园－五里河逆冲断层等相同，即晚三叠世（T_3）之后，早白垩世（K_1）之前。三条断层构成叠瓦式。"

2.6 逆冲断层发育区地质图特点

逆冲断层是压缩下形成的位移量很大的逆断层，常成叠瓦状产出，并与强烈褶皱伴生。在阅读逆冲断层发育区地质图时，应注意分析以下几个方面：

（1）逆冲断层的产状及其顺走向和倾向的变化。

（2）逆冲断层的组合形式。

（3）逆冲断层侵蚀形成的飞来峰和构造窗等构造。

（4）与逆冲断层伴生的褶皱的形态、产状、轴面倒向。

（5）根据逆冲断层面的产状、伴生褶皱的轴面倒向、飞来峰和构造窗的产出部位及其他伴生构造，确定逆冲运移方向。

（6）根据被错断地层估算运移距离。

（7）确定断层发生的时代。

3 作业

（1）分析金山镇地质图（见本项目后附图7），并作剖面图。

（2）分析星岗地形地质图（见本项目后附图8）。

（3）分析望洋岗地形地质图（见本项目后附图9）。

任务 8　构造地质综合作业

综合作业是使学生比较全面掌握构造地质的基本理论、知识和技能,从而提高学生分析和解决地质构造实际问题的能力,因此这种类型作业是重要的教学环节。综合性作业可以采用多种方式,主要方式是综合分析一幅内容广泛的地质图。这种方式对培养学生读图、作图及提高学生运用理论知识分析构造问题的能力都具有较好的效果。

1　目的要求

综合读图要求在对选定的图幅进行全面分析后,编出一幅构造纲要图、1～2 幅地质剖面图并对该地区的地质构造和构造发展史写出尽可能翔实的说明文字。

2　读图分析

读图的步骤和方法如下:①初步认识地质图及其全貌,如图名、图幅号、比例尺、图例和责任表;②分析认识地形总的特点及其与地层的系统和接触关系;③分析认识地质构造总的特点,包括地层展布及其相互关系、主导构造方向、构造层及其特点和展布。在对全区总的地质构造特点有初步概念后,应分别按构造层、构造单元、构造方位、构造类型进行地质构造细部的分析和描述。

2.1　地层方面

分析地层和地层组合的展布与排列;分析并确定地层之间的接触关系,尤其要注意角度不整合,这是划分构造层和分析构造发展史的基本依据。

所谓构造层,是指一定构造单元内一定构造发展阶段中形成的一套地层(或建造)的组合及其组成的构造,其中常包含一定的岩浆岩组合。构造层常由角度不整合限定。它在地层组合、沉积岩相、构造、岩浆活动等方面具有一定特色而区别于其他的构造层。在时间上代表一定构造旋回和构造幕,空间上代表该构造幕影响的范围。

2.2　褶皱方向

分析褶皱首先要着眼于全区最发育的、最有代表性的褶皱,或从各单个褶皱的形态特征概括总体褶皱,或从大褶皱入手依次分析次级褶皱。不论从小型到大型或从大型到小型,总是要把褶皱的总体和细节查明。查明褶皱在分布上和剖面上的形态特点、组合特点、叠加关系和展布规律,进而分析与相邻或相关构造层中褶皱的关系。

2.3　断层方面

一个地区的断层尤其是大断裂是控制一个地区的构造的格架。第一,要分析全区性大断裂及其对全区构造的控制;第二,按断层的规模、方向、性质及其与褶皱的关系进行分组;第三,断层与褶皱不论是在空间展布上或成因上都有密切关系。所以,在分析断层时,要结合褶皱等其他有关构造进行分析。

2.4　岩浆岩体方面

一定地区的岩浆岩体及其组合是在一定构造背景下形成的,既受区域构造和构造运动的控制,又常受局部构造的控制。而岩体的形成又对其周围构造产生影响。在分析岩浆岩发育区地质图时,应注意分析不同时代、不同类型、不同规模岩体的分布组合规律、发展演化史及其与褶皱、断层等构造的空间分布关系。

2.5 构造发展中

一个地区的构造是按阶段性和旋回性演化的,具体表现在一个个构造层的相互叠加上。所以在分析发展史时,第一,应根据地层和角度不整合等划分构造阶段和构造作用期。在划分构造阶段上,应注意确定哪些阶段和运动是主导的奠基性的,哪些是次要的调整性的;第二,从各种构造的形态、方向和强烈程度以及相互关系上,分析各期构造作用的方式和方向;第三,根据地层方面的岩性、厚度等资料,结合区域构造,适当分析并恢复各时期的古地理面貌和地壳升降运动的变化。

3 编制构造图件

为了表现各种构造,在分析地质图的基础上应编出剖面图 1 ~2 幅和构造纲要图 1 幅。

构造纲要图是以地质图为基础编制的,以不同的线条、符号和色调表示一个地区地质构造的一种图件。构造纲要图的内容如下:

(1)构造层。将划分各构造层的角度不整合画在图上,以划分出各构造层。构造层以地层时代代号表示。构造层没有统一规定的色谱,一般时代愈老色调愈深,愈新色调愈浅。

(2)断层。各类断层用规定符号表示,并注明名称和编号。如果区域范围很大,断层发育,则不同时代断层可用不同颜色的符号表示。

(3)褶皱。褶皱用轴迹线表示,轴迹线的宽窄反映核部或褶皱的宽度变化。褶皱的倾伏应用枢纽产状表示。

(4)岩体。绘出岩体界线和内部岩(相)带界面,注明岩石代号及其时代,并标出原生构造产状。

(5)标出代表性的产状以及节理、面理、线理产状等。

(6)完成图的规格要求,如图名、比例尺、图例等。

除构造纲要图外,还要编制 1 ~2 幅反映全区构造特点的剖面图。

4 编写某地区的地质构造概述

文字和图表是反映和表现某一地区的构造特征的两种主要方式。构造概述是在分析读图和编制图之后进行的,概述的编写又是分析读图的深化。在编写概述过程中必须使地质图、剖面图、构造纲要图与文字报告符合一致,互相印证,相互补充。概述包括以下章节。

第一章为"引言",简述综合读图的目的、要求、所读图幅名称、比例尺、图区地形轮廓以及完成工作量情况。

第二章简述区内地层分布及其接触关系之后,重点阐述构造。这是报告中的最主要部分,首先概括区内构造的总体特征,以何种构造为主(以褶皱为主或以断裂为主),构造的方向性,构造单元或构造层的划分。总之,以简明文句描绘出总的构造轮廓。

构造一章的写法因构造特点而异，可采用以下几种方式描述：①按构造单元；②按构造层；③按构造类型；④按构造组合；⑤按构造方位等。以上各种方式可以互相配合，实际上也常常是相关的。例如，构造单元的划分与构造层的划分常常是一致的。一定的构造层以一定构造类型为主，构造方位也常与一定的构造类型密切相关等。不论按哪种方式描述，既要对代表性或典型构造进行描述，还要在描述的基础上进行分析概括。

岩体作为一种构造可以在构造一章描述。描述内容包括：侵入体的名称（如×××花岗岩体）、产出的构造部位、平面形态和规模、与围岩的接触关系、内部岩（相）带划分、原生构造、侵入时代，如有可能可对岩体总的轮廓加以恢复。

第三章为"构造发展简史"，根据构造层可划分出全区各构造发展阶段和构造幕。把全区的构造事件列成一个序列。简述各构造阶段的构造活动特点，如构造运动性质、构造作用方式和方向、构造作用强度，以及相应的岩浆活动。如果资料丰富，可对岩相古地理稍予描绘。

在概述中，为了形象地说明构造特点和规律，可绘制一些插图，如剖面图、联合剖面图和立体图等。

5 综合读图用图

（1）分析松岭峪地质图（见本项目后附图10）。

（2）分析景陵峪地质图（见本项目后附图11）。

（3）分析彩云岭地形地质图（见本项目后附图12）。

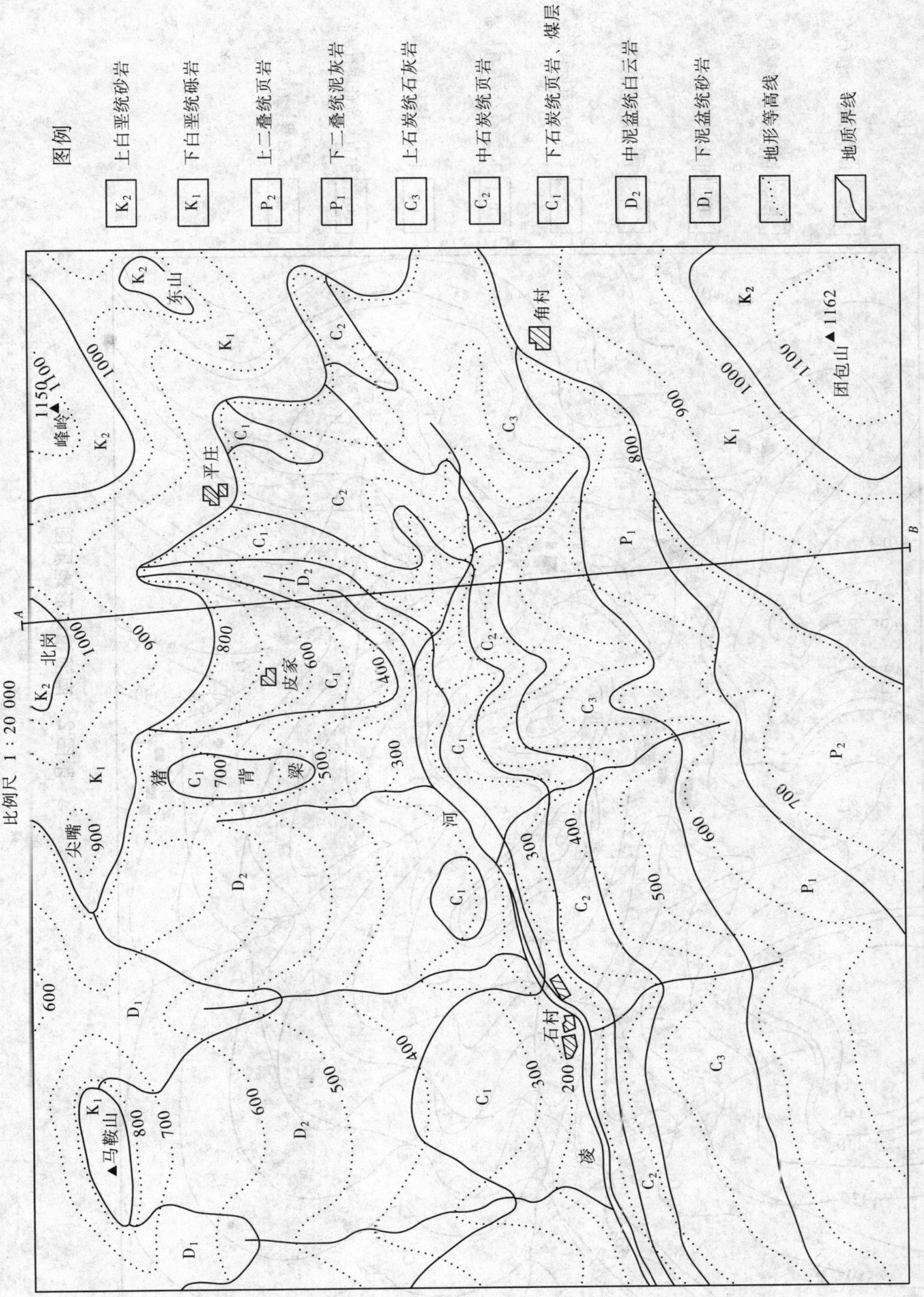
比例尺 1∶20 000
图例
K2 上白垩统砂岩
K1 下白垩统砾岩
P2 上二叠统页岩
P1 下二叠统泥灰岩
C3 上石炭统石灰岩
C2 中石炭统页岩
C1 下石炭统页岩、煤层
D2 中泥盆统白云岩
D1 下泥盆统砂岩
地形等高线
地质界线
东山
峰岭 1150
北岗
平庄
皮家
猪背梁
尖嘴
角村
团包山 1162
马鞍山
石村
凌河
A
B

附图1 凌河地形地质图

比例尺 1∶10 000

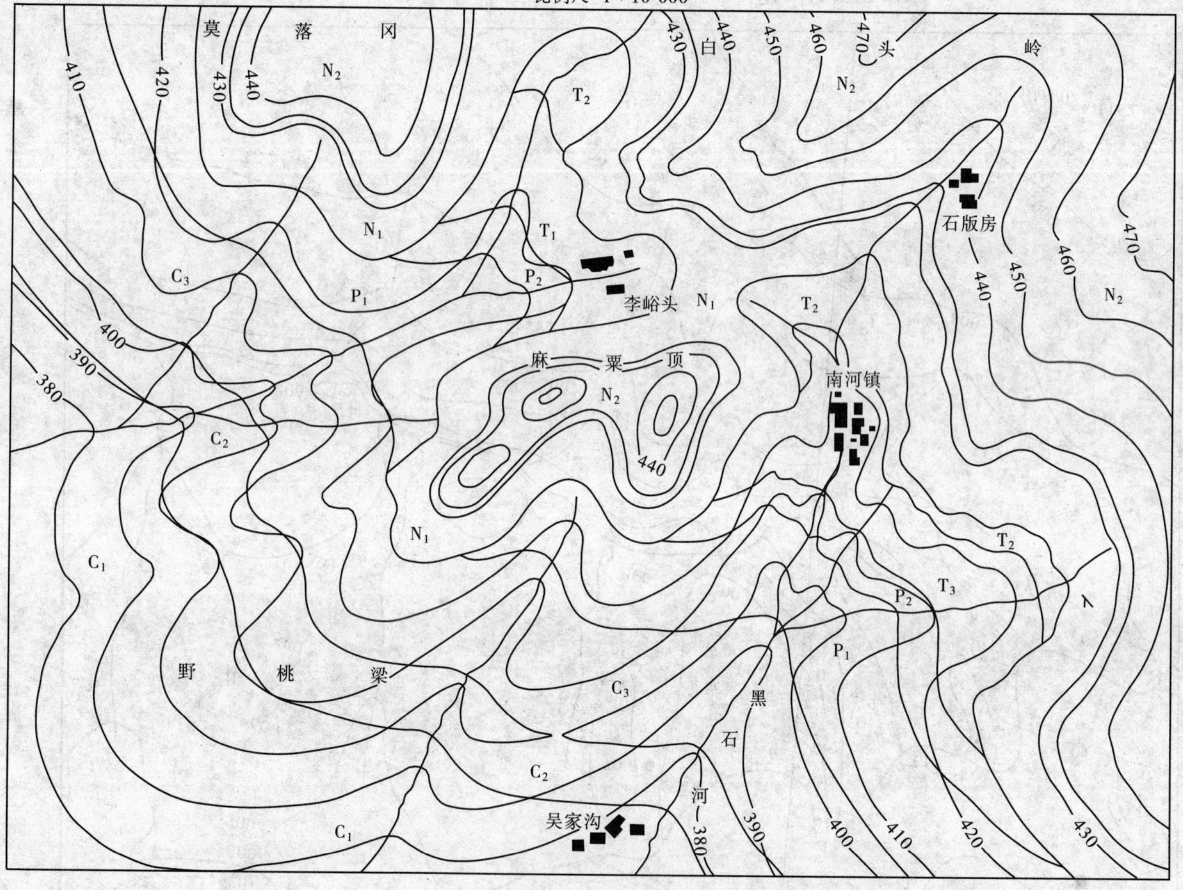

附图 2　南河镇地形地质图

图例

- N_2 上第三系上新统砂岩
- N_1 上第三系中新统砂岩、砾岩
- T_2 中三叠统泥灰岩
- T_1 下三叠统薄层石灰岩
- P_2 上二叠统硅质页岩
- P_1 下二叠统燧石石灰岩
- C_3 上石炭统灰白色石灰岩
- C_2 中石炭统硅质石灰岩
- C_1 下石炭统石灰岩

比例1∶10 000

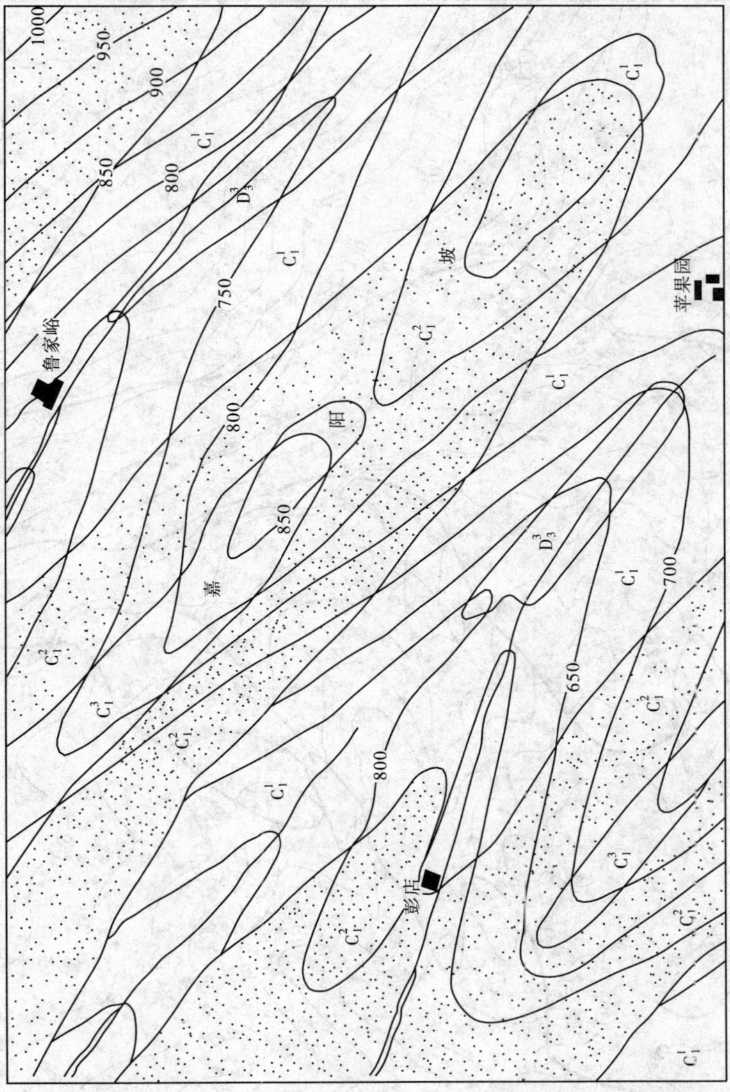

图例

C_1^3 下石炭统第三阶页夹砂岩

C_1^2 下石炭统第二阶细粒砂岩

C_1^1 下石炭统第一阶页岩夹煤层

D_3^3 上泥盆统第三阶薄层石灰岩

附图 3　嘉阳坡地形地质图

图例
D$_3^2$ 上泥盆统第二阶石灰岩
D$_3^1$ 上泥盆统第一阶泥灰岩
D$_2^2$ 中泥盆统第二阶页岩
D$_2^1$ 中泥盆统第一阶含铁石英岩
⊙ZK2 已钻孔位
○ZK8 设计孔位
比例尺 1：20 000
ZK1
ZK2
ZK3
ZK4
ZK5
ZK6
ZK7
ZK8
ZK9
ZK10
D$_3^2$
D$_3^1$
D$_2^2$
D$_2^1$
150
160
170
180
190
200
210
220
230
240
250

附图 4　松溪地形地质图

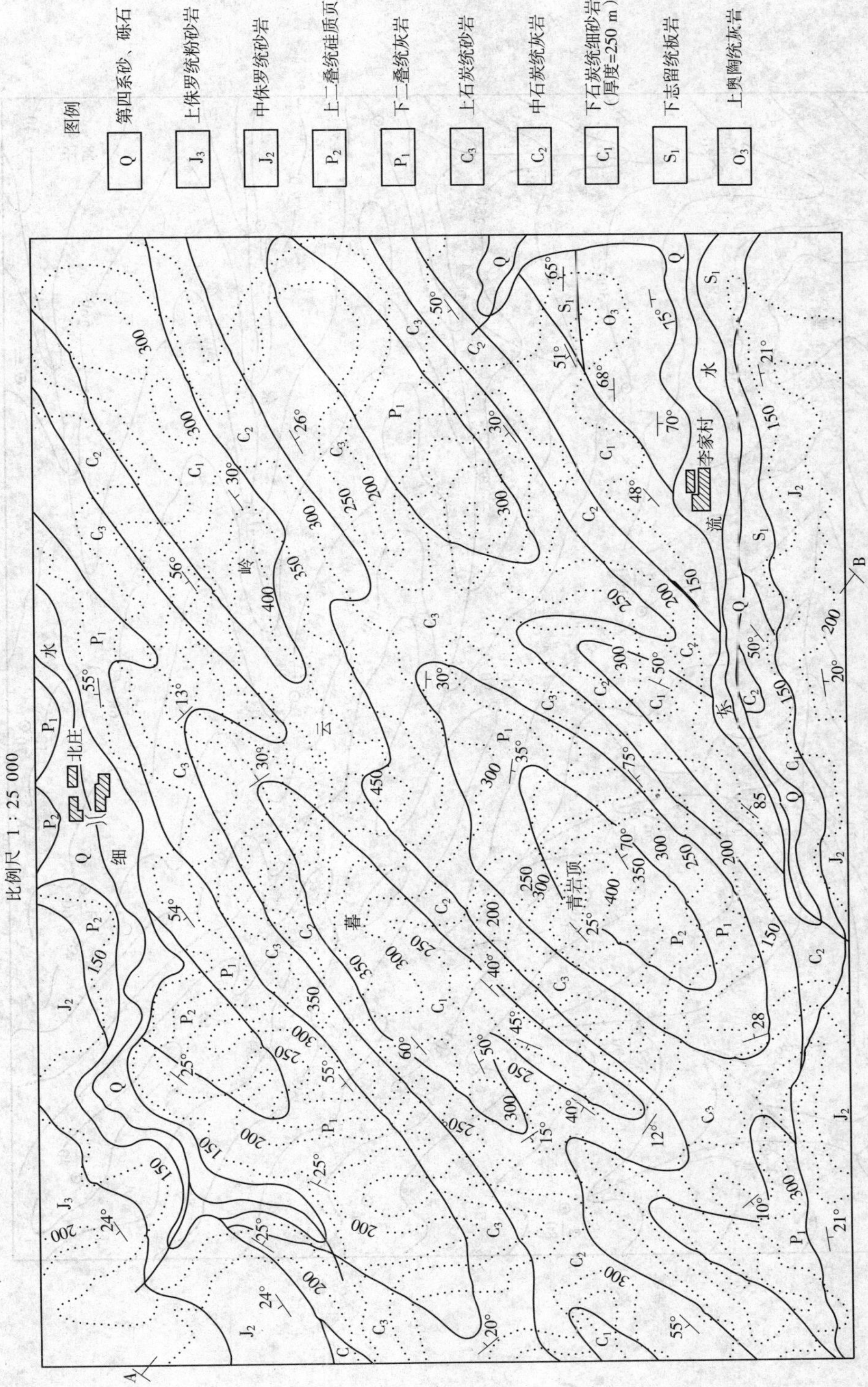

附图5　暮云岭地区地形地质图

比例尺 1：10 000

附图6　凉风垭地区地形图

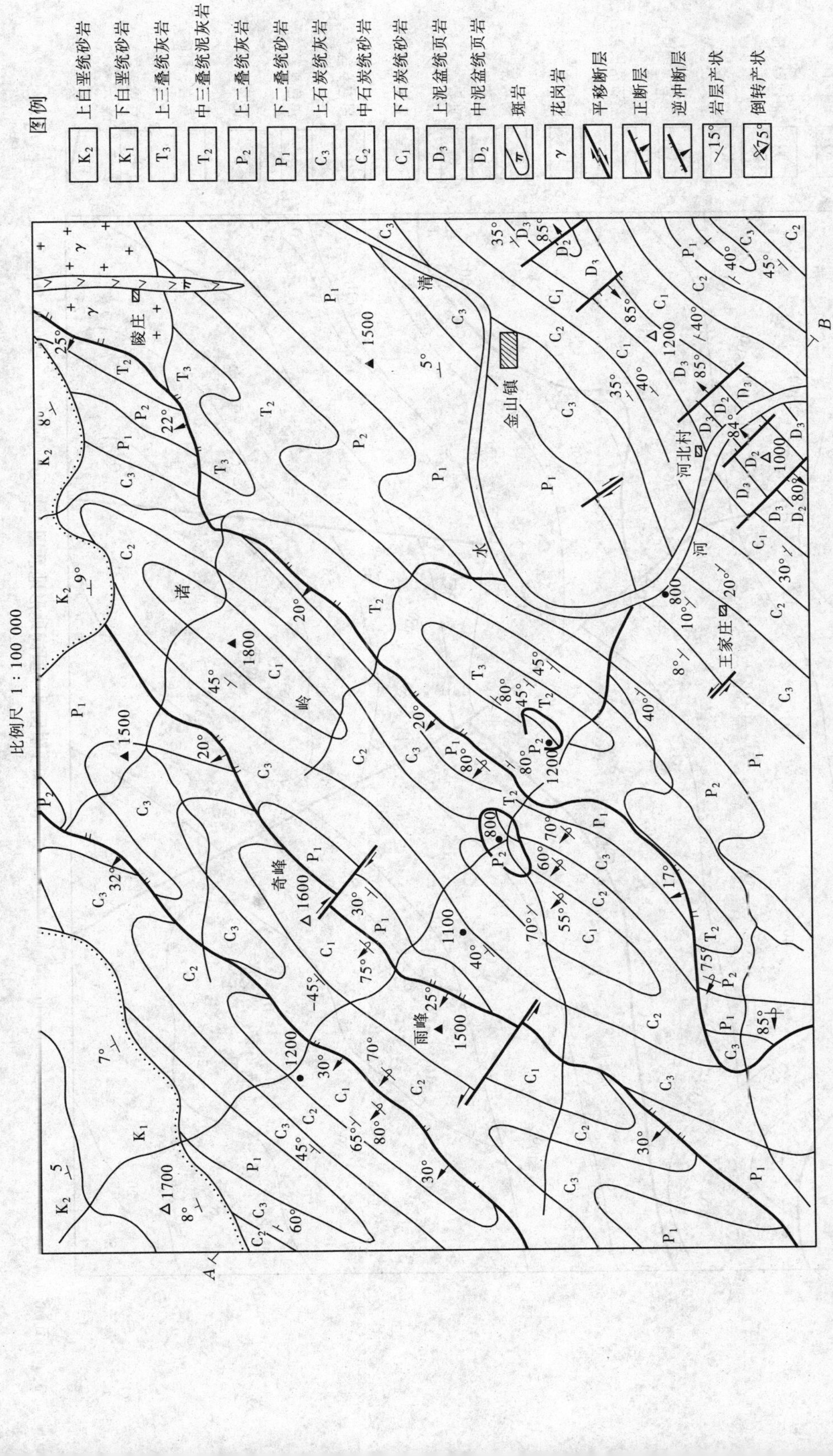
比例尺 1:100 000
图例
K_2 上白垩统砂岩
K_1 下白垩统砂岩
T_3 上三叠统灰岩
T_2 中三叠统泥灰岩
P_2 上二叠统灰岩
P_1 下二叠统砂岩
C_3 上石炭统灰岩
C_2 中石炭统砂岩
C_1 下石炭统砂岩
D_3 上泥盆统页岩
D_2 中泥盆统页岩
π 斑岩
γ 花岗岩
平移断层
正断层
逆冲断层
15° 岩层产状
75° 倒转产状
陵庄
诸
岭
奇峰
雨峰
清
水
河
金山镇
河北村
王家庄
A
B

附图7 金山镇地质图

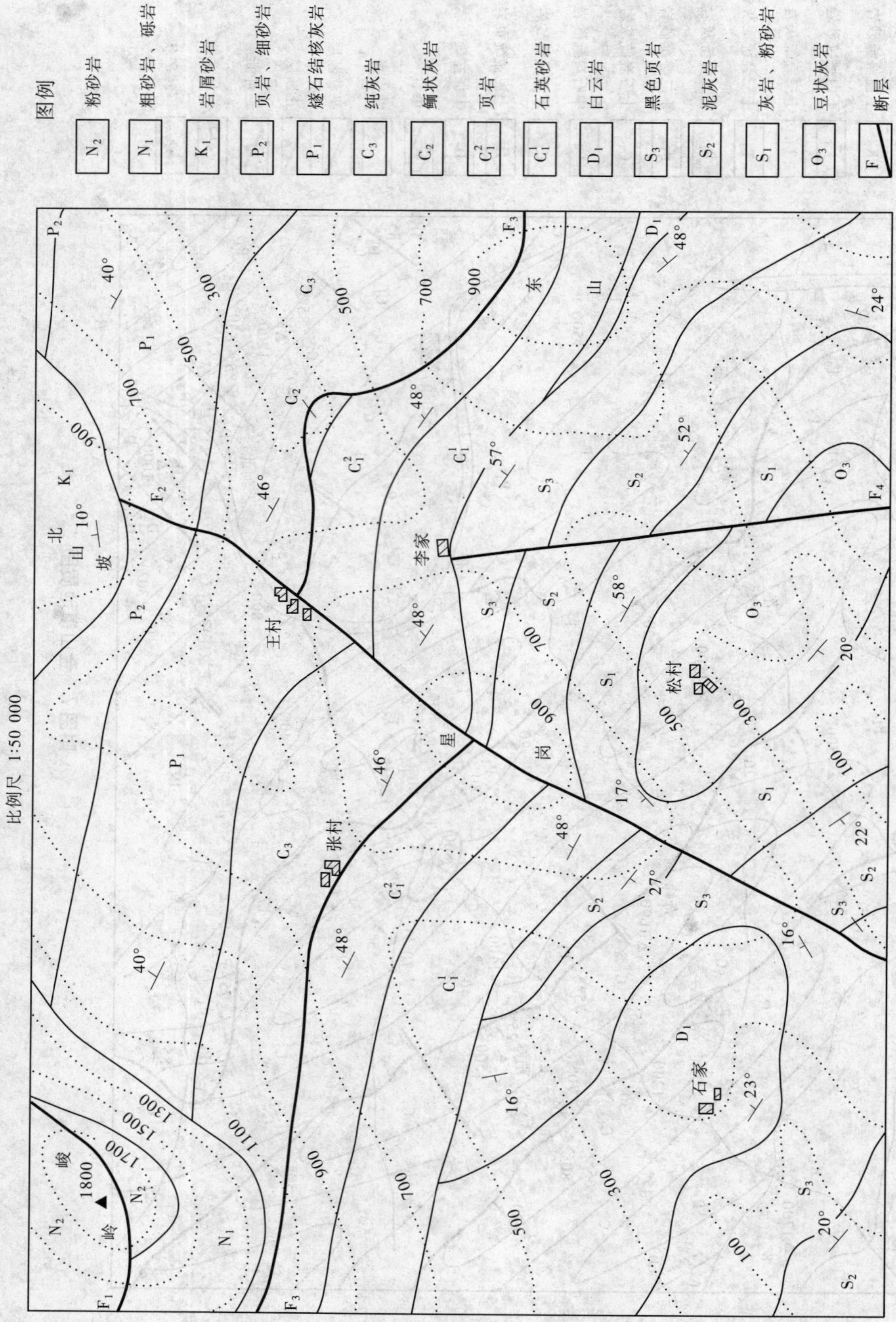
比例尺 1:50 000
图例
N_2 粉砂岩
N_1 粗砂岩、砾岩
K_1 岩屑砂岩
P_2 页岩、细砂岩
P_1 燧石结核灰岩
C_3 纯灰岩
C_2 鲕状灰岩
C_1^2 页岩
C_1^1 石英砂岩
D_1 白云岩
S_3 黑色页岩
S_2 泥灰岩
S_1 灰岩、粉砂岩
O_3 豆状灰岩
F 断层
峻岭
北山坡
王村
李家
张村
星岗
东山
松村
石家

附图 8　星岗地形地质图

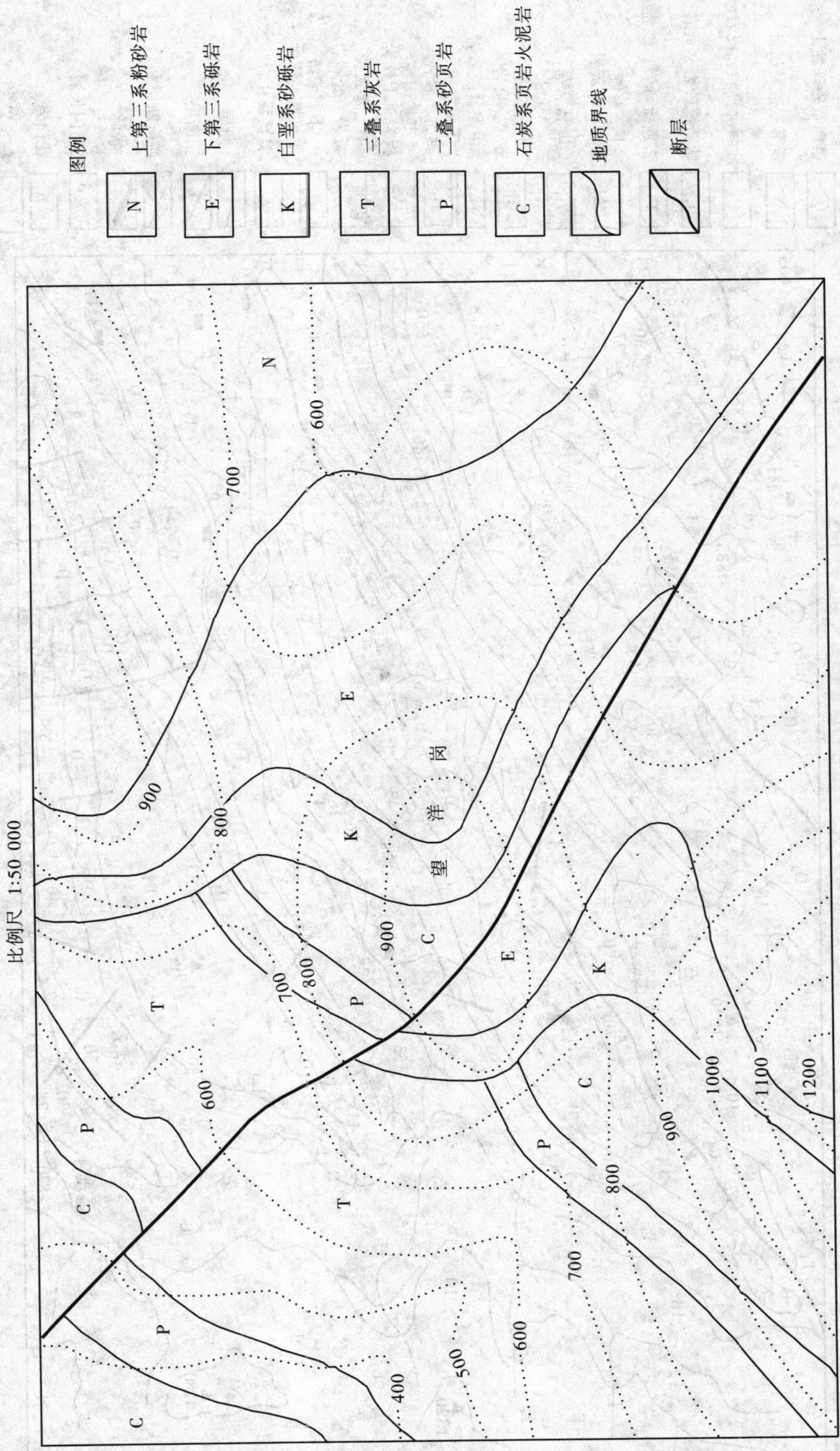

附图 9　望洋岗地形地质图

比例尺 1∶1 000 000

图例

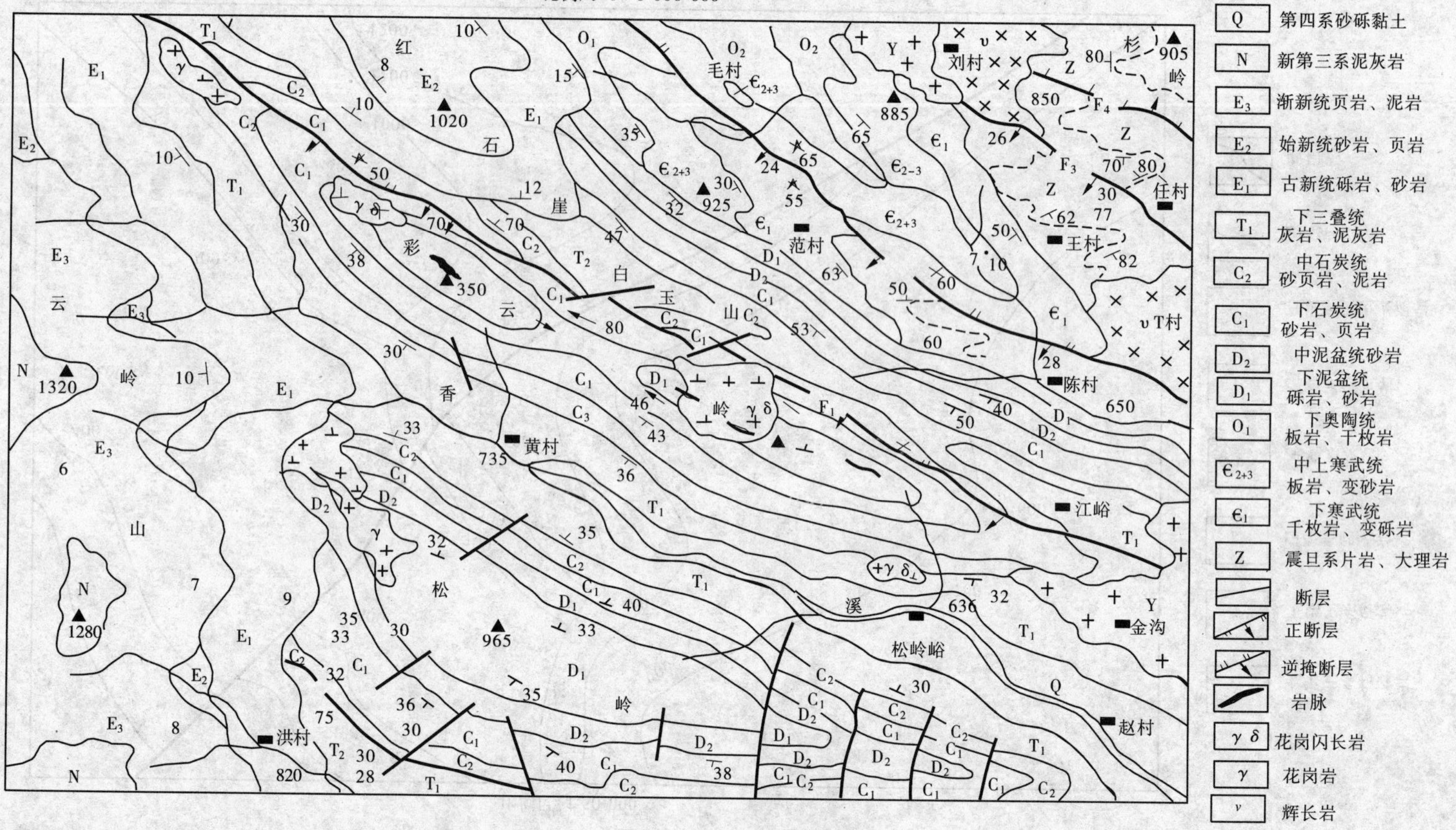

附图 10　松岭峪地质图

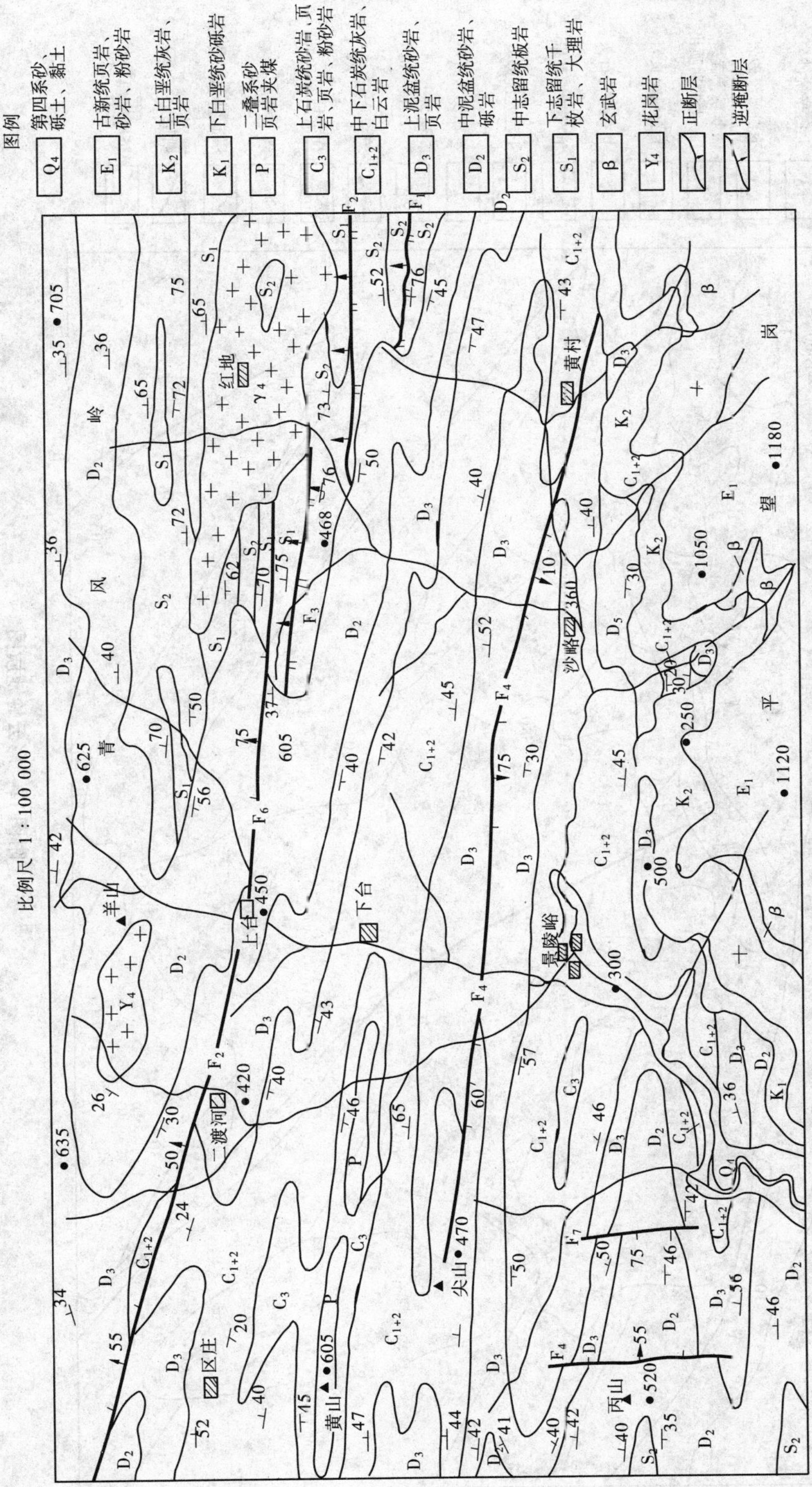
比例尺 1∶100 000
图例
Q_4 第四系砂砾土、黏土
E_1 古新统页岩、砂岩、粉砂岩
K_2 上白垩统灰岩、页岩
K_1 下白垩统砂砾岩
P 二叠系砂页岩夹煤
C_3 上石炭统砂岩,页岩、页岩、粉砂岩
C_{1+2} 中下石炭统灰岩、白云岩
D_3 上泥盆统砂岩、页岩
D_2 中泥盆统砂岩、砾岩
S_2 中志留统板岩
S_1 下志留统千枚岩、大理岩
β 玄武岩
$γ_4$ 花岗岩
正断层
逆掩断层

附图11　景陵峪地质图

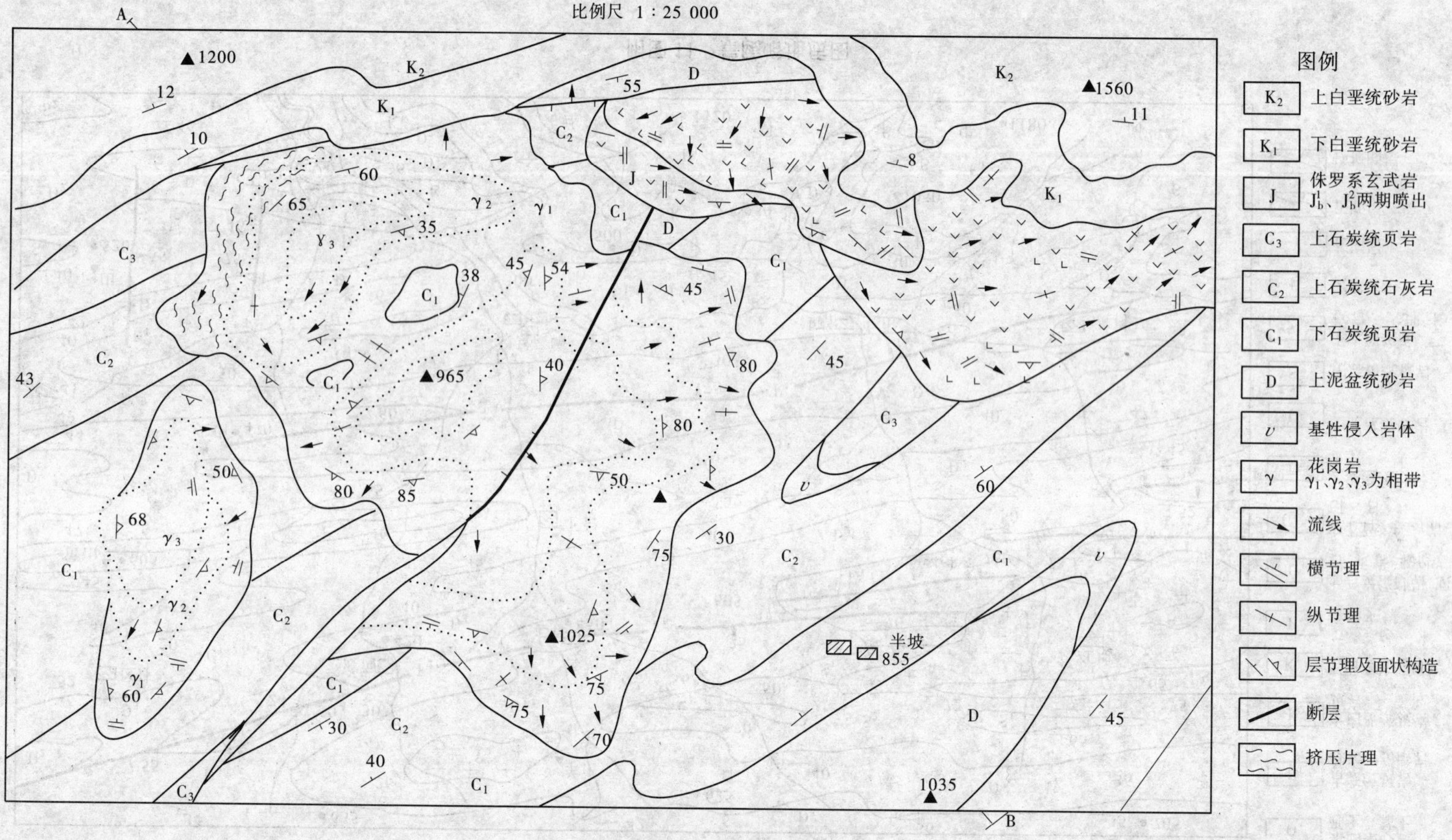
比例尺 1：25 000
图例
K_2 上白垩统砂岩
K_1 下白垩统砂岩
J 侏罗系玄武岩 J_b^1、J_b^2两期喷出
C_3 上石炭统页岩
C_2 上石炭统石灰岩
C_1 下石炭统页岩
D 上泥盆统砂岩
υ 基性侵入岩体
γ 花岗岩 γ_1、γ_2、γ_3为相带
流线
横节理
纵节理
层节理及面状构造
断层
挤压片理
半坡
855
1200
1560
965
1025
1035

附图 12　彩云岭地质图

附录Ⅰ 极射赤平投影

构造地质研究地壳中形态各异的地质构造，在野外详细观察勘测的基础上，还要经过室内认真地研究。怎样使立体的几何形态研究转为平面的计算分析，极射赤平投影给我们提供了有效的帮助。极射赤平投影简称赤平投影，可以把物体三维空间的几何要素(线、面)反映在投影平面上进行研究处理，既是一种简便、直观的计算方法，又是一种形象、综合的定量图解。其特点是只反映物体的线和面的产状以及相互间的角距关系和运动轨迹，而不涉及它们的具体位置、长度大小和距离远近，所以广泛应用于包括地质等各学科之中。运用赤平投影方法，能够解决地质构造的几何形态和应力分析等方面的许多实际问题，因此它是研究地质构造的一种有效手段。

该部分要点：该部分分三节，分别介绍赤平投影的原理、赤平投影网的使用方法和赤平投影在地质构造研究中的应用。便于读者在了解原理、掌握方法的基础上，学会应用赤平投影方法解决一些地质构造问题。

任务1 赤平投影的基本原理

1 赤平投影的定义

若以任意长度为半径作一空心球，则过球心的平面必与球面相交，并成一大圆。如附录图1-1所示，过球心的倾斜平面 a 与球面相交与大圆 $ABCD$。过球心的直线必与球面相交于两点，其连线为球的直径，过球心的直线 L 与球面相交于 m、n 两点。我们把这一空心球叫作投影球。平面 a 在投影球上的投影为 $ABCD$，直线 L 在投影球上的投影为 m、n 两点。这种用投影球反映空间几何要素的方法叫作球面投影法。可见，此投影是一种立体透视图。

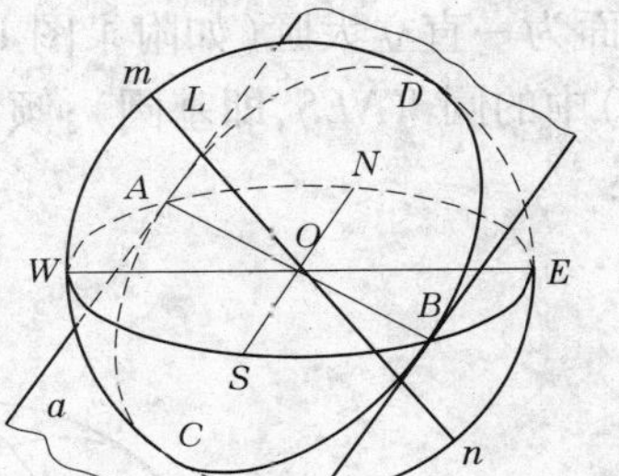

附录图1-1 通过球心的倾斜平面和直线的球面投影

为了化球面投影为平面投影，可以过投影球球心作一水平面，相交投影球于大圆($NESW$)，则称此水平面为赤平投影面，大圆($NESW$)为基圆，或赤平大圆。如附录图1-2所示，从投影球的极射点 P(上半球的球极点)向空间平面与投影球下半球的一系列交点(A、C、F、D、B 等)发出射线 PA、PC、PF、PD、PB 等，则必穿过赤平投影面并有一系列的交点(A、C'、F'、D'、B 等)，其连线为一大圆弧，这个大圆弧就是平面的赤平投影。因为这个大圆弧是投影在赤平面上的，而投影射线又是从极点发出的，所以把这种投影叫作极射赤平投影。极射赤平投影优势在于投影前后物体各面、线的夹角关系保持不变，是一种等角投影。

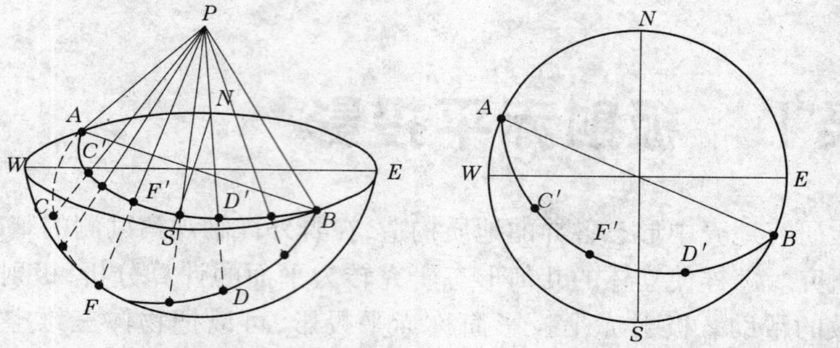

(a)平面的球面投影　　(b)赤平投影(下半球投影)

附录图 1-2　平面的球面投影及其赤平投影

从极射赤平投影的定义可知有上、下半球极点的选择,故有下半球投影和上半球投影之分。在实际工作中,主要根据研究工作的需要来选定。一般下半球投影能直接反映直线和平面的倾斜方向,故地质构造研究人员习惯用下半球投影,且将基圆视为水平面,正上方为北、右侧为东。本书亦采用下半球投影。

2　平面和直线的投影解析

2.1　平面的投影

2.1.1　过球心的平面的投影

通过球心的平面无限伸展,必与球面相交成一个直径与投影球直径相等的大圆:直立平面为一直立大圆(如附录图 1-3(a)中的圆 *SPNF*);水平平面为水平大圆(如附录图 1-3(a)中的圆 *WNES*,即基圆);倾斜平面为一倾斜大圆(如附录图 1-3(a)中的圆 *SANB*)。因而:

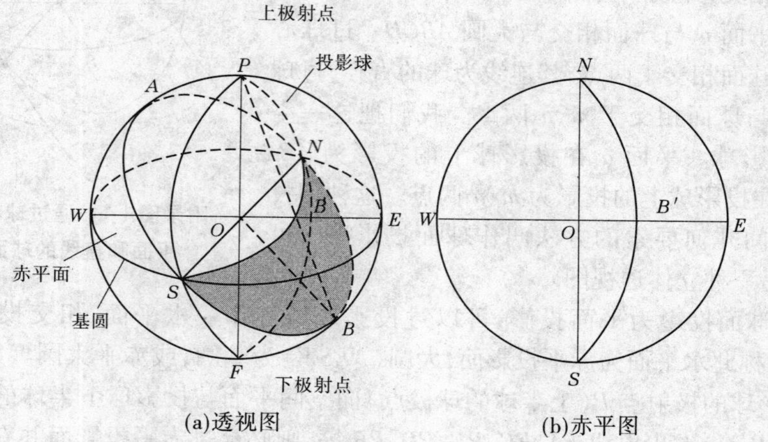

(a)透视图　　(b)赤平图

附录图 1-3　过球心平面的投影

(1)直立大圆的赤平投影为基圆的一条直径(如附录图 1-3(a)中的圆 *PSFN* 投影成

NS 直径)，方位取决于直立平面的走向。

(2)水平大圆的赤平投影就是基圆(如附录图 1-3(a)中的圆 WNES)。

(3)倾斜大圆的赤平投影是以基圆直径为弦的大圆弧(如附录图 1-3(a)中弧 SBN 投影成 SB′N，SAN 半圆的投影是在基圆之外的赤平面上，此处未画)。

极射赤平投影的一个重要性质是，球面大圆投影在赤平面上仍为一个圆。如附录图 1-4所示，球面大圆 ASBN 赤平投影后的 A′SB′N 为一个圆。

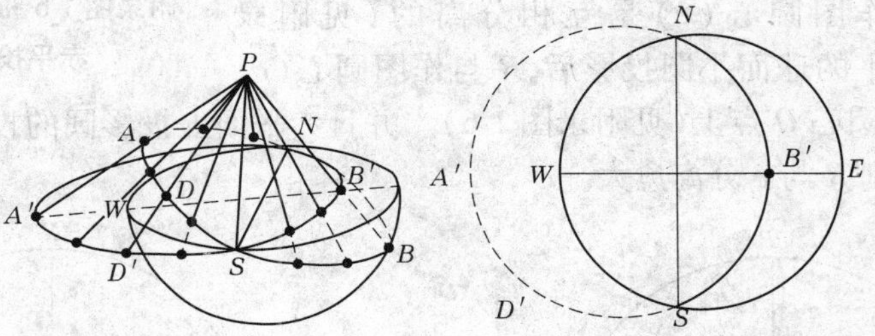

(a) (b)

附录图 1-4 倾斜平面的赤平投影

2.1.2 不过球心的平面的投影

不过球心的平面与球面相交成一个直径小于投影球直径的小圆：直立平面为直立小圆(如附录图 1-5(a)中的 AB)；水平平面为水平小圆(见附录图 1-6)；倾斜平面为倾斜小圆(如附录图 1-5(a)中的 FG 小圆)。球面小圆投影在赤平面上仍为一个圆。如附录图 1-5所示，球面小圆 FG 投影后为 F′G′小圆；AB 投影后成 A′B′小圆。水平小圆的投影是基圆的同心圆(见附录图 1-6)。直立小圆，投影后下半球部分是基圆内的一条圆弧，上半球部分位于基圆外。小圆倾斜，可以出现以下几种情况：

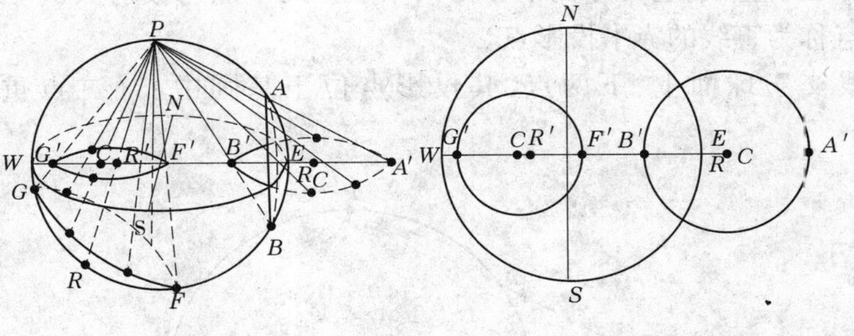

(a)透视图 (b)赤平图

附录图 1-5 不通过球心平面的投影

(1)球面小圆全部位于下半球，则赤平投影全部位于基圆内。

(2)若球面小圆切过上、下两个半球，则赤平投影部分在基圆内，部分在基圆外。

(3)若球面小圆位于上半球，则赤平投影全部位于基圆外。

必须注意：

(1)任何通过极射点(*P*)的球面大圆或小圆的赤平投影为一条直线(见附录图1-7)。

(2)半径角距相等的球面小圆,由于所在位置不同,投影后在赤平面上,大小变化很大,离基圆圆心愈近面积愈小,离基圆圆心愈远面积愈大(见附录图1-8)。

(3)球面上的大圆或小圆投影到赤平面上的圆的投影圆心(*R*)与作图圆心(*c*)是互相分离的(见附录图1-5);只有水平的球面小圆投影后,*R* 与作图圆心(*c*)才重合在基圆的圆心 *O* 点上(见附录图1-6)。并且赤平面上投影圆的投影圆心(*R*)与基圆圆心 *O* 愈远,则 *R* 与 *c* 分离愈大。

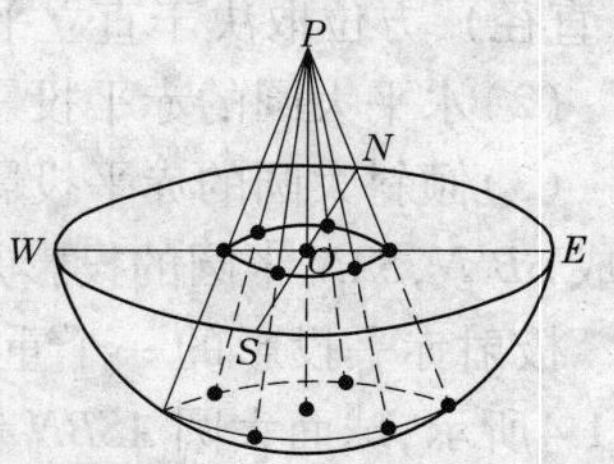

附录图1-6 水平球面小圆的赤平投影透视图

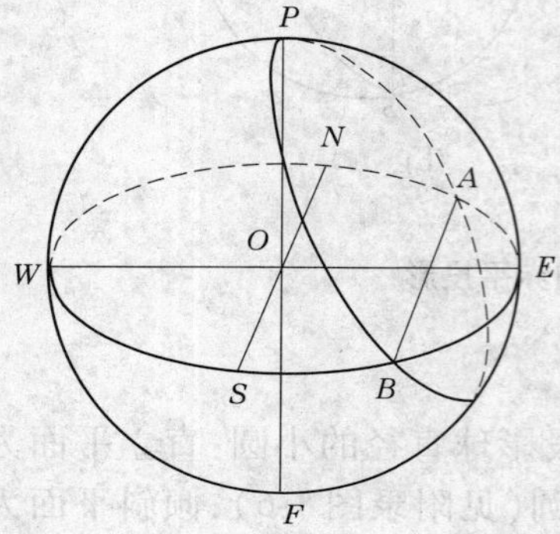

附录图1-7 通过极射点(*P*)的球面小圆的赤平投影

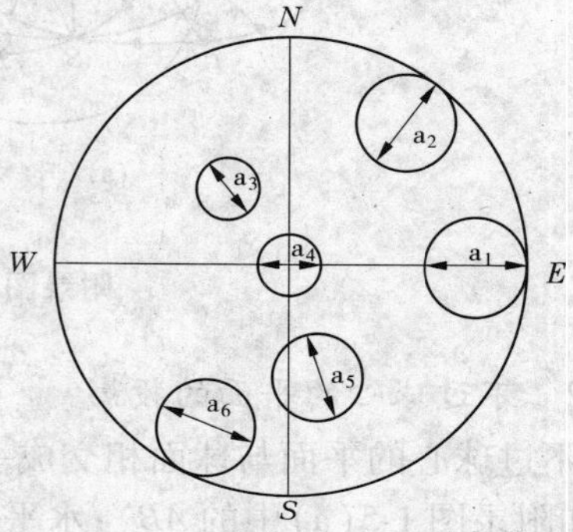

附录图1-8 角距相等的球面小圆投影后面积的变化

2.2 直线的投影

任何通过球心的直线,它的球面投影是两个点。两个点与极射点(*P*)的连线穿过赤平投影面交的点称为直线的赤平投影点。

(1)铅直线交于球面上、下两点,其投影点位于基圆中心(二点重合)(见附录图1-9)。

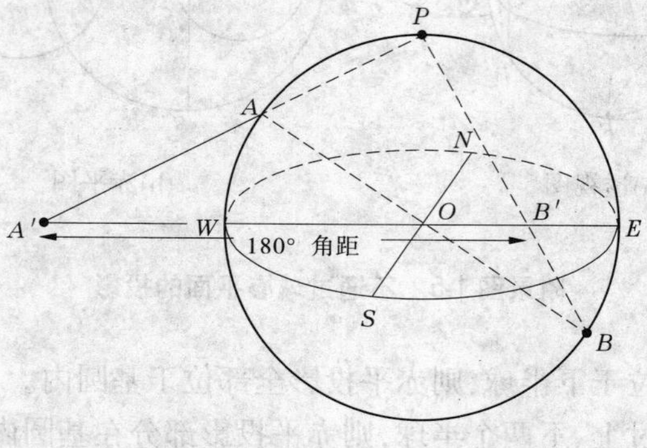

附录图1-9 过球心的倾斜直线(*AB*)的赤平投影为两个对蹠点(*A′*和 *B′*)

(2)水平直线交于球面基圆上两点,其投影点就是基圆上两个点,连线为基圆直径(见附录图 1-9)。

(3)倾斜直线交于球面上相应两点,其赤平投影点有一点在基圆内,另一点在基圆外,两点呈对蹠点,在赤平投影图上角距恒为 180°,其中任意点都能代表直线的产状。

由以上分析可知,对空间上的面和线的研究,完全可以转化为对平面的线和点的研究:面可以转化为线,即通过投影球心的面的投影——大圆和未通过投影球心的面的投影——小圆;线可以转化为点,即通过投影球心的直线的投影——位于基圆上的一个或两个点。另外,面还可以转化为点,即通过投影球心的面的投影——大圆,可以用该面的法线的投影——极点表示,这一点将在下一节中通过例题详细介绍。

3 赤平投影网

为了迅速而准确地对地质构造的几何要素进行赤平投影,需要使用赤平投影网。目前,广泛使用的投影网有吴尔福网(简称吴氏网),又称等角距投影网;施密特网(简称施氏网),又称等面积投影网。两种投影网各有特点,但用法基本相同。

通常,在求解面、线间的角距关系方面,侧重于用吴氏网,因为吴氏网上反映各种角距比较精确,而且作图方便;缺点是相同角距的投影面积变化很大。在研究面线群统计分析(作极点图和等密图)进而探讨组构问题时,多用施氏网,因为施氏网上比较真实地反映了球面上极点分布的疏密,从基圆圆心至圆周,具有等面积特征;其缺点是球面上大圆和小圆的赤平投影都不是圆,作图麻烦。这里只介绍吴氏网及其成图原理。

吴氏网(见附录图 1-10)由基圆(赤平大圆)、经向大圆弧(如弧 *NGS*)、纬向小圆弧(如弧 *ACB*)等经纬线组成。标准吴氏网的基圆直径为 20 cm(精度要求不高时通常采用直径为 10 cm 的吴氏网),经、纬度间距为 2°,使用标准投影网误差可以不超过半度。其构成和成图原理如下:

(1)基圆。指北方向(N)为 0°,顺时针标有 0°~360°的方位角,用来量度被测量方位的方位角。

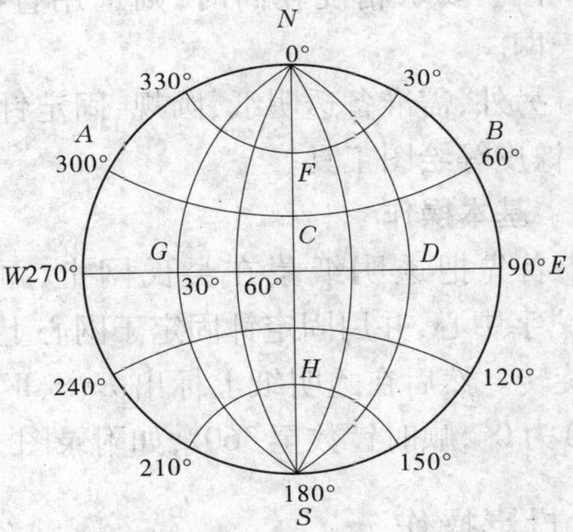

附录图 1-10 吴氏网示意图

(2)径向大圆弧。径向大圆弧是通过球心、走向南北、分别向西或东倾斜的平面与球面交线的投影,投影图上标有倾角由 0°~90°的许多平面投影大圆弧。这些大圆弧与东西直径线的各交点到直径端点(*E* 点和 *W* 点)的距离分别代表各平面的倾角值。如附录图 1-10中由 *G* 到 *W* 的方向表示了 *NGS* 所代表的平面倾向,即倾向为西(270°);而 *W* 与 *G* 之间的角距就是倾角(30°)。

(3)纬向小圆弧。纬向小圆弧是不通过球心、走向东西的直立平面与球面交线的投影(见附录图 1-11)。这些小圆弧离基圆圆心愈远,表示球面小圆的半径角距就愈小,反之离圆心愈近,则半径角距就愈大,即直立小圆与球心相连而成的圆锥顶角随直立小圆愈近球心而愈大(见附录图 1-12)。纬向小圆弧分割南北直径线的距离与径向大圆弧分割东西直径线的距离相等,即在附录图 1-10 中 $ED=SH=WG=NF$,都代表 30°角距。

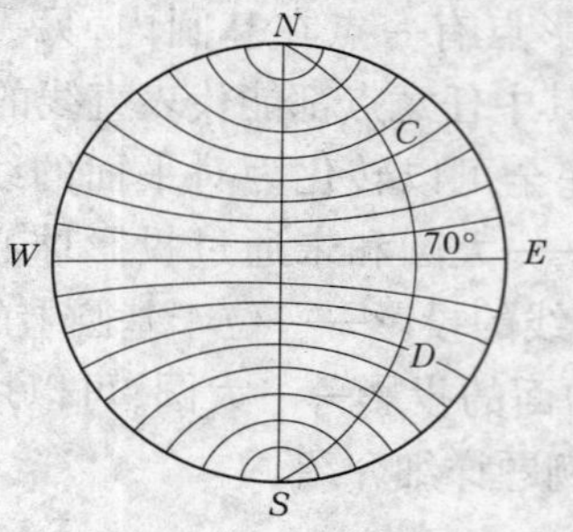

附录图 1-11 吴氏网纬向小圆弧

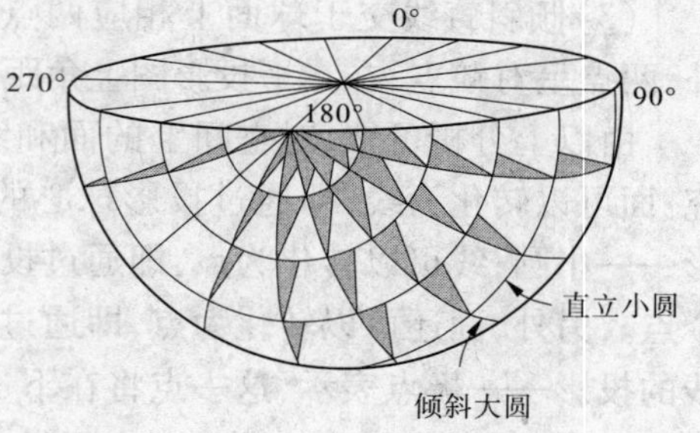

附录图 1-12 吴氏网纬向小圆透视图

任务 2 赤平投影网的使用方法

1 准备工作

1.1 吴氏网的选择和工具准备

为便于携带与操作,通常采用直径为 10 cm 吴氏网。要求精度较高时,则选用直径为 20 cm 吴氏网。

另外,需准备透明纸、圆规、固定针和直尺、铅笔、橡皮等绘图工具。

1.2 基本操作

首先把透明纸蒙在吴氏网上,画出基圆及“十”字中心,并用固定针固定于网心上,使透明纸能旋转。然后在透明纸上标出 *E*、*S*、*W*、*N*,以正北(*N*)为 0°,顺时针数至 360°,如附录图 1-13 所示。

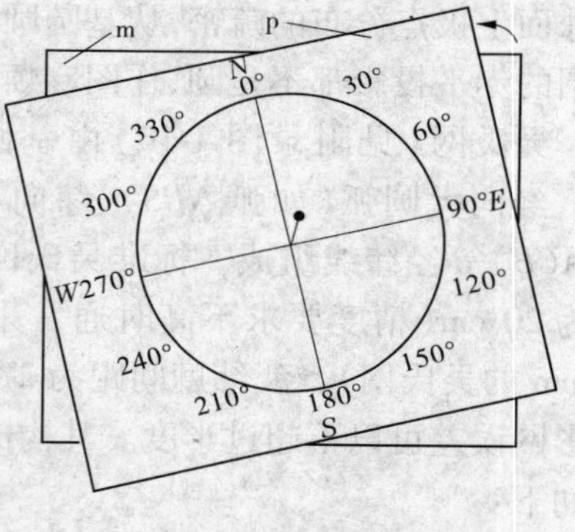

(m 为吴氏网,p 为透明纸)

附录图 1-13 投影准备工作示意图

2 投影操作

2.1 平面的赤平投影

【附录例 1】 作平面 120°∠30°的赤平投影。

解:(1)确定平面的倾向和走向:将透明纸上指北标记与网上 *N* 重合,以 *N* 为 0°,顺时针数至 120°得一点,其方位角即为倾向;过圆心与倾向垂直的直径 *AB* 为平面的走向(见附录图 1-14)。

(2)确定平面的倾角并描绘径向大圆弧:转动透明纸使 120°倾向的点移至东西直径上,由圆周向圆心数 30°(平面的倾角),得 *C* 点,通过 *C* 点描绘径向大圆弧(如附录图 1-14(b)中的圆弧 *ACB*)。

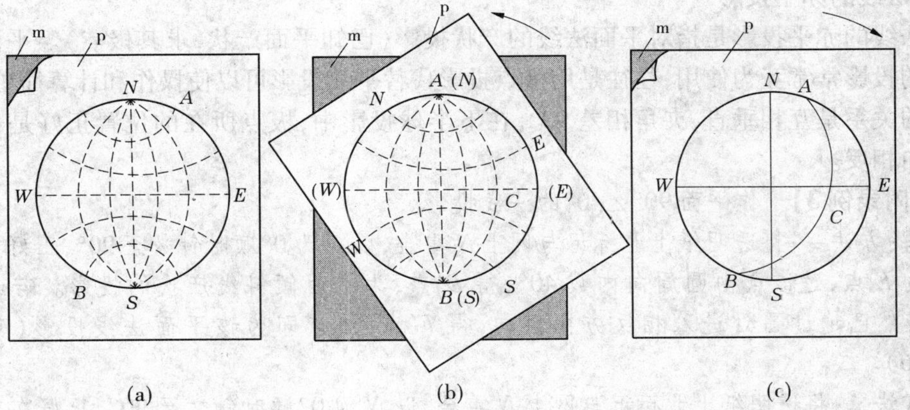

（m 为吴氏网，p 为透明纸）

附录图 1-14　平面的赤平投影步骤

(3)透明纸复位：把透明纸的指北标记转回到原来的指北方向，此时弧的凸向及凸度代表平面 120°∠30°的产状，亦即所求平面的赤平投影为大圆弧 ACB（见附录图 1-14(c)）。

2.2　直线的赤平投影

【附录例 2】　作直线 330°∠40°的赤平投影。

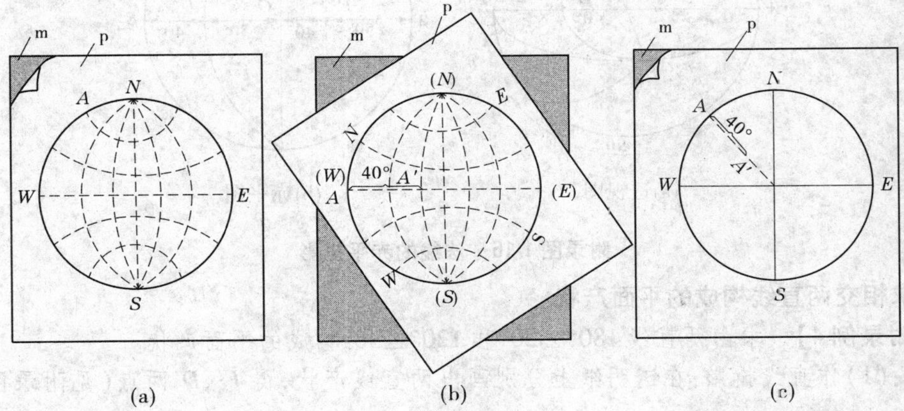

（m 为吴氏网，p 为透明纸）

附录图 1-15　直线的赤平投影步骤

解：(1)确定直线的倾伏向：将透明纸上指北标记与网上 N 重合，以 N 为 0°顺时针数到 330°，为该直线倾伏向（如附录图 1-15 中的 A 点）。

(2)确定直线的倾伏角：把 A 点转动至东西直径上（或转至南北直径上），由圆周向圆心数 40°，并投点 A'，即直线的倾伏角（如附录图 1-15(b)、(c)中 A'点）。

(3)透明纸复位：把透明纸的指北标记转回到原来指北方向，该点即为该直线的赤平投影（见附录图 1-15(c)）。

2.3　法线的赤平投影

法线的赤平投影是指对平面法线的产状投影(已知平面产状,求其极点)。平面及其法线的投影常常互为使用,往往是用极点投影代替平面投影可以使操作和计算简单很多。二者的关系是互相垂直,夹角相差90°,在下半球投影中,极点所在的位置正好是和平面的倾向相反。

【附录例3】　作平面90°∠40°的法线投影。

解:方法一:将透明纸上北标记与网上 N 重合,以 N 为0°顺时针数至90°,正好在东西直径的 E 点,过该点由圆周向内数40°,得 D' 点,为平面倾斜线产状的投影。若继续数90°,显然已越过圆心进入相反方向倾向,得 F' 点,该点即为该平面法线投影(见附录图1-16)。

方法二:将透明纸上北标记与网上 N 重合,以 N 为0°顺时针数至90°,正好在东西直径的 E 点,以圆心向反倾向数至40°,得 F' 点,该点即为该平面法线的投影(圆周数起和从圆心反向数起正好差90°)(见附录图1-16)。

上述单一面、线的投影方法是利用赤平投影研究线与线、线与面、面与面相互关系的基础方法。

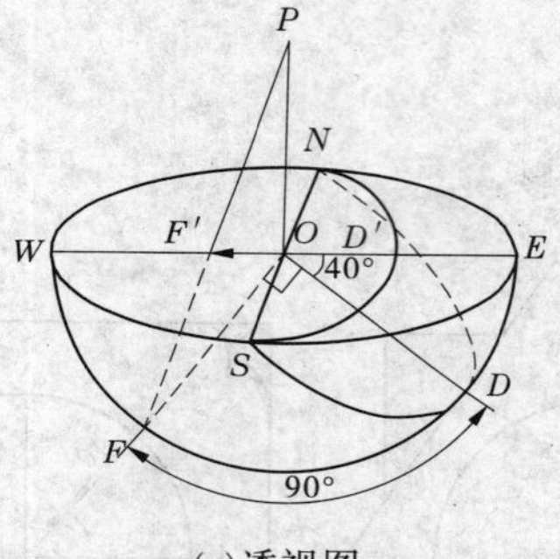

(a)透视图

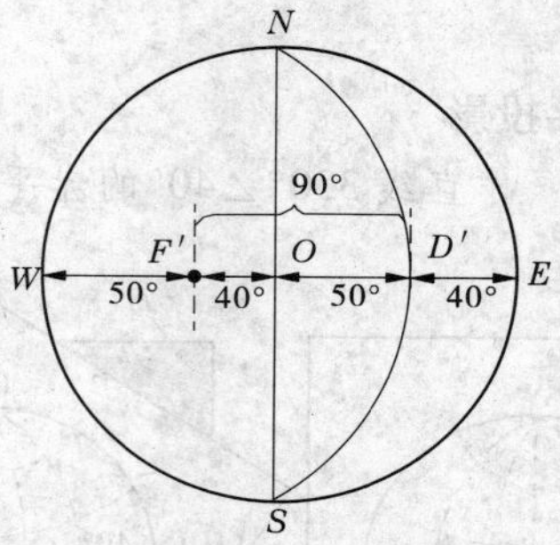

(b)赤平图

附录图1-16　法线的赤平投影

2.4　求相交两直线构成的平面产状

【附录例4】　求由两直线180°∠20°和120°∠36°构成的平面产状。

解:(1)作直线投影:在透明纸上分别画出两直线产状,得 F'、D' 两点(见附录图1-17(a))。

(2)描绘径向大圆弧:因为两相交直线构成一个平面,转动透明纸使 F'、D' 两点位于同一大圆弧上,并将此大圆弧 $AF'D'B$ 描绘于透明纸上,即为所求平面的赤平投影(见附录图1-17(b))。

(3)读所求平面的产状:保持第(2)步的作图状态,可知,大圆弧 $AF'D'B$ 与东西直径相交于 D',把透明纸复位,此时由圆心过 D' 连至基圆圆周上 D'' 点,并从北开始,顺时针方向数至 D'' 点,即为该平面的倾向(120°);转动透明纸使 D' 两点位于东西直径上,并读出 D' 与 D'' 的角距,即为该平面的倾角(36°);记作120°∠36°(见附录图1-17(c))。

2.5　求相交两直线的夹角及其平分线

【附录例5】　求两条直线180°∠20°和120°∠36°的夹角及其平分线。

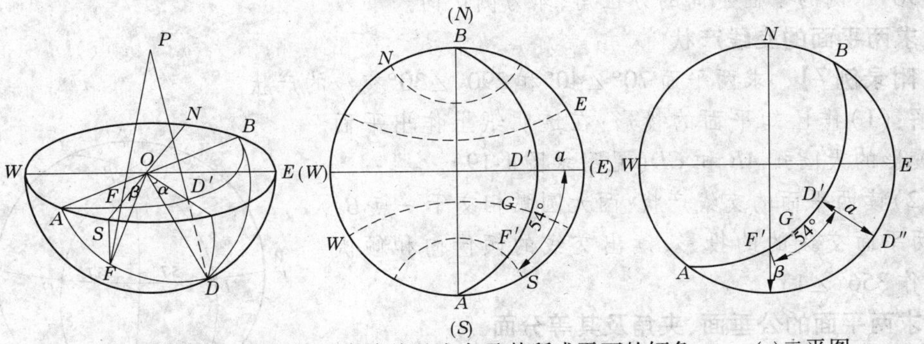

(a)透视图　(b)求两条直线的夹角及其所成平面的倾角　(c)赤平图

附录图 1-17　相交两直线的赤平投影

解:(1)求作两条直线 180°∠20°和 120°∠36°构成平面的赤平投影,产状正好 120°∠36°,见附录图 1-17(a)。

(2)量大圆弧上 D' 与 F' 间的角距(54°),即为相交两直线的夹角(见附录图 1-17(b))。该夹角的平分角距点 G(27°),即为夹角平分线(见附录图 1-17(b)、(c))。

2.6　求平面上一直线的倾伏和侧伏

【附录例 6】　已知一平面产状为 180°∠α(α=37°),其上一直线 AC 的侧伏向 E、侧伏角 β(44°),求该直线的倾伏向、伏角。

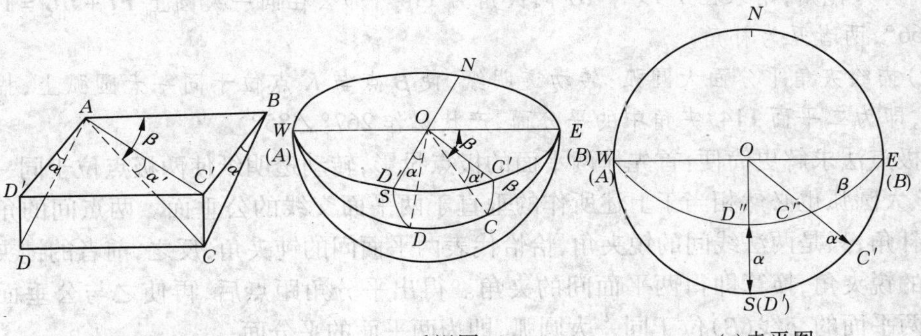

(a)立体图　(b)透视图　(c)赤平图

附录图 1-18　平面上一直线的赤平投影

解:(1)作已知平面的投影:在透明纸上作出平面 180°∠37°赤平投影的大圆弧 $AD''C''B$(见附录图 1-18(c))。

(2)确定直线投影:将大圆弧走向对准网上 $S-N$,从透明纸上 E 端开始,沿大圆弧数到∠4°纬向小圆弧的交点(C''),则 C'' 点为平面上直线 AC 所在的位置,亦即直线 AC 的投影(见附录图 1-18)。

(3)读所求直线的倾伏和侧伏:在东西直径上,读出 $C'-C''$ 的角距 α' 为该直线倾伏角(25°),而在基圆上由 N 顺时针数到 C' 点,为该直线的倾伏向。

注意:平面上一直线的倾伏或侧伏,可以互相求得。若知一平面及平面上一直线的倾伏向 C',则连 OC' 必交于大圆弧上,得 C'' 点,因而,在大圆弧上的 EC'' 段弧度,即为侧伏角

β;β < 90°一侧的平面走向的方位角，即为侧伏向。

2.7 求两平面的交线产状

【附录例 7】 求两平面 70°∠40°和 290°∠30°交线的产状。

解：(1)作已知平面的投影：在透明纸上作出平面赤平投影的大圆弧 *AB* 和 *CD*(见附录图 1-19)。

(2)读两平面的交线产状：两大圆弧相交于一点 β，即为两平面交线的的投影，读出交线的倾伏向和倾伏角，记作 356°∠13°。

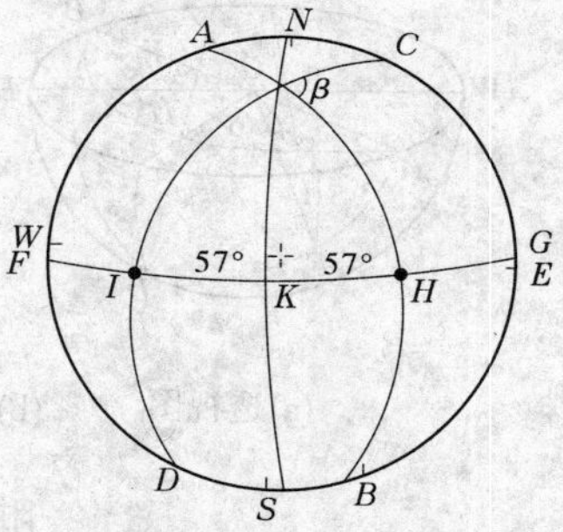

附录图 1-19　相交两平面的赤平投影

2.8 求两平面的公垂面、夹角及其等分面

【附录例 8】 求两平面 70°∠40°和 290°∠30°的公垂面、夹角及其等分面的产状。

解：(1)作已知平面的投影：在透明纸上作出平面赤平投影的大圆弧 *AB* 和 *CD*(见附录图 1-19)。

(2)描绘公垂面大圆弧：以两个平面交点 β 为极点，作出径向大圆弧 *FKG*(把 β 点转动至 *EW* 直径上，沿 β 点朝着圆心方向数 90°得辅助点(*K*)，过辅助点作径向大圆弧 *FKG*)，即为两平面的公垂面，产状记作 176°∠77°(见附录图 1-19)。

(3)读两平面的夹角：公垂面大圆弧 *FG* 分别与已知两平面投影相交于 *H* 点和 *I* 点，则两平面的夹角即为在公垂面 *FG* 上直线 *H* 和直线 *I* 的夹角(真二面角)。其中一对为锐角，另一对为钝角，附录图 1-19 中 *IH* 间夹角为 114°，那么在同一大圆上 *FI* + *HG* = 180° − 114° = 66°，两者互为补角。

(4)描绘夹角平分面大圆弧：转动透明纸，使 β 点与 *K* 点位于同一大圆弧上，描绘该大圆弧，即为二平面 114°夹角中的平分面，产状记作 267°∠85°。

用极点法求解更简便：首先作两平面的极点投影，转动透明纸使两极点位于同一大圆弧上，该大圆弧也必然相当于上述所作的垂直于两平面交线的公垂面。两点间的角距也是互为补角，只是两法线间的锐夹角，恰恰代表两平面间的钝夹角，反之，前者的钝夹角代表后者的锐夹角，换算即得两平面间的夹角。得出平分角距点后，再使之与公垂面的法线——两平面的交线(β)位于同一大圆弧，即为两平面的平分面。

2.9 求一直线与一平面的夹角

【附录例 9】 一平面产状 120°∠50°，一直线产状 320°∠20°，求其夹角。

解：(1)作已知平面和直线的投影：在透明纸上分别画出平面与直线的赤平投影大圆弧(*AFB*)和点(*L*)(见附录图 1-20)。

(2)作过直线且垂直平面的辅助平面投影：作平面的法线投影点(*P*)，转动透明纸，使 *P* 与 *L* 两点位于同一大圆弧上，并描绘此径向大圆弧(*CPD*)。

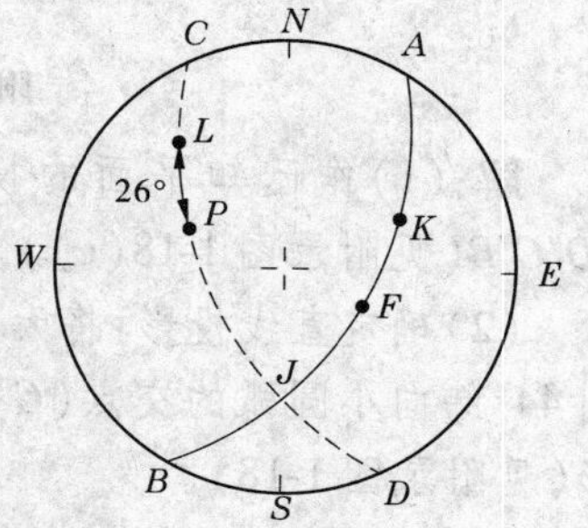

附录图 1-20　直线与平面间夹角关系的赤平投影

(3)读直线与平面的夹角：在辅助大圆弧上数得法线 *P* 点与直线 *L* 点间夹角为 26°。因而，直线与平面的夹角，其锐角部分为 90° − 26° = 64°，

其钝角部分为 $90°+26°=116°$;辅助面 *CPD* 与已知平面 *AFB* 有一交线(*J* 点),在辅助面大圆弧 *CPD* 上可以读得直线 *L* 点与 *J* 点间的弧度,即为直线与平面间的夹角(为 116°和 $180°-116°=64°$)。

2.10 求一平面(或直线)绕一水平轴旋转后的产状

有些地质构造问题,如钻孔资料的构造分析、求不整合面以下地层的原始产状、根据交错层推断古河流方向等,都需要旋转有关构造形迹的产状。

任何旋转都离不开一根特定的旋转轴。水平旋转的转轴是直立的,直立翻转的转轴是水平的,而倾斜旋转的转轴则是倾斜的。无论哪种旋转,只要确定了转轴的产状、转动的方向以及转动的角度,整个旋转操作就能准确完成。赤平投影旋转操作就是将要旋转的地质体的产状投影在赤平投影网上进行旋转。

水平旋转比较简单(线、面的投影只是围绕基圆圆心作整体旋转而已,走向和倾向发生了改变,倾角不变),倾斜旋转较为复杂,本书仅对直立翻转作简单介绍。

直立翻转,亦即绕水平轴旋转。使水平轴与投影网的南北直径一致,把要旋转的点(直线或法线的投影点)沿所在纬向弧运移,其运移的始点与终点间的角距,即为旋转角;其运移的方向,以水平轴的北端(正东西向时以正东)为准,作向东(逆时针)旋转或向西(顺时针)旋转(见附录图 1-21(a))。一平面产状经过绕轴旋转以后,其产状随着发生变化,只有平面走向正好是旋转轴时,旋转后平面倾向一致或成反向、倾角变大或变小、走向不变。

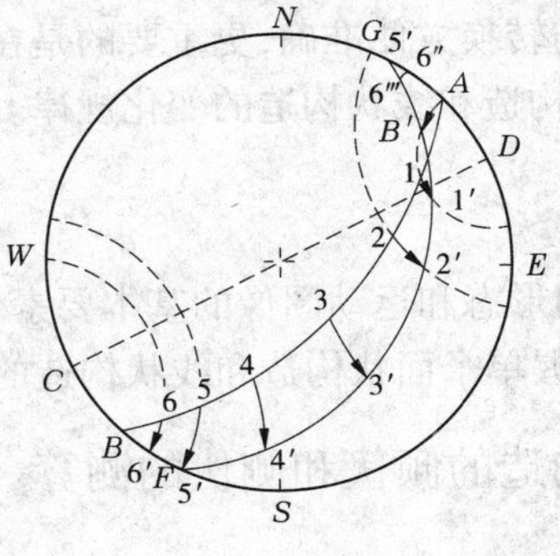

(a)大圆弧旋转法

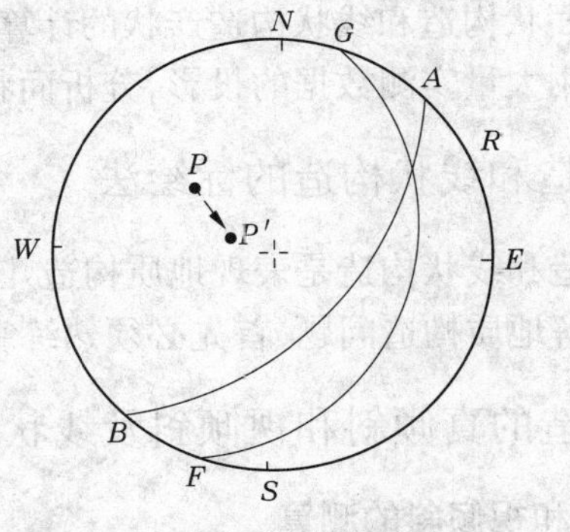

(b)用平面法线旋转法

附录图 1-21 绕水平轴旋转

投影网南、北两半圆上的纬向弧是对称的,反映了过球心的倾斜直线绕南北直径为轴旋转一圈的双圆锥底面的轨迹(见附录图 1-21(b))。以一个圆锥体为例,当下部半圆锥面总的向北倾斜时,纬向弧在北半圆,此时上部半圆锥面总的向南倾斜,纬向弧就在南半圆。所以,当旋转角由下半圆锥进入上半圆锥时,就必然由这个纬向弧进入到对应的纬向弧(沿直径的对蹠点),再继续旋转。

【附录例 10】 一平面 *AB* 产状为 130°∠50°,求绕方位角为 60°的水平轴 *CD* 逆时针方向(或向 *ES* 方向)旋转 30°后的产状。

解:(1)作已知平面和直线(旋转轴)的投影:在透明纸上画出平面大圆弧 *AB* 和旋转

轴 CD 线，如附录图 1-21(a)所示。

(2)使 NS 与 CD 重合：转动透明纸，使旋转轴 CD 线转到投影网南北直径上。

(3)旋转大圆弧 AB 各点：将在 AB 大圆弧上任意所取的各点如 1、2、3…绕轴 CD 逆时针方向（指向 SE 正方向）旋转 30°，即各点沿所在纬向弧向 SE 方向数 30°，分别得 1′、2′、3′…新的各点，并描绘出新的大圆弧 GF（产状记作 111°∠25°）。

(4)注意事项：AB 弧上有些点，如点 6，旋转了 20°就到达了基圆为 6′，继续旋转 10°时，必须以 6′过基圆圆心的对蹠点 6″开始，沿对应的同一纬向弧再数 10°至 6‴；B 点的旋转亦同此理。

用面的法线求法更简便：因为旋转一大圆弧，至少要在大圆弧上任选两个以上的点作为标志，然后再把旋转后的各新点转动至某一大圆弧上得新的大圆。而面的法线是以线代面，只要旋转一个点，如附录图 1-21(b)所示，P 为上述平面 AB 的极点，绕 $R=CD$ 线（水平轴）逆时针方向旋转 30°，相当于把透明纸上 R 转到网上正北(N)，以平行 SN 向的 R 为旋轴，使 P 沿所在纬向弧向东运移 30°至 P'，以 P 为′法线的对应平面 GF（等于附录图 1-21 中的 GF），即为平面 AB 旋转后的新产状（111°∠25°）。

任务 3　赤平投影在地质构造中的应用

赤平投影方法广泛应用于地质学科中，特别是地质构造的研究。运用赤平投影方法，不仅可以使面状构造和线状构造产状的计算与转换方便准确，更重要的是在实际工作中，我们可以利用大量实测数据的投影，分析面状构造和线状构造的变化规律。

1　面状构造和线状构造的标绘法

面状构造和线状构造是表现地质构造几何形态和运动图像的基本要素。学习用赤平投影方法求解地质构造问题，首先必须熟练掌握单个面状构造和线状构造的标绘和测读。

2　面状构造的真倾斜和视倾斜及线状构造的倾伏和侧伏的测算

2.1　真倾斜和视倾斜的测算

因为野外有时只能测得斜交岩石（或其他面状构造）走向的两个视倾斜，虽然所测的位置不一定在同一层面上，但互相平行的层理面产状稳定时，投影在赤平投影图上就反映为同一个大圆弧，含义上即同位于一个平面上，所以可以应用投影操作 4，求相交两直线（相当于两视倾斜线）构成平面的产状。另外，在编制斜交岩层走向的剖面和布置勘探线剖面时，也涉及真倾角与视倾角问题，它是投影操作 4 的可逆运算，即剖面线斜交岩层走向的视倾角，在投影图上相当于视倾斜线与大圆弧交点的角距。

【附录例 11】　已知岩层两视倾斜①80°∠15°、②110°∠32°，求岩层真倾斜，并求 180°方位（视倾向）剖面上的岩层视倾角（见附录图 1-22）。

解：(1)据投影操作 2、4，在透明纸上画出两视倾斜线投影为 A、B 两点。

(2)转动透明纸，使 A、B 两点位于同一大圆弧上，并在 EW 直径上数圆周至大圆弧间的角距，即为真倾角(40°)，再由透明纸上指北标记顺时针数至大圆弧中心所对基圆的方位角,即为岩层真倾向(151°)。

(3) 180°视倾向线,交大圆弧于 C 点,并使 C 点转到投影网直径线上,由基圆至该点的角距即为所求视倾角(36°)。

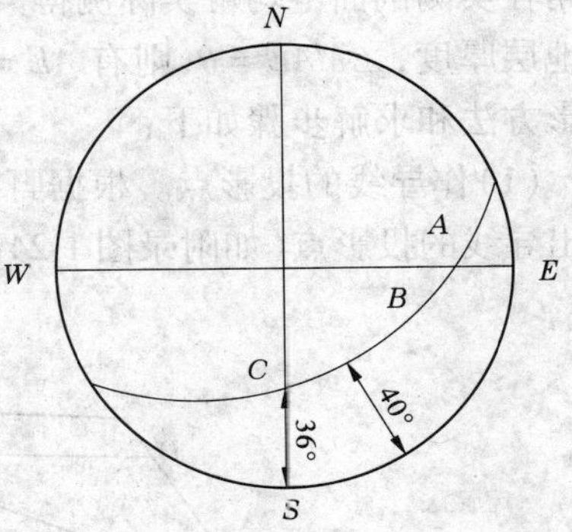

附录图 1-22 已知两视产状求真产状

2.2 线状构造的倾伏和侧伏测算

线状构造除其本身的产状特征(倾伏)外,多与面状构造密切相关,如层面上的波痕、流面上的流线、断层面上的擦痕、褶皱轴面上的枢纽以及两面状构造交线与两面状构造的关系等,它们都反映了平面上一直线与该面走向之间的角距关系,因此可用侧伏向和侧伏角来表示该线状构造产状。侧伏角的表示方法一般以位于侧伏角一侧的该平面的走向方位来表示。求倾伏和侧伏的关系,可用投影操作 6 进行投影。

3 旋转操作在构造分析方面的应用

通过立体阐述旋转操作在构造分析方面的应用。

【附录例 12】 一角度不整合下盘地层产状为 200°∠40°,上盘的地层产状为 80°∠50°。求不整合面上盘地层沉积时,下伏地层的产状。

问题分析:

角度不整合的存在,表明地层发生过掀动。不整合面以上的地层产状本来是水平的,而现在却呈 80°∠50°的倾斜状态,显然是沉积后又发生过变动。因此,要判断不整合面以下地层在上覆地层沉积时的产状,就应将上覆地层从现在的倾斜状态翻回到当初的水平状态,与此同时,下伏地层也必随着翻转,翻转后得到的结果就是上覆地层沉积时,不整合面以下老地层当时的产状。

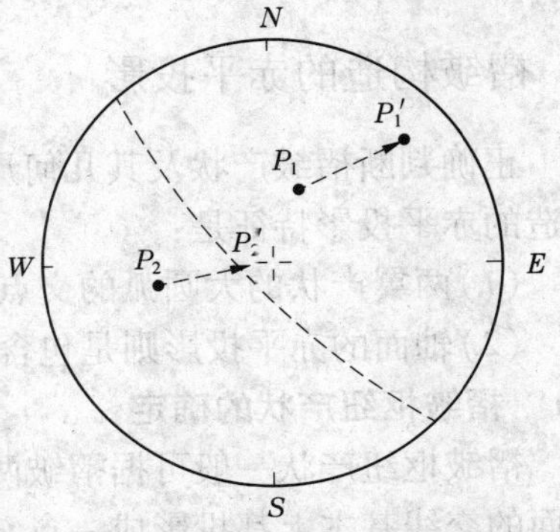

附录图 1-23 利用旋转操作求地层产状

投影方法如下(见附录图 1-23):

(1) 在透明纸上标出不整合面上、下盘地层的极点(法线投影点) P_2 和 P_1。

(2) 以上覆地层走向为水平转轴(以走向为转轴并非一概正确,应综合利用其他地质资料),将上覆地层翻成水平,为此,使 P_2 点沿直径线移到基圆圆心,共翻了 50°。与此同时,P_1 点必沿所在纬向弧同步移动 50°到 P_1' 点。P_1' 点对应的大圆弧的产状(226°∠75°),就是不整合下伏地层的产状。

4 赤平投影求地层厚度

在实测地层剖面时,利用赤平投影原理,可以简便地计算地层厚度。如附录图 1-24(a)所示,设倾斜岩层在斜坡上的露头为 $ABCD$,AM 为测量导线,其方位、长度、坡向和坡度角在实测剖面上均可实际测得。从 A 点作地层法线 AE，在 $\triangle AME$ 中，$\angle AEM = 90°$，AE 为地层厚度，$\angle MAE = \theta$，则有 $AE = AM\cos\theta$，因而，只要求出 θ 值，就可计算出地层厚度。投影方法和求解步骤如下：

(1)作导线的投影点。根据野外实测导线的方位和坡度角的数据，在赤平投影图上标出导线的投影点(如附录图1-24(b)中的 AM 点)。

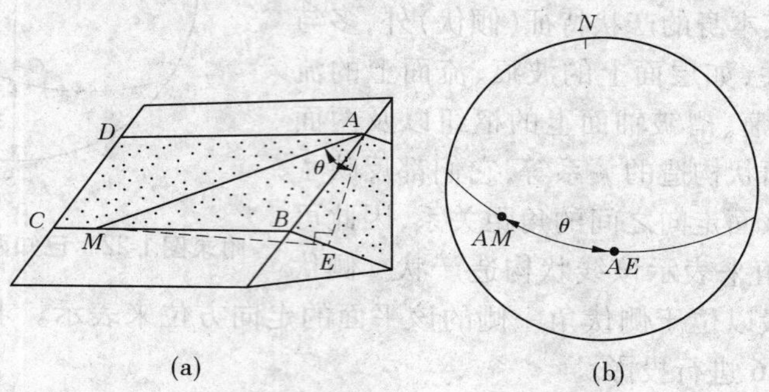

附录图1-24　求地层厚度

(2)作岩层法线投影。在赤平投影图上标出已知岩层法线的投影点 AE(见附录图1-24(b))。

(3)求 θ 角。转动透明纸，使 AM 和 AE 两点位于同一大圆弧上(此大圆弧为包含导线 AM 和地层厚度 AE 的平面投影)，则 AM 和 AE 之间的角距就是所求的 θ 角。

(4)计算地层的厚度。将 θ 角代入公式 $AE = AM\cos\theta$ 中即可求得地层厚度。

5　褶皱构造的赤平投影

正确判断褶皱产状及其几何形态的关键在于正确确定褶皱枢纽和轴面的产状。褶皱构造的赤平投影特征是：

(1)两翼产状的大圆弧的交点就是褶皱枢纽产状的投影。

(2)轴面的赤平投影则是包含枢纽点在内的大圆弧。

5.1　褶皱枢纽产状的确定

褶皱枢纽产状一般可据褶皱两翼同一褶皱层面的交线求得。圆柱状褶皱每两个微分平面的交线基本上都投影成一点 β(见附录图1-25、附录图1-26)；圆锥状褶皱每两个平面的交线产状不同，β_1、β_2、β_3…成一小圆轨迹(见附录图1-27)。实际上，为测量的精度所限和褶皱本身的复杂性，一褶皱微分为许多面的交线产状不一定都投影在同一点，但至多也只能交 $\frac{n(n-1)}{2}$ 的点数。用 β 表示的赤平投影图称 β 图。

用褶皱面上各处的法线产状来求褶皱枢纽和轴面的产状更为简便。根据同一褶皱层面上各产状的法线共面(褶皱的横截面)的特点，如附录图1-28所示，在赤平投影图上直接标出各产状法线的投影(P_1、P_2…)。显然，这些极点投影都应落在一个大圆弧上，这个大圆弧就称为 π 圆。这种，在赤平投影图上用各褶皱面法线产状表示横截面的图件称为 π 图。

应当指出的是，各法线点实际上不一定严格位于大圆弧上，通常是根据总的延伸趋势

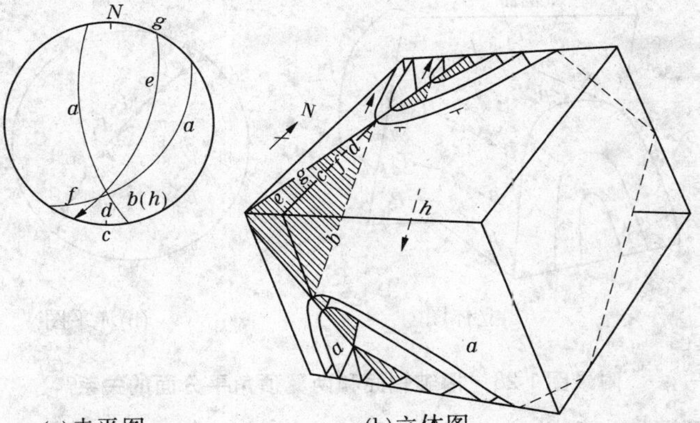

(a)赤平图 (b)立体图

a—翼；e、g—轴面及其走向；b、c、d、f—枢纽及其倾伏向、侧伏向、倾伏角、侧伏角；h—褶皱

附录图 1-25 褶皱要素的赤平投影

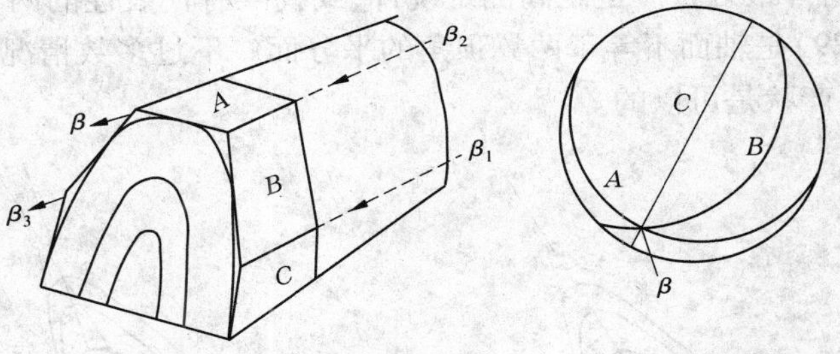

(a)立体图 (b)赤平图

附录图 1-26 圆柱状褶皱要素的枢纽产状为一点(β)

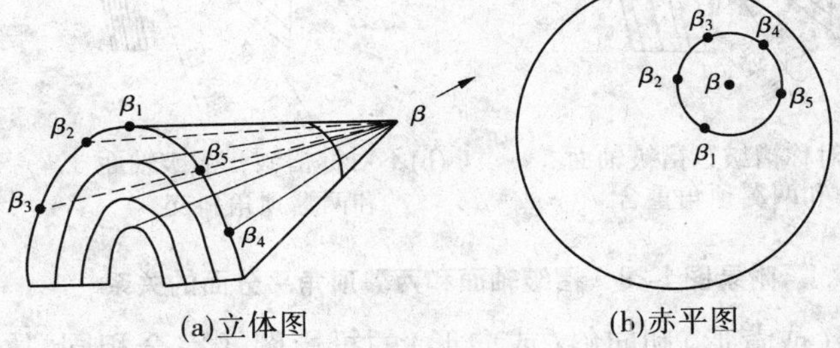

(a)立体图 (b)赤平图

附录图 1-27 圆柱状褶皱枢纽产状构成一小圆

或根据统计得出的环带来勾绘。

由于褶皱横截面与褶皱枢纽的关系，则有在褶皱的 π 图中，π 圆的法线即为褶皱枢纽产状 β。

5.2 褶皱轴面产状的确定

轴迹是轴面与任意截面的交线，大多表现为褶皱各岩层转折弯曲最明显的点的连线。

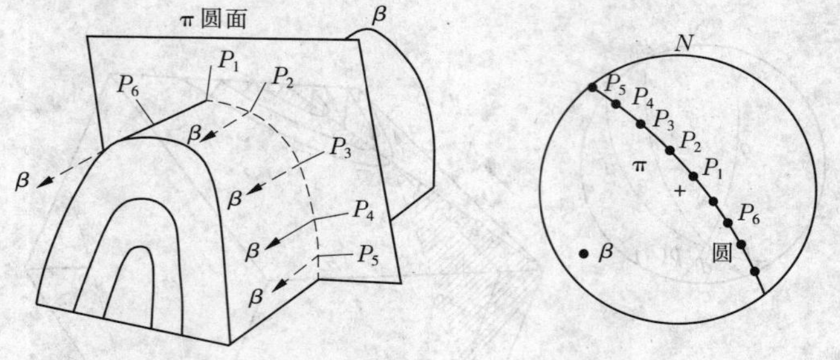

(a)立体图　　(b)赤平图

附录图 1-28　褶皱轴面和两翼顶角平分面的关系

轴面产状可根据枢纽和轴迹求得(二者均位于轴面上),也可以根据平分褶皱两翼顶角的面来代替;但要注意所选二平面的部位和褶皱两翼地层厚薄是否对称。如附录图 1-26(a)、(b)二面顶角的平分线与枢纽构成的面和 B、C 二面顶角的平分线与枢纽构成的面,不是真正的轴面,只有 A 面紧靠两侧的平面延展相交的顶角作平分面才大致相当轴面。所以,在野外最好按一定距离测定统计,或找准有代表性的两翼(平面);另一种情况(见附录图 1-29)是轴面不等于两翼顶角的平分面。不过多数情况下,根据较稳定的两翼产状来求轴面产状是可以的。

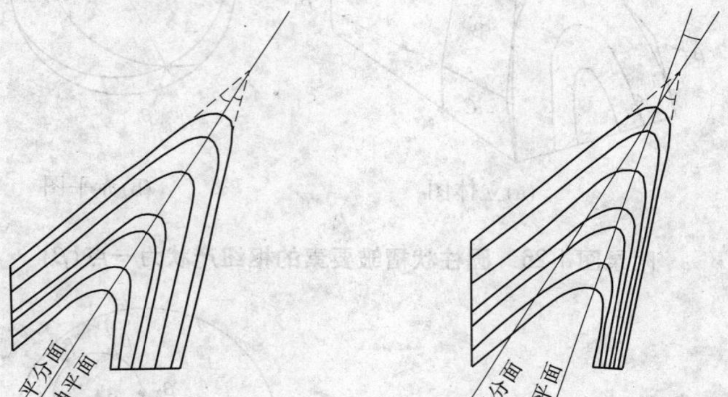

(a)对称褶皱,褶皱轴面和两翼顶角重合　　(b)不对称褶皱,褶皱轴面和两翼顶角斜交

附录图 1-29　褶皱轴面和两翼顶角平分面的关系

需要说明,背斜(或背形)和向斜(或向形)的投影图式完全相同,故在投影图上分不出背斜(或背形)和向斜(或向形)。另外,在褶皱两翼顶角(翼间角)及两翼法线夹角关系上,正常褶皱时二者互为补角,同斜褶皱时二者同为相等锐角。

【附录例 13】 已知背斜两翼产状为 10°∠30°和 50°∠60°,在一个产状为 180°∠70°的陡壁上测得该背斜轴迹的侧伏角为 26°E,求该背斜的枢纽产状、翼间角、枢纽与轴迹构成的轴面产状和枢纽与翼间角平分线构成的轴面产状(见附录图 1-30)。

解:(1)据投影操作 1、3 作出两翼大圆弧和极点 P_1、P_2。

(2)据投影操作 1 的可逆操作量得两翼交线 β 产状为 336°∠26°。

(3) 据投影操作 7 作 β 产状的轴垂面大圆弧，P_1、P_2 必位于此大圆弧并交两翼大圆弧于 I、H（本例为两翼同斜，故翼间角等于两翼法线的夹角，即弧 IH 角距与弧 P_1P_2 的角距均为 40°）。

(4) 据投影操作 6 作陡崖面产状及轴迹侧伏角，得轴迹倾伏 101°∠24°。

(5) 据投影操作 8 或投影操作 4 作枢纽与轴迹共面的产状得 37°∠45°和枢纽与翼间角平分线共面的产状得 34°∠42°（在附录图 1-30 中，前者用虚线代表，后者用点线代表，二者产状略有差异）。

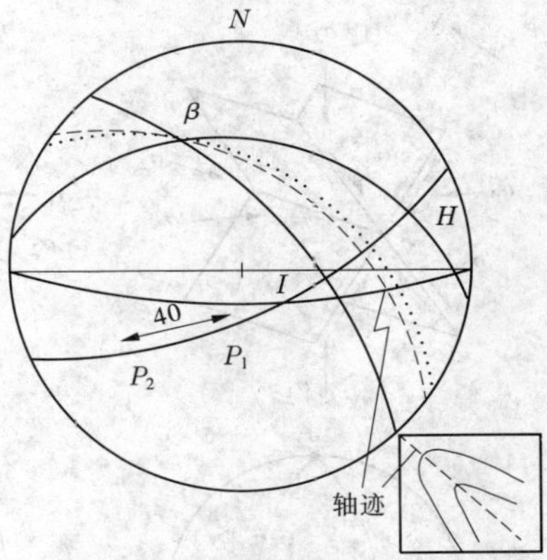

附录图 1-30　褶皱轴面和两翼顶角平分面的关系

6　断裂构造的赤平投影和分析

本书主要对断裂面与应力的几何关系、各主应力方位及断盘的滑移方向进行分析。

6.1　共轭断裂与主应力关系

共轭断裂与主应力之间有下列几何关系（见附录图1-31）。在立体图上（空间状态）的表现是，一对共轭断裂的交线代表中间主应力轴 σ_2，垂直 σ_2 并又互相垂直的为最大主（压）应力轴 σ_1 和最小主应力轴 σ_3。在理论上两共轭断裂面应互相垂直，但由于不同岩石中具有不同大小的内摩擦角（一般为 30°），因此 σ_1 所对的为锐角二面角（为 90° − 30°）的平分线方向，σ_3 所对的为钝角二面角（即 90° + 30°）的平分线方向；它们也指示了两共轭断裂面上的滑动线方向，即 σ_1 方向上滑动线垂直 σ_2 向内；σ_3 方向上滑动线垂直 σ_2 向外。

它们在赤平图上的表现是（见附录图 1-31、附录图 1-32）：代表共轭断裂面的两大圆弧 S 的交点为 σ_2 投影点；垂直于 σ_2 的辅助大圆弧（包含了 σ_1 和 σ_3）上与共轭断裂两大圆弧交点（附录图 1-32 上为 S_1、S_2）间的弧度为共轭断裂面的二面角；其锐角弧度的角距平分点为 σ_1 投影点；钝角弧度的平分角距点为 σ_3 投影点；σ_1、σ_2、σ_3 互相成 90°角距。S_1、S_2 为两共轭断裂两盘相对滑动的方向，S_1 和 σ_1、S_2 和 σ_2 分别位于两个共轭断裂面上，而 S_1 与 σ_2 及 S_2 与 σ_2 的角距又都为 90°角距。S_1、S_2 也都位于包含 σ_1、σ_3 的辅助大圆弧上，σ_1 与 S_1 或 σ_1 与 S_2 为 1/2 的锐夹角角距，σ_3 与 S_1 或 σ_3 与 S_2 为 1/2 的钝夹角角距，其内摩擦角即为 90°减锐夹角或钝夹角减 90°。

用投影操作 7、8 可求出附录图 1-32 上 σ_1、σ_2、σ_3 的产状。

6.2　断盘滑移分析

在下半球投影上，断层大圆弧的凸侧代表上盘，凹侧为下盘。所以，滑动线平行断层倾向时，σ_1 在凸侧，且 σ_1 与 S_1（或 S_2）的角距小于 90°/2，表示上盘相对上升的逆断层；反之，σ_1 在凹侧，且 σ_1 与 S_1（或 S_2）的角距小于 90°/2 时，则表示下盘相对上升的正断层。同理，滑动线平行于断层走向时，据 σ_1 的指向，沿滑动线有左行滑动和右行滑动之分，锐角指向本盘移动方向。还有最常见的斜向滑动，对其上盘相对上升或下降的分量，可据 σ_1 位于大圆弧凸侧或凹侧来判定，对其左行或右行的平移分量，可据 σ_1 指向滑动线的侧伏角来判定。

以附录图 1-32(b) 为例，F_1 断层（340°∠20°）和 F_2 断层（46°∠50°）为共轭关系，所以

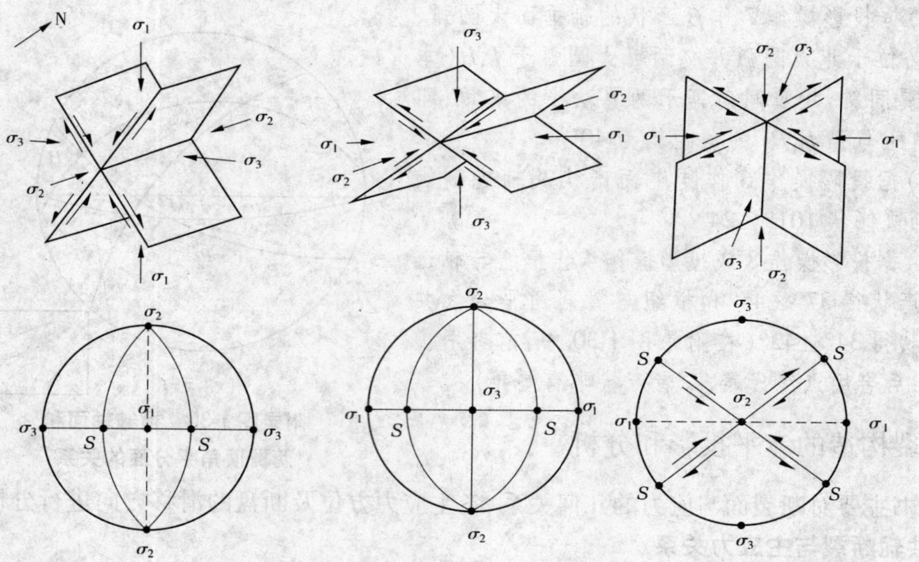

(a)正断层　(b)逆断层　(c)平移断层

虚线为张断裂(σ_1、σ_2 面)

附录图 1-31　共轭断裂与主应力方位关系

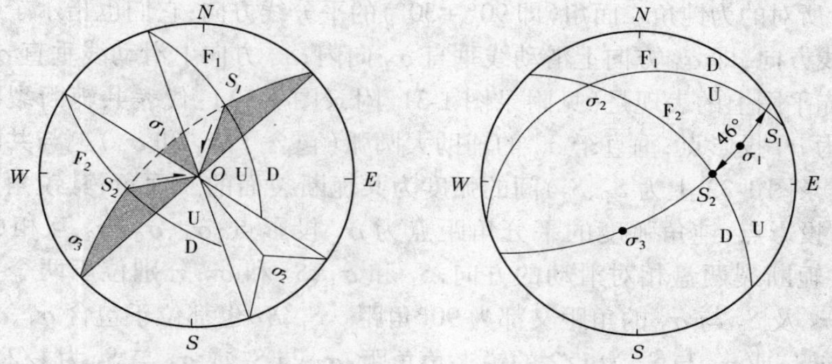

(a)解析图　(b)实例图

F_1、F_2—共轭断层面;S_1、S_2—断盘滑动线;U—上升盘;D—下降盘

附录图 1-32　共轭断层的赤平投影

两大圆弧的交点为 σ_2 的产状(334°∠20°)。以 σ_2 为极点,作对应大圆弧,即 $\sigma_1-\sigma_3$ 平面。该弧与 F_1、F_2 的交点为 S_1 和 S_2,表明 F_1 断层面上的滑动方向(擦痕方向)为 64°或 244°,F_2 断层面上的滑动方向为 84°或 264°。S_1S_2 的锐角角距中点为 σ_1(71°∠23°),再从 σ_1 沿大圆弧量度 90°角距得 σ_3(206°∠58)。由于 σ_1 位于 F_1 断层的凹侧,且 σ_1 与 S_1 的角距又小于 90°/2,所以,F_1 断层为正断层,断层下盘向 244°方向滑动,或上盘向 64°方向滑动,接近于沿 F_1 断层走向的右行滑动,因而可称为正－右行平移断层。对于 F_2 断层来说,σ_1 位于其凸侧,σ_1 与 S_2 的角距也小于 90°/2,因此 F_2 断层为上盘上升的逆断层;断层上盘向 264°方向滑动,具有左行平移的性质,故总的可称为左行平移

逆断层。又 F_1 和 F_2 的夹角为46°,所以岩石破裂的内摩擦角为90° - 46° = 44°。

7 流面和流线的测定

流面、流线分别是由岩体中的板状、片状矿物及捕虏体等呈定向排列而成的面状构造和由柱状、针状矿物组成的线状构造。流线和流面在露头面上很难直接测量,它们往往与定同矿物成各种方向的截面相交,类似于许多视倾斜。但根据这些视倾斜(野外直接测得视倾斜或测露头面倾斜及矿物长轴侧伏角都可,不过求流线产状以后者所测数据为宜)的统计,若成一大圆,就可求得流面产状;若不成大圆且无规律,则是无流面。附录图1-33是根据a、b、c三个露头面上视倾斜,投影在赤平面上,正好位于同一大圆弧上,从而得出流面产状。流线的作法不同,它要求作出截切柱状矿物的露头面法线与所截矿物在露头面上的长轴构成的平面。同一产状的矿物柱体在不同的露头面上所构成的这种平面必交于一线,即公共线。此线显示流线的真正产状。若无公共线且无规律,则无流线。

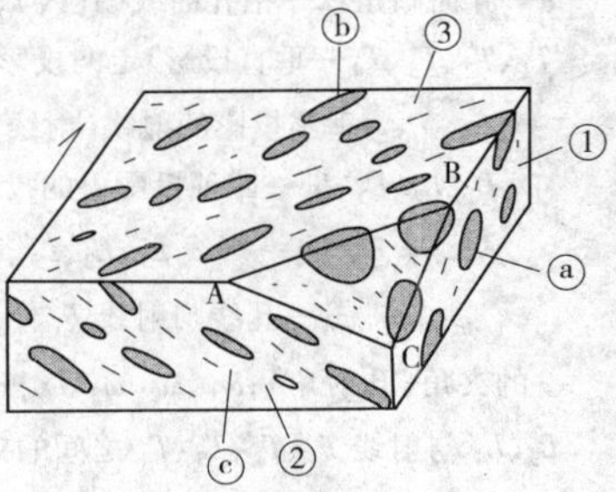

(a)立体图

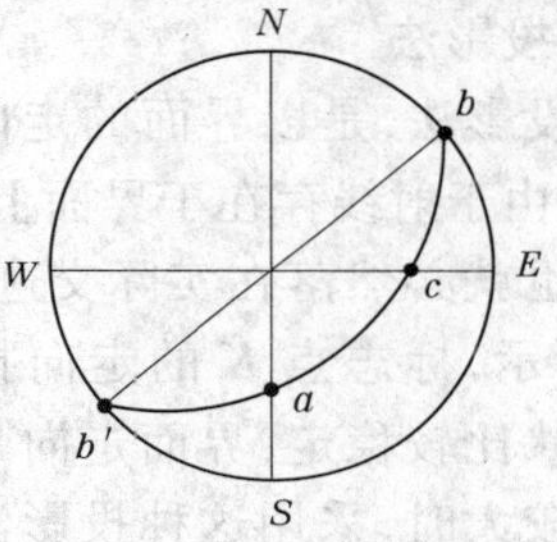

(b)赤平图

附录图1-33 流面产状

8 赤平投影在孔斜校正中的应用

在地质钻探过程中,常会出现钻孔轴线偏离勘探线剖面和勘探线剖面不垂直于地质界面(地层、断层面等)走向的情况。因此,在编制勘探线地质剖面图的过程中,必须进行孔斜校正。借助于赤平投影法可以帮助我们较迅速地求得孔斜校正中所需要的各种角度,大大地简化了计算过程。

为了讨论方便,仅取钻孔中的某一段来描述常用的孔斜校正方法,在此,不涉及全孔校正中的其他问题(见附录图1-34)。

8.1 垂直投影法

垂直投影法又称"正投影法"或"法线投影法",它是将钻孔轴线上的标志点(即钻孔与地质界面的交点和钻孔各段的连接点)垂直投影于剖面上的一种方法,当剖面垂直于地质界面的走向时,采用这种投影法是完全正确的,因为其标志点均可投影于界面与剖面的实际交迹上,但当剖面不垂直于界面走向时,这种投影法的结果必将歪曲交迹的实际位置。如附录图1-34,由于剖面不垂直于界面走向,所以标志点 K 的投影 K_1 就不在实际交迹 AK_2 线上,其偏离实际交迹的程度将随界面倾角的变大和界面走向与剖面夹角的变小而加大。垂直投影法的影线长度等于孔线长度乘以孔射角的正弦值:

$$L_1 = L\sin\varphi_1 \quad \text{(附录 1-1)}$$

【附录例 14】 某段钻孔的倾向 162°，倾角 52°，长 50 m，求其在 120°方向剖面上的垂直投影。

解：求法和步骤如下（见附录图 1-35）：

（1）在透明纸上作 120°方向剖面线和孔斜为 160°∠50°的孔线赤平投影点。

（2）转动透明纸，让剖面线与吴氏网的赤道重合，据孔线赤平投影点所在大圆与剖面线的交点量读出影线产状为 120°∠60°，孔射角为 66°。

（3）代入公式（附录 1-1）则影线长度：$L_1 = 50 \times \sin 66° = 45.68$（m）。

8.2 界面走向投影法

界面走向投影法，是以界面的走向线为射线的投影法，由于射线存在于界面上，所以标志点的投影也就必然落在实际交迹上，如附录图 1-34 所示，标志点 K 的走向投影为 K_2。当界面产状比较稳定，界面走向与剖面方向的交角又较大时，采用这种投影法是正确的，否则，其可靠性就差。走向投影的影长度等于孔线长度乘以孔射角的正弦值除以影射角的正弦值：

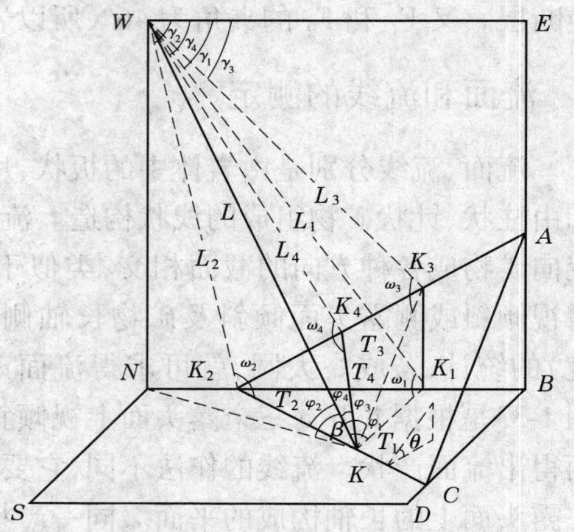

WNBE—剖面；NSDB—水平面；AK_2C—地质界面；θ—界面倾角；L—钻孔曲线（孔线）；β—孔线倾角；T_1、T_2、T_3、T_4—垂直投影、走向投影、视倾角投影、垂迹投影的射线（射线）；L_1、L_2、L_3、L_4—四种投影 L 的投影线（影）；γ_1、γ_2、γ_3、γ_4—影线 L_1、L_2、L_3、L_4 的倾角；φ_1、φ_2、φ_3、φ_4—孔线与射线 T_1、T_2、T_3、T_4 之间的夹角（孔射角）；ω_1、ω_2、ω_3、ω_4—影线 L_1、L_2、L_3、L_4 与射线 T_1、T_2、T_3、T_4 之间的夹角（影射角）；K_2A—界面与剖面相交的交迹

附录图 1-34 钻孔段孔斜校正立体图

$$L_2 = L\sin\varphi_2 / \sin\omega_2 \qquad \text{（附录 1-2）}$$

【附录例 15】 某段钻孔的倾向 70°，倾角 48°，岩层走向 30°，求斜深 50 m 处岩层面标志点在 100°方向剖面上的走向投影。

解：求法和步骤如下（见附录图 1-36）：

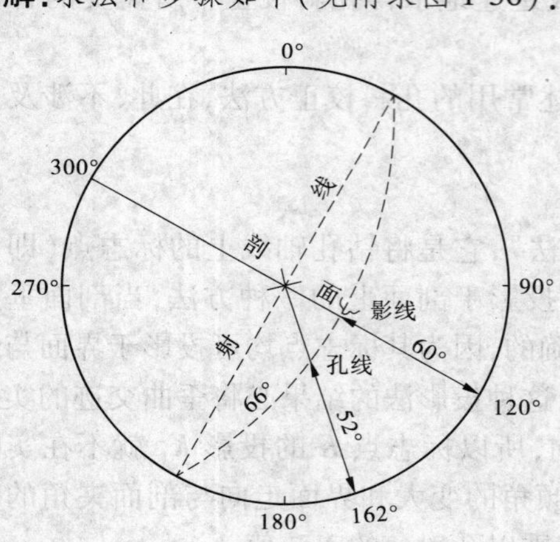

附录图 1-35

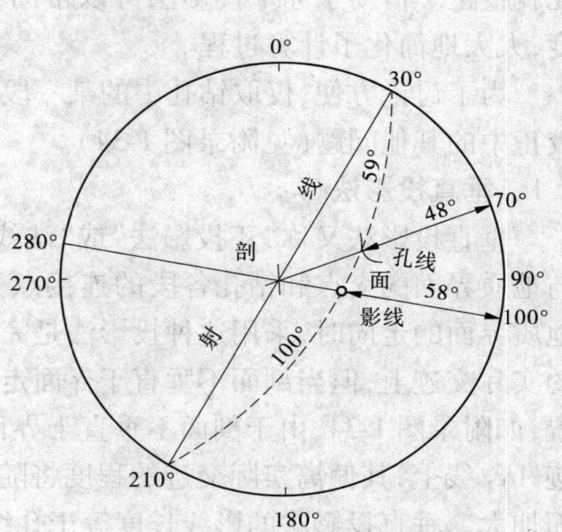

附录图 1-36

(1)在透明纸上作100°方向剖面线和定出70°∠48°的孔线赤平投影点。

(2)将岩层走向30°线(射线)转至吴氏网的SN线重合,据孔线赤平投影点所在大圆(孔射影三角形面)量读出其与剖面相交线(影线)的产状为100°∠58°,孔射角59°,影射角100°(也可取其锐角80°)。

(3)代入公式(附录1-2),则影线长度:$L_2 = 50 \times \sin 59° / \sin 100° = 43.52(\mathrm{m})$。

8.3 界面视倾角投影法

界面视倾角投影法又称视倾向投影法或倾向投影法。它是以垂直剖面的直立面与界面的交线为射线的一种投影法。由于其射线存在于界面上,所以其标志点的投影也就必然落在实际交迹上。如附录图1-34中标志点K的视倾角投影为K_3。当界面产状较稳定,界面倾角以及界面走向与剖面方向的交角均较小时,而射线较短,故采用这种投影方法是正确的,否则,其可靠性也将下降。视倾角投影法的影线长度等于孔线长度乘以孔射角的正弦值除以影射角的正弦值:

$$L_3 = L\sin\varphi_3 / \sin\omega_3 \qquad (附录1\text{-}3)$$

【附录例16】 某段钻孔的倾向40°,倾角50°,岩层产状250°∠40°,求斜深40 m处岩层面标志点在90°方向剖面上的视倾角投影。

解:求法和步骤如下(见附录图1-37):

(1)作90°方向剖面线和与之垂直的0°方向的直立面投影线,定出40°∠50°的孔线赤平投影点。

(2)将岩层走向线转至吴氏网SN线重合,找到代表岩层产状的大圆,并定出其与直立面投影线的交点(射线投影点)。

(3)将射线投影点与孔线投影点转至吴氏网的同一个大圆上,量读大圆与剖面相交线(影线)的产状为90°∠66°,孔射角74°,影射角76°。

(4)代入公式(附录1-3),则影线长度:$L_3 = 40 \times \sin 74° / \sin 76° = 39.63(\mathrm{m})$。

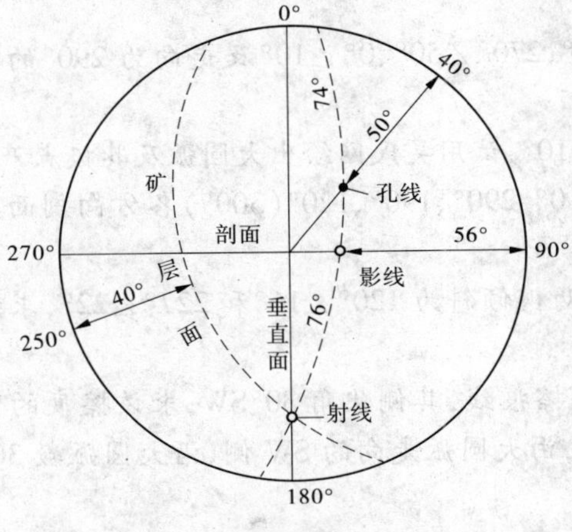

附录图1-37

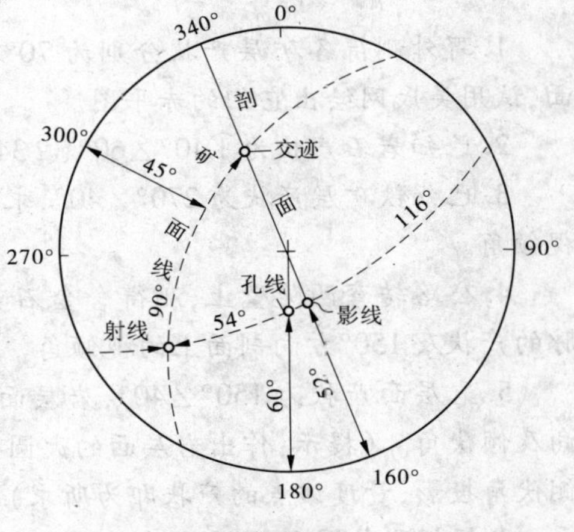

附录图1-38

8.4 垂迹投影法

垂迹投影法又称产状投影法,即射线既存在于界面上而又垂直于交迹的一种投影法。

其标志点的投影也必然落在实际交迹上，如附录图 1-34 中标志点 K 的垂迹投影为 K_4。在其他条件相同的情况下，这种投影法均较其他投影法优越，因为对存在于界面上的所有射线来说，垂迹射线最短，其投影结果也就较为可靠。垂迹投影法的影线长度等于孔线长度乘以孔射角的正弦值除以影射角的正弦值：

$$L_4 = L\sin\varphi_4 / \sin\omega_4 \qquad (附录 1\text{-}4)$$

【附录例 17】 某段钻孔倾向 180°，倾角 60°，岩层状 300°∠45°，求斜深 60 m 处岩层面标志点在 340°方向剖面上的垂迹投影。

解：求法和步骤如下(见附录图 1-38)：

(1)作 340°方向剖面线和定出 180°∠60°孔线赤平投影点。

(2)作产状 300°∠45°的岩层面大圆(实际上不必绘出)并定出此大圆与剖面的交线投影点(交迹)。

(3)在岩层面大圆上，定出垂直于交迹的射线赤平投影点。

(4)让射线赤平投影点和孔线赤平投影点落在吴氏网的同一大圆上，并量读出大圆与剖面的交线(影线)产状为 160°∠62°，孔射角 54°，影射角 116°(即 64°)

(5)代入公式(附录 1-4)，则影线长度：$L_4 = 60 \times \sin54° / \sin64° = 54.01(\text{m})$。

以上孔斜校正方法均有各自的使用条件和要求。选用投影法的基本原则是：①尽可能如实地反映地质界面在剖面上的形态、产状和位置；②尽可能减少对钻孔轴线形态的歪曲，必须根据实际地质情况正确的选择；③一般情况下，在同一幅勘探线地质剖面图上，特别是在同一钻孔中，孔斜校正应取一种射线的投影法，以免造成影线形态严重的不合理性。如果剖面上只要求着重表示一组地质界面交迹产状，一般以采用垂迹投影法为佳，垂直投影实际上也是剖面垂直界面走向情况下的一种垂迹投影法。

思考与练习题

1. 野外测得各矿层产状分别为 70°∠70°、270°∠50°、0°∠10°及走向为 290°的直立面，试用吴氏网绘出它们的赤平图。

2. 已知岩石产状为①40°∠60°、②340°∠10°，试用吴氏网绘出大圆弧及其极点产状。

3. 已知铁矿层产状为 270°∠40°，求它在 0°、290°、190°、120°(300°)各方向剖面上的视倾角。

4. 公路转弯两陡壁上，测得含金石英脉两视倾斜为 120°∠16°和 227°∠22°，求该矿脉的产状及 150°方向剖面上的视倾角。

5. 岩层面产状为 150°∠40°，岩层面上有擦痕线，其侧伏角 30°SW，求该擦痕的倾伏向及倾伏角。(提示：作出岩层面的大圆弧后，由大圆弧走向的 SW 侧，沿大圆弧数 30°得侧伏角投影，量度该点的产状即为所求)

6. 根据附录图 1-39 平面地质图上向斜两翼的产状数据，推断鞍状矿层的倾伏向和倾伏角；指出钻孔应布置在地表铁矿层露头的什么方向线上才能探到地下的铁矿层；沿图上 AA' 的线上布置钻孔是否适宜？

7. 某地蓝晶石黑云母片岩相当于层理的片理产状为 310°∠80°，一组应变滑劈理与

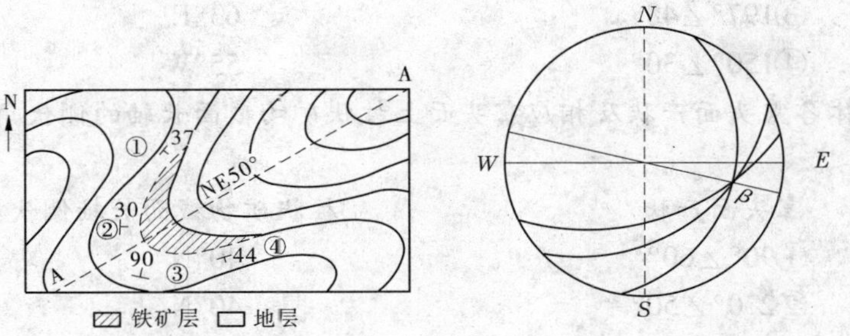

(a)褶皱构造地质图 (b)枢纽赤平投影

①143°∠37°;②104°∠30°;③直立(走向104°);④157°∠44°

附录图1-39 褶皱构造地质图及枢纽赤平投影

褶皱轴面一致,产状为350°∠36°,求褶皱的枢纽产状及片理面与应变滑劈理面间的二面角。假定能按照一般劈理与岩层夹角关系来判断岩层正常与倒转的话,该岩层是正常还是倒转?

8. 某一褶皱的石灰岩层产状为:74°∠61°,318°∠70°,41°∠51°,348°∠55°,15°∠49°。求:①用π图表示的褶皱枢纽的倾伏向和倾伏角;②用β图表示褶轴的倾伏向和倾伏角;③褶皱轴面的倾向和倾角(据水平面上轴迹走向正北);④轴面上褶轴的侧伏角。

9. 某一圆柱状背斜的北西翼产状为330°∠45°,北东翼产状65°∠35°。求:①东西向直立剖面上两翼的视倾角及两翼的翼间角;②横截面(垂直枢纽的剖面)的产状、横截面上两翼的侧伏角及两翼的翼间角(等于二面角)。

10. 某一筒状矿体受两相交断层控制,现测得两断层产状分别为290°∠70°和210°∠60°,求筒状矿体产状。

11. 某岩层具有三组节理,统计结果如附录表1-1,试求各主应力轴产状。

附录表1-1 某岩层节理统计结果

节理组	节理倾斜	密度	特征
Ⅰ	16°∠64°	40%	剪节理
Ⅱ	353°∠62°	40%	张节理
Ⅲ	336°∠63°	20%	剪节理

12. 一条左行断层,产状为200°∠60°;在断层面上量得擦痕侧伏角为16°W;设该岩石内摩擦角为30°。求:①σ_1、σ_2、σ_3;②如有共轭断层,其产状如何。

13. 在一侵入体各露头面上测得析离体长轴迹线侧伏角如下,试分析有无流面构造。

露头面产状	析离体长轴迹线侧伏角
①90°∠30°	58°N
②74°∠41°	88°S

③197°∠48°　　63°E

④150°∠30°　　55°W

14. 侵入体各露头面产状及相应露头面上柱状矿物截面长轴的侧伏角如下，求有无流线构造。

露头面产状	柱状矿物截面长轴侧伏角
①90°∠60°	40°N
②270°∠50°	40°N
③49°∠35°	53°N
④141°∠75°	45°NE

15. 已知某段钻孔 80°∠35°，岩层走向 30°，求斜深 70 m 处岩层面标志点在 90°方向剖面上的走向投影。

16. 已知某段钻孔 170°∠60°，岩层状 280°∠45°，求斜深 50 m 处岩层面标志点在 320°方向剖面上的垂迹投影。

附录Ⅱ 常用符号

1 地质构造符号

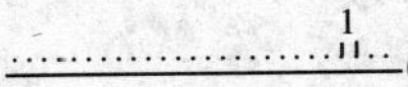

0.1 不整合界线（黑）

0.1 实测地层界线及侵入体接触线(黑)

0.1 推测地层接触界线及侵入体接触线(黑)

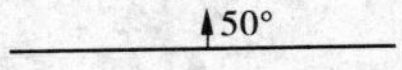

0.1 侵入岩与围岩接触面产状（箭头批示接触面倾向，数字为倾角）

0.1 岩向分界线

0.3 实测断层线（红）（性质不明）

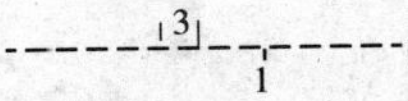

0.3 推测断层线（红）（性质不明）

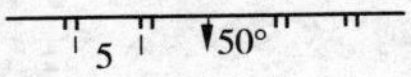

0.3 正断层（红）

0.3 逆断层（红）

0.3 平推断层（红）

背斜轴线（轴迹）

向斜轴线（轴迹）

倒转背斜轴线(轴迹)(箭头指向轴面倾向)

倒转向斜轴线(轴迹)(箭头指向轴面倾向)

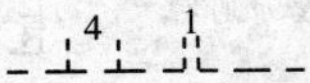

隐伏背斜轴线（轴迹）

隐伏向斜轴线（轴迹）

背斜枢纽的起伏及倾伏

向斜枢纽的起伏及倾伏

0.3 剖面线

岩层倾向及倾角

水平地层产状(0°~5°)

直立地层产状（箭头指向较新地层）

倒转地层产状（箭头指向倒转后倾向）

片理或片麻理倾向及倾角

穹窿构造

盆地构造

2 岩性符号

2.1 沉积岩花纹

2.1.1 砾岩

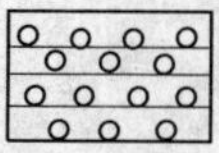
砾岩

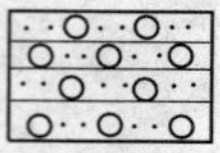
砂砾岩

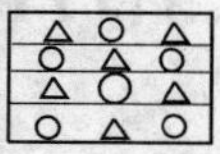
角砾岩

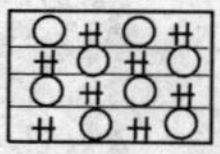
复矿砾岩

钙质砾岩

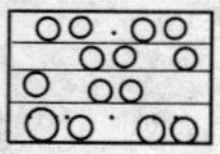
砂质砾岩

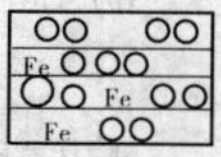
铁质砾岩

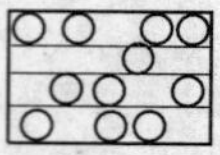
硅质砾岩

2.1.2 砂岩

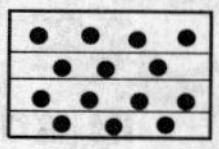
粗砂岩

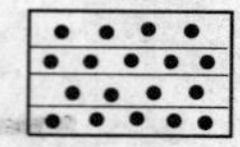
中砂岩

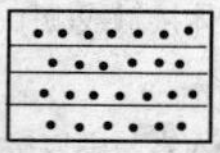
细砂岩

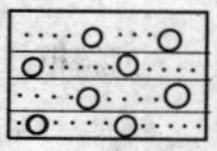
含砾砂岩

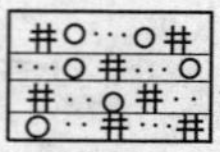
含砾复矿砂岩

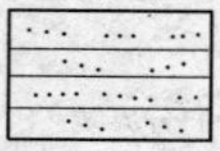
石英砂岩

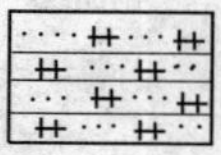
复矿砂岩

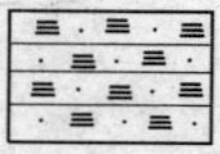
硬砂岩

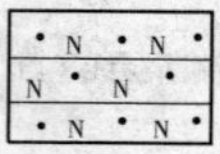
长石砂岩

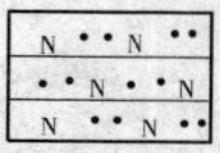
长石石英砂岩

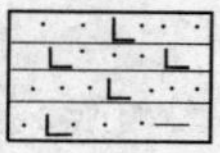
钙质砂岩

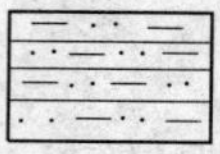
泥质砂岩

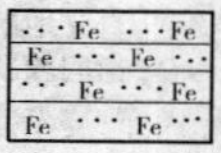
铁质砂岩

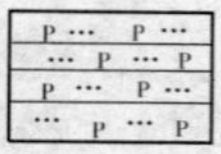
含磷砂岩

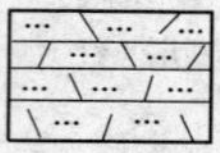
凝灰质砂岩

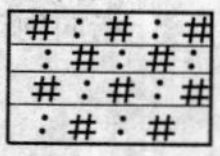
海绿石砂岩

2.1.3 粉砂岩

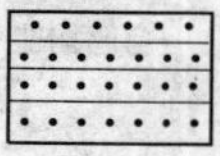
粉砂岩

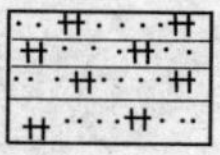
复矿粉砂岩

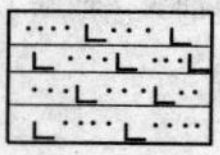
钙质粉砂岩

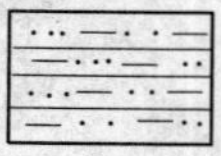
泥质粉砂岩

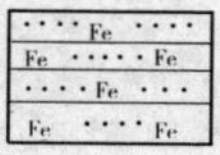
铁质粉砂岩

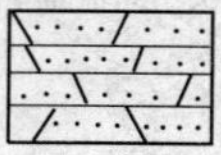
凝灰质粉砂岩

2.1.4 页岩

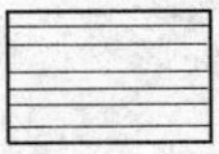
泥质页岩（页岩）

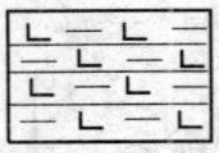
钙质页岩

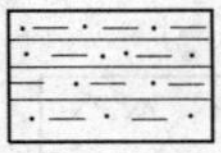
砂质页岩

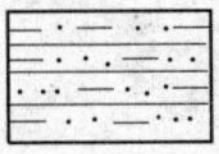
粉砂质页岩

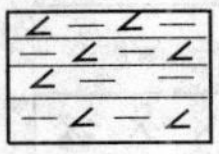
硅质页岩

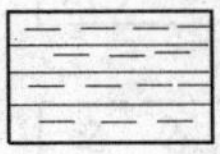
炭质页岩

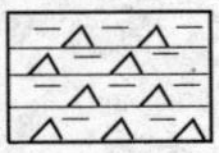
铝土页岩

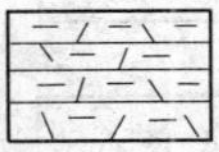
凝灰质页岩

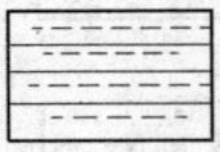
泥页岩（或黏土岩）

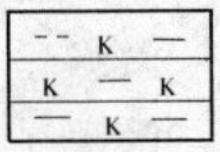
含钾页岩

2.1.5 灰岩

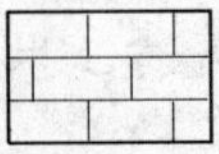
石灰岩

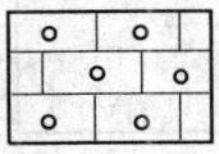
结晶灰岩

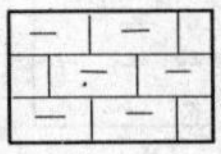
含泥质灰岩

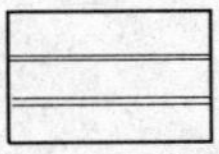
硅质灰岩

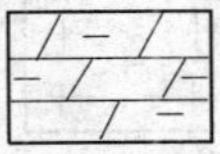
泥灰岩

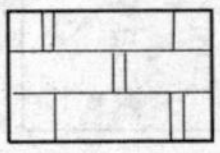
白云质灰岩

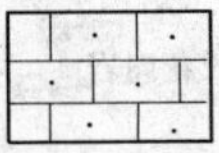
砂质灰岩

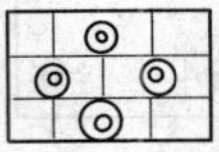
生物灰岩

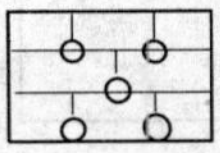
含燧石结核灰岩

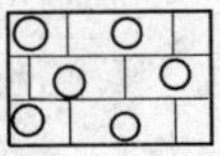
鲕状灰岩

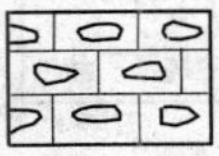
竹叶状灰岩

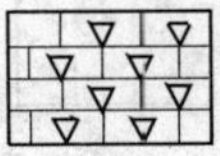
碎屑状灰岩

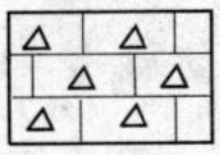
角砾灰岩

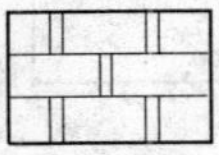
白云岩

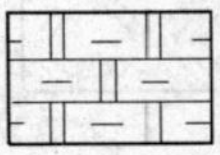
泥质白云岩

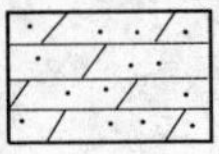
砂质泥灰岩

2.1.6 其他岩石

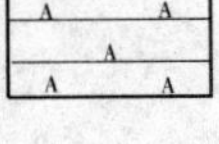
铝土岩

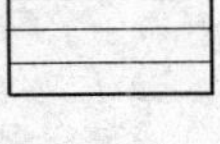
硅质岩

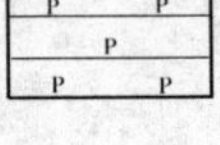
磷块岩

煤层及夹层

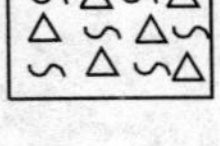
断层角砾岩

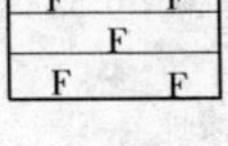
铁矿层

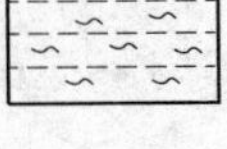
断层泥

2.2　火成岩花纹

2.2.1　侵入岩

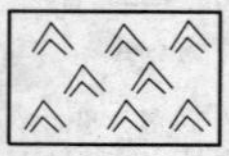
纯橄榄岩

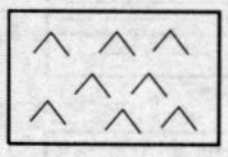
橄榄岩

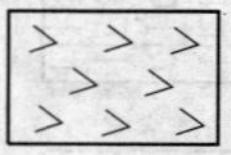
辉石岩

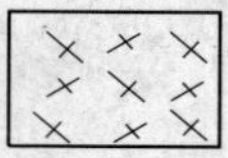
角闪石岩

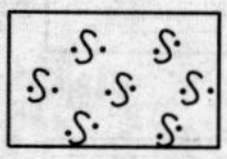
蛇纹岩

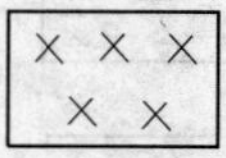
辉长岩

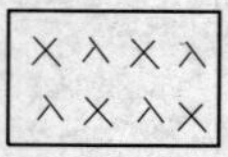
辉长斑岩（玢岩）

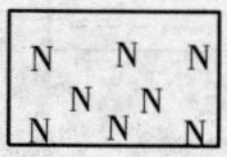
斜长岩

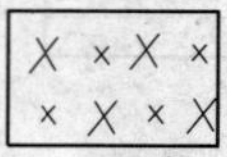
辉绿岩（玢岩）

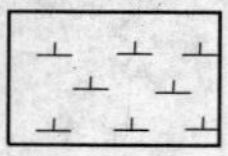
闪长岩

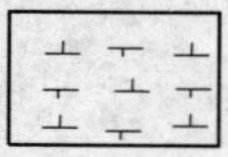
辉石闪长岩

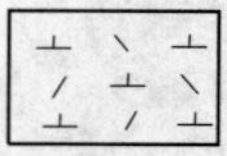
角闪闪长岩

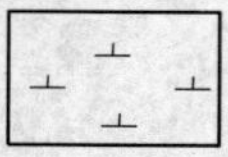
石英闪长岩

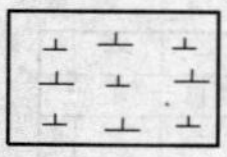
闪长斑岩（玢岩）

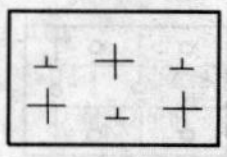
花岗闪长岩

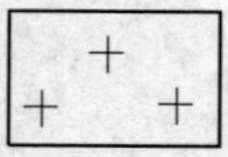
斜长花岗岩

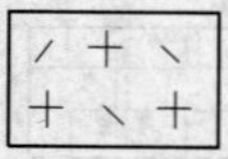
角闪花岗岩

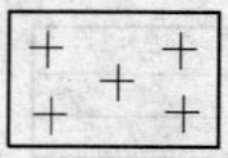
二云母花岗岩

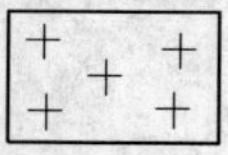
白云母花岗岩

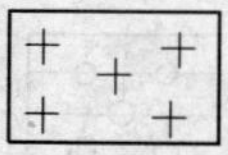
黑云母花岗岩

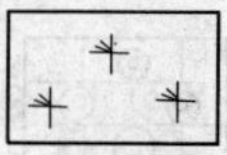
碱性花岗岩(钾长花岗岩)

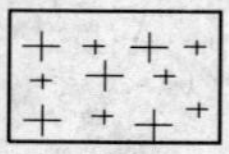
花岗斑岩

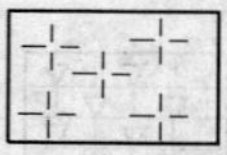
白岗岩

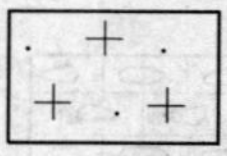
石英斑岩

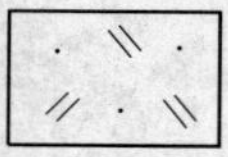
石英二长岩

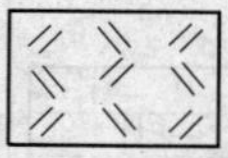
二长岩

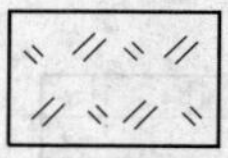
二长斑岩

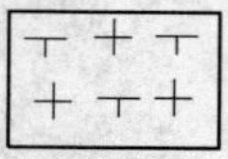
花岗正长岩

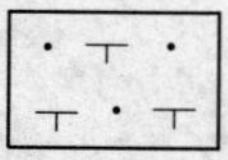
石英正长岩

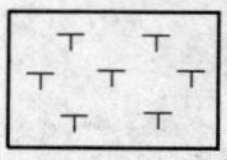
正长岩

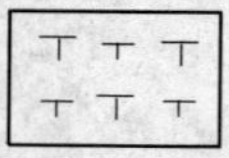
正长斑岩

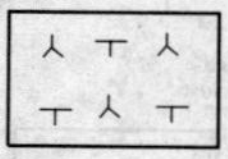
霞石正长岩

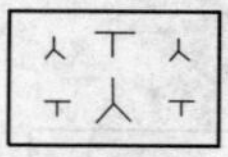
霞石正长斑岩

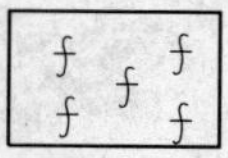
霓霞岩

2.2.2 岩脉、矿脉

超基性岩（未分）

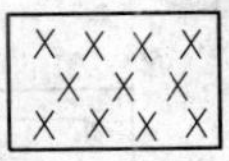
基性岩（未分）

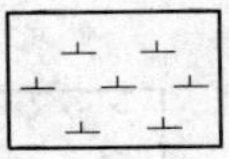
中性岩脉

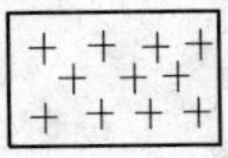
细晶岩脉

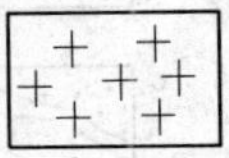
伟晶岩脉

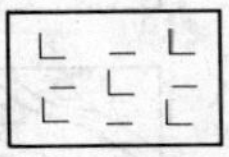
云煌岩

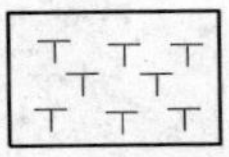
碱性岩脉

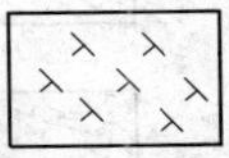
玢岩

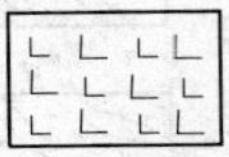
煌斑岩脉

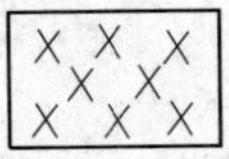
辉绿岩

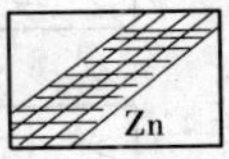

矿体（脉）

2.3 喷出岩花纹

2.3.1 火山碎屑岩

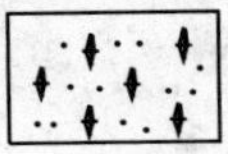
超基性喷出岩（以凝灰质为主）

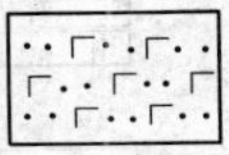
基性喷出岩（以凝灰质为主）

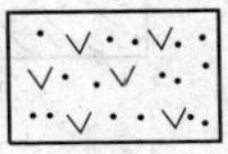
中性喷出岩（以凝灰质为主）

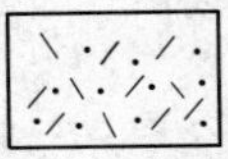
酸性喷出岩（以凝灰质为主）

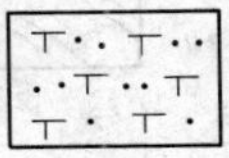
碱性喷出岩（以凝灰质为主）

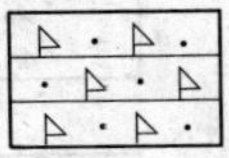
角斑岩

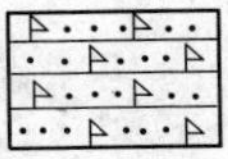
细碧岩

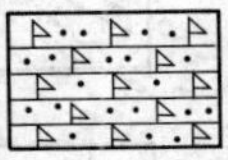
细碧角斑岩

2.3.2 熔岩

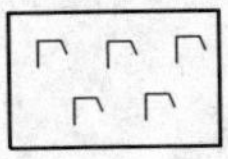
玄武岩

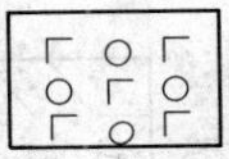
杏仁状玄武岩

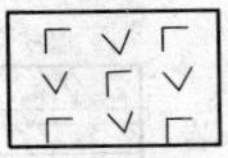
安山玄武岩

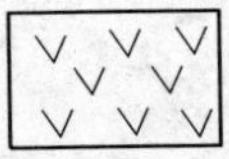
安山岩

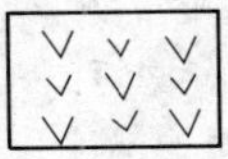
安山斑岩

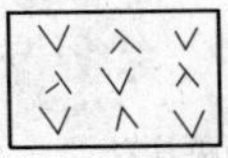
安山玢岩

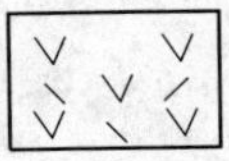
英安岩

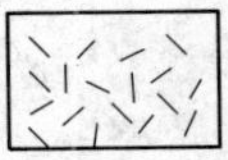
流纹岩

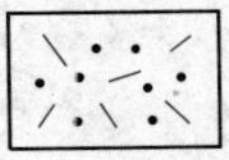
流纹斑岩

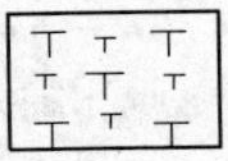
粗面斑岩

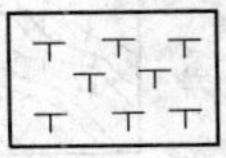
粗面岩

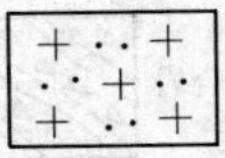
石英斑岩

2.4 变质岩花纹

2.4.1 区域变质岩

板岩(未分)

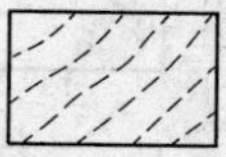
千枚岩(未分)

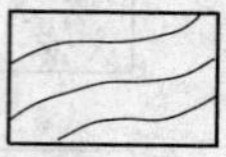
片岩(未分)

矽(硅)质板岩

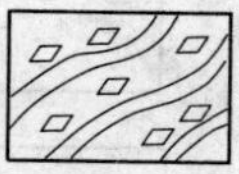
钙质板岩

砂质板岩

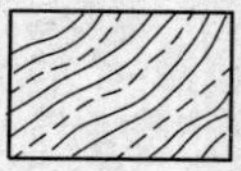
炭质板岩

千枚状板岩

石墨片岩

帘石片岩

斜长绿泥片岩

蛇纹石片岩

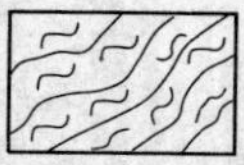
绿泥片岩

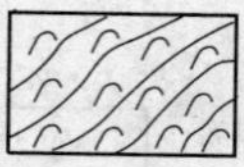
滑石片岩

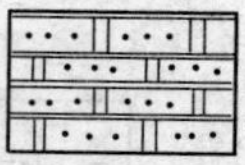
变质砂岩

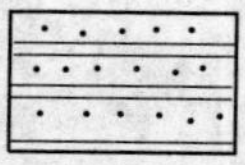
石英岩

长石石英岩

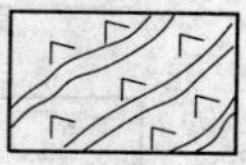
角闪岩(未分)

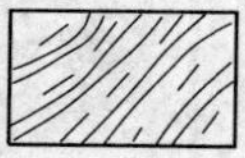
辉石岩

片麻岩

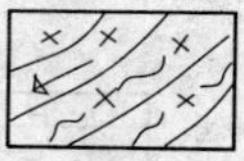
正片麻岩

副片麻岩

花岗片麻岩

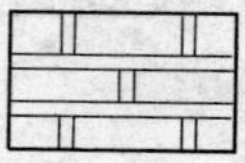
大理岩

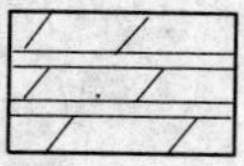
矽(硅)化灰岩

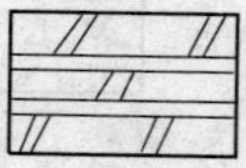
白云大理岩

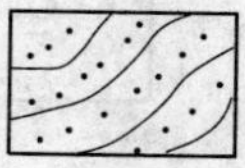
石英片岩

绢云母石英片岩

2.4.2 混合岩

条带状混合岩

角砾状混合岩

网状混合岩

眼球状混合岩

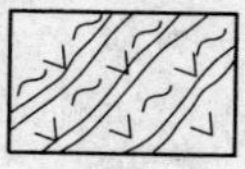
分支混合岩

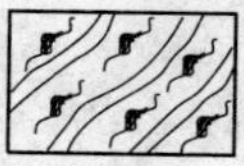
肠状混合岩

2.4.3　岩石构造

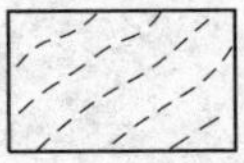
板状、千枚状构造

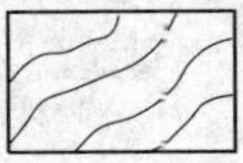
片状构造

片麻状构造

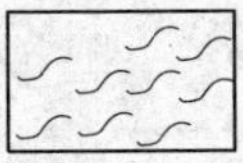
混合岩构造

2.5　主要岩浆岩组分代号及颜色

γ　花岗岩(红)

δ　闪长岩(橙红)

ξ　正长岩(橙)

υ　辉长岩(绿)

ψ_i　辉岩(蓝绿)

σ　橄榄岩(深橄榄色)

λ　流纹岩(朱红)

τ　粗面岩(橙红)

α　安山岩(灰绿)

β　玄武岩(深绿)

β_μ　辉绿岩细碧岩(浅绿)

γ_π　花岗斑岩(大红)

2.6　岩脉、矿脉符号

石英脉（紫）

酸性岩脉（暗红）

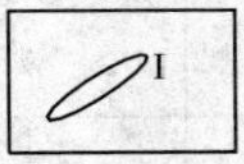

红晶岩脉（淡红）

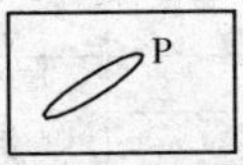

伟晶岩脉（玫瑰红）

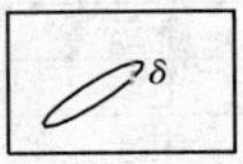

中性岩脉（蓝色）

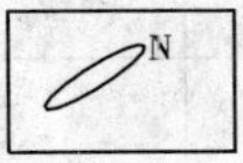

基性岩脉（绿）

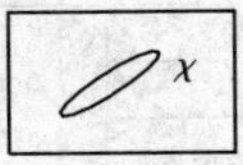

煌斑岩脉（棕）

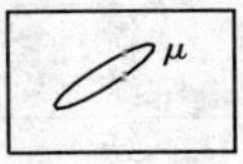

玢岩脉（灰绿）

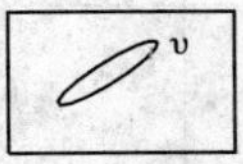

辉长岩脉（绿）

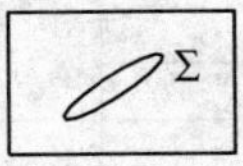

超基性岩脉（紫）

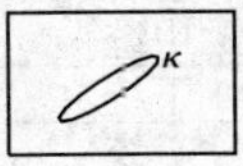

碱性岩脉（橙）

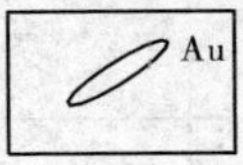

矿脉（代号月元素符号，色用矿种色）

附录Ⅲ 地层代号和色谱

界	系			统	代号	色谱
新生界（Kz）	第四系	Q	Q_h	全新统	Q_4	淡黄色
			Q_p	上更新统	Q_3	
				中更新统	Q_2	
				下更新统	Q_1	
	第三系 R	上第三系	N	上新统	N_2	鲜黄色
				中新统	N_1	
		下第三系	E	渐新统	E_3	老黄色
				始新统	E_2	
				古新统	E_1	
中生界（Mz）	白垩系	K		上统	K_2	鲜绿色
				下统	K_1	
	侏罗系	J		上统	J_3	鲜蓝色（天蓝色）
				中统	J_2	
				下统	J_1	
	三叠系	T		上统	T_3	绛紫色
				中统	T_2	
				下统	T_1	
古生界（Pz）	二叠系	P		上统	P_2	淡棕色
				下统	P_1	
	石炭系	C		上统	C_3	灰色
				中统	C_2	
				下统	C_1	
	泥盆系	D		上统	D_3	咖啡色
				中统	D_2	
				下统	D_1	
	志留系	S		上统	S_3	果绿色
				中统	S_2	
				下统	S_1	
	奥陶系	O		上统	O_3	蓝绿色
				中统	O_2	
				下统	O_1	
	寒武系	Є		上统	$Є_3$	暗绿色
				中统	$Є_2$	
				下统	$Є_1$	
元古宇（PT） 上元古界（Pt_3）	震旦系	Z		上统	Z_2	绛棕色
				下统	Z_1	
	青白口系	Qb				棕红色（浅）
元古宇（PT） 中元古界（Pt_2）	蓟县系	Jx				棕红色（中）
	长城系	Chc				
元古宇（PT） 下元古界（Pt_1）						棕红色（深）
太古宇（AR）						玫瑰红色

参考文献

[1] 胡明,廖太平.构造地质学[M].北京:石油工业出版社,2007.
[2] 徐开礼,朱志澄.构造地质学[M].北京:地质出版社,2003.
[3] 王希峰.构造地质学[M].北京:石油工业出版社,1992.
[4] 张达尊,杜文健.构造地质学[M].北京:石油工业出版社,1993.
[5] 张达尊,杜文健.构造地质学[M].北京:石油工业出版社,1987.
[6] 孙超.构造地质学[M].2版.北京:地质出版社,1993.
[7] 朱志澄.构造地质学[M].武汉:中国地质大学出版社,1999.
[8] 朱志澄,宋鸿林.构造地质学[M].武汉:中国地质大学出版社,1991.
[9] 朱志澄.逆冲推覆构造[M].武汉:中国地质大学出版社,1991.
[10] 俞鸿年,等.构造地质学原理[M].北京:地质出版社,1986.
[11] 郭颖,李智陵.构造地质学简明教程[M].武汉:中国地质大学出版社,2002.
[12] 李永良,李北平.构造地质学及地质制图学[M].北京:煤炭工业出版社,1985.
[13] 武汉地质学院,成都地质学院,南京大学地质系,等.构造地质学[M].北京:地质出版社,1979.
[14] 玷克政.构造地质学教程[M].北京:石油大学出版社,1996.
[15] 冯石,等.构造地质学[M].北京:石油工业部勘探培训中心,1982.
[16] 许靖华.大地构造与沉积作用[M].北京:地质出版社,1988.
[17] 翟裕生,林新多.矿田构造学[M].北京:地质出版社,1993.
[18] 黄邦强,等.大地构造学基础及中国区域构造概要[M].北京:地质出版社,1983.
[19] 牛树银,陈路,许传诗.太行山区地壳演化及成矿规律[M].北京:地震出版社,1994.
[20] 牛树银,罗殿文,叶东虎,等.幔枝构造及其成矿规律[M].北京:地质出版社,1996.
[21] 牛树银,孙爱群,邵振国,等.地幔热柱多级演化及其成矿作用[M].北京:地震出版社,2001.
[22] 牛树银,李红阳,孙爱群,等.幔枝构造理论与找矿实践[M].北京:地震出版社,2002.
[23] 李红阳,牛树银,王立峰,等.幔柱构造[M].北京:地震出版社,2002.
[24] 国家地震局科技监测司.中国大陆深部构造的研究与进展[M].北京:地质出版社,1988.
[25] 中国地震学会地震地质专业委员会 中国活动断裂[M].北京:地震出版社,1982.
[26] 中国地质科学院.岩石圈研究基本问题和方法[M].北京:冶金工业出版社,1988.
[27] 胡风珍,陈彭年,高莉青,等.中国及其邻区构造应力场[M].北京:地震出版社,1994.
[28] 地质矿产部情报所.国外前寒武纪地质构造研究(专辑)[M].北京:地质出版社,1984.
[29] 杨农,陈正乐,雷伟志,等.冀北燕山地区印支期构造特征研究[M].北京:地质出版社,1996.
[30] 张文佑.中国及邻区海陆大地构造[M].北京:科学出版社,1986.
[31] J G 兰姆塞.现代构造地质学方法[M].徐树同,译.北京:地质出版社,1991.
[32] 任纪舜,等.回顾与展望:中国大地构造学[J].地质论评,2003,48(2).
[33] 纪纪舜,曲景川.滇西兰坪维西一带印支地槽褶皱带的确定[J].地质学报,1966,46(2):182-200.
[34] 任纪舜,姜春发,张正坤,等.中国大地构造及其演化[M].北京:科学出版社,1980.
[35] 任纪舜,陈廷愚,牛宝贵,等.中国东部大陆岩石圈的构造演化与成矿[M].北京:科学出版社,1990.

[36] 李四光. 20 年经验之回顾[G]. 中国地质学会志, 1942,22:21-48.
[37] 李四光. 地质力学概论[M]. 北京:科学出版社,1973.
[38] 李毓尧,等. 宁镇山脉地质[G]. 中央研究院地质研究所集刊, 1935.
[39] 林宝玉. 西藏中南部雅鲁藏布江两侧早二叠世地层和珊瑚动物群[C]//中国地质科学院. 法国科学研究中心主编中法喜马拉雅考察成果. 北京:地质出版社,1984,63-85.
[40] 刘福田,等. 中国大陆及邻近地区的地震层析成像[J]. 地球物理学报,1989,32(3):281-291.
[41] 刘光鼎. 中国海区及邻域地质地球物理图集[M]. 北京:科学出版社,1993.
[42] 刘增乾,徐先,潘桂棠,等. 青藏高原大地构造与形成演化[M]. 北京:地质出版社, 1990.
[43] 陆松华,杨春亮,蒋明媚,等. 前寒武纪大陆地壳演化示踪[M]. 北京:地质出版社, 1996.
[44] 马杏垣. 中国构造地质学的回顾与展望[J]. 地质论评,1995,41(5):483-485.
[45] 马杏垣,白瑾,索书田,等. 中国前寒武纪构造格架及研究方法[M]. 北京:地质出版社, 1987.
[46] 姜春发,张庆贵,张玉岫,等. 东秦岭地槽型印支运动的存在[J]. 地质评论,1963,21(3):116-121.
[47] 姜春发,等. 昆仑开合构造[M]. 北京:地质出版社,1992.
[48] 李得生. 中国含油气盆地的构造类型[J]. 石油学报,1982,3(3):1-12.
[49] 李继亮. 中国东南海陆岩石圈结构与演化研究[M]. 北京:中国科学技术出版社,1992.
[50] 李思田,路凤杏,林畅松,等. 中国东南部及邻区中、新生代盆地演化及地球动力学背景[M]. 武汉:中国地质大学出版社,1997.
[51] 金文山,孙大中. 华南大陆深部地壳构造及其演化[M]. 北京:地质出版社,1997.
[52] 李春昱,王荃,刘雪亚,等. 亚洲大地构造图(1:800 万)及说明书[M]. 北京:地图出版社,1982.
[53] B E Hobbs,等. 构造地质学纲要[M]. 北京:石油工业出版社,1976.
[54] R G Parker. 构造地质学基础[M]. 北京:地质出版社,1983.
[55] D M Ragan. 构造地质学 - 几何方法导论[M]. 北京:地质出版社,1973.
[56] J Suppe. Principles of structural Geology[M]. London,1985.
[57] B E Hpbbs, W D Means, P F Williams. An Outline of Structural Geology[M]. America, 1976.
[58] W D Means. Stress and Strain[M]. America,1976.